中国工程院院士

是国家设立的工程科学技术方面的最高学术称号，为终身荣誉。

中国工程院院士传记

王永志传

姚昆仑 著

航空工业出版社

人民出版社

内 容 提 要

王永志是我国著名的航天技术专家，中国工程院院士，俄罗斯宇航科学院外籍院士，国际宇航科学院院士，中国载人航天工程首任总设计师，现任中国载人航天工程高级顾问。2003 年获国家最高科学技术奖，2005 年被中央军委授予“载人航天功勋科学家”荣誉称号，2010 年获小行星命名。

本书写作特色鲜明，涉及内容丰富。既是一本科学家的传记，又是一本科普作品。书中以大量第一手航天史料和航天科技知识为铺垫，在突出反映王永志科学精神、创新思路、人生哲理和高尚情操的同时，从一个侧面折射出新中国航天事业发展的壮观历程，是我国航天科技从“两弹一星”起步到载人航天步入世界航天大国的缩影与写照。

本书对于关心我国航天事业发展的航天从业者以及广大军事爱好者有很高的参考价值和借鉴意义。

图书在版编目（CIP）数据

王永志传／姚昆仑著. --北京：航空工业出版社，2015.3 （2019.1重印）

（中国工程院院士传记系列丛书）

ISBN 978-7-5165-0645-5

Ⅰ. ①王… Ⅱ. ①姚… Ⅲ. ①王永志—传记 Ⅳ. ①K826.16

中国版本图书馆 CIP 数据核字(2014)第 313089 号

中国工程院院士传记　王永志传

Zhongguo Gongchengyuan Yuanshi Zhuanji　Wang Yongzhi Zhuan

航空工业出版社出版发行

（北京市朝阳区北苑2号院　100012）

发行部电话：010－84936597　010－84936343

三河市金轩印务有限公司印刷　　全国各地新华书店经售

2014年1月第1版　　2019年1月第2次印刷

开本：710×1000　1/16　　印张：28　　插页：22　　字数：411千字

印数：4001—4500　　定价：98.00元

中国工程院院士王永志（张建设摄）

胡锦涛主席为获得2003年度国家最高科学技术奖的王永志、刘东生颁奖

拜访聂荣臻元帅

王永志、王丹阳看望钱学森夫妇

与张爱萍将军亲切握手

看望老部长郑天翔

与导师米申在国际宇航联大会上亲切交谈

莫斯科航空学院老师斯特拉日娃教授作客火箭研究院

看望中国工程院首任院长朱光亚

神舟五号飞行成功后，航天老总欢聚一堂（前排正中为中国工程院院长宋健）

与中国工程院院长徐匡迪亲切交谈

与中国工程院现任院长周济在家中合影

改进中近程导弹设计图样（右一为王永志）

介绍某型号研制情况

“长二捆”首次发射前与屠守锷顾问、王德臣总师合影

“长二捆”首飞成功

“神舟”在试验场上

“神箭”发射升空

为飞船着陆场选址

神舟三号转运现场

为首次载人航天飞行圆满成功而欢呼

载人航天事迹报告团受到上海市人民的热烈欢迎

神舟五号飞船转运现场与飞船系统总指挥袁家军（左）、火箭系统总指挥黄春平（右）合影

神舟六号船箭组合体转运现场与飞船系统总设计师戚发轫（左）、火箭系统总设计师刘竹生（右）合影

首次交会对接任务成功后与工程总设计师周建平（左三）、副总设计师郑敏（右三）合影

在授予“载人航天功勋科学家”荣誉称号命名大会上发言

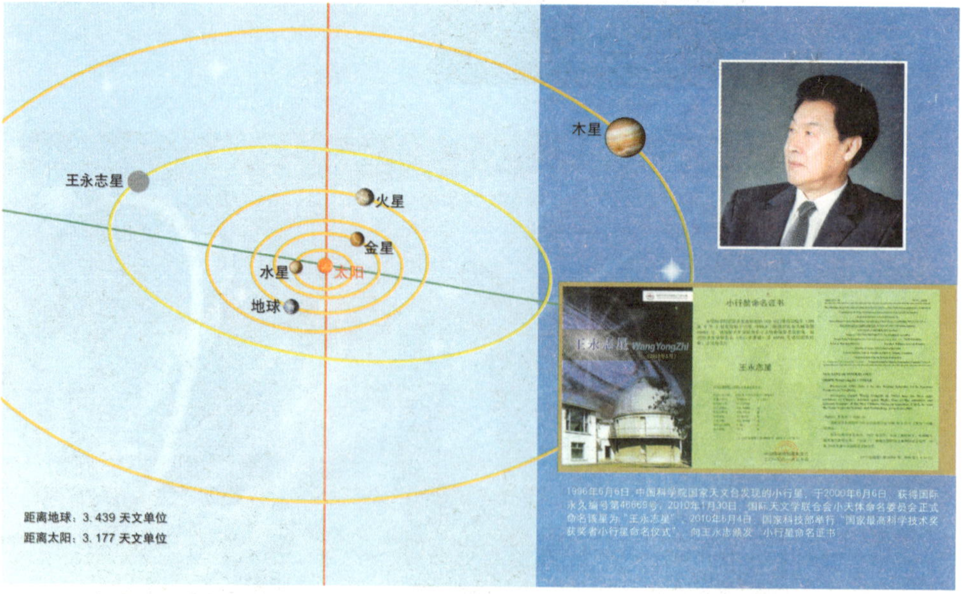

国际天文学联合会将第46669号小行星命名为“王永志星”

老当益壮的奥运火炬手

出席国庆60周年大阅兵活动，在天安门城楼上

在全国第十一届政协会议上

2004年在清华航天航空学院成立大会上，校长顾秉林向王永志颁发院长聘书

到清华航天航空学院与学生座谈（王永志左手边为梁新刚常务副院长）

给火箭研究院年轻同志授课

新婚留念（1960 年）

金婚留念（2010 年）

一家四口在阿尔山上

全家在内蒙古草原上，其乐融融

中国工程院院士传记系列丛书

总 序

20世纪是中华民族千载难逢的伟大时代。千百万先烈前贤用鲜血和生命争得了百年巨变、民族复兴，推翻了帝制，击败了外侮，建立了新中国，独立于世界，赢得了尊严，不再受辱。改革开放，经济腾飞，科教兴国，生产力大发展，告别了饥寒，实现了小康。工业化雷鸣电掣，现代化指日可待。巨潮洪流，不容阻抑。

忆百年前之清末，从慈禧太后到满朝文武开始感到科学技术的重要，办“洋务”，派留学，改教育。但时机瞬逝，清廷被辛亥革命推翻。五四运动，民情激昂，吁求“德、赛”升堂，民主治国，科教兴邦。接踵而来的，是18年内战、8年抗日和3年解放战争。恃科学救国的青年学子，负笈留学或寒窗苦读，多数未遇机会，辜负了碧血丹心。

1928年6月9日，蔡元培主持建立了中国近代第一个国立综合性科研机构——中央研究院，设理化实业研究所、地质研究所、社会科学研究所和观象台4个研究机构，标志着国家建制科研机构的诞生。20年后，1948年3月26日遴选出81位院士（理工53位，人文28位），几乎都是20世纪初留学海外、卓有成就的科学家。

中国科技事业的大发展是在新中国成立以后。1949年11月1日成立了中国科学院，郭沫若任院长。1950—1960年有2500多名留学海外的科学家、工程师回到祖国，成为大规模发展中国科技事业的第一批领导骨干。国家按计划向苏联、东欧各国派遣1.8万名各类科技人员留学，全都按期回国，成为建立科研和现代工业的骨干力量。高等学校从新中国成立初期的200所增加到600多所，年招生增至28万人。到21世纪初，高等学校有2263所，年招生600多万人，科技人力总资源量超过5000万人，具有大学本科以上学历的科技人才达1600万人，已接近最发达国家水平。

新中国成立60多年来，从一穷二白成长为科技大国。年产钢铁从1949年的15万吨增加到2011年的粗钢6.8亿吨、钢材8.8亿吨，几乎是8个最发达国家（G8）总年产量的2倍，20世纪50年代钢铁超英赶美的梦想终于成真。水泥年产20亿吨，超过全世界其他国家总产量。中国已是粮、棉、肉、蛋、水产、化肥等世界第一生产大国，保障了13亿人口的食品和穿衣安全。制造业、土木、水利、电力、交通、运输、电子通信、超级计算机等领域正迅速逼近世界前沿。“两弹一星”、高峡平湖、南水北调、高公高铁、航空航天等伟大工程的成功实施，无可争议地表明了中国科技事业的进步。

党的十一届三中全会以后，改革开放，全国工作转向以经济建设为中心。加速实现工业化是当务之急。大规模社会性基础设施建设、大科学工程、国防工程等是工业化社会的命脉，是数十年、上百年才能完成的任务。中国科学院张光斗、王大珩、师昌绪、张维、侯祥麟、罗沛霖等学部委员（院士）认为，为了顺利完成中华民族这项历史性任务，必须提高工程科学的地位，加速培养更多的工程科技人才。中国科学院原设的技术科学部已不能满足工程科学发展的时代需要。他们于1992年致书党中央、国务院，建议建立“中国工程科学技术院”，选举那些在工程科学中做出重大创造性成就和贡献、热爱祖国、学风正派的科学家和工程师为院士，授予终身荣誉，赋予科研和建设任务，指导学科发展，培养人才，对国家重大工程科学问题提出咨询建议。中央接受了他们的建议，于1993年决定建立中国工程院，聘请30名中国科学院院士和遴选66名院士共96名为中国工程院首批院士。1994年6月3日，召开了中国工程院成立大会，选举朱光亚院士为首任院长。中国工程院成立后，全体院士紧密团结全国工程科技界共同奋斗，在各条战线上都发挥了重要作用，做出了新的贡献。

中国的现代科技事业比欧美落后了200年，虽然在20世纪有了巨大进步，但与发达国家相比，还有较大差距。祖国的工业化、现代化建设，任重道远，还需要数代人的持续奋斗才能完成。况且，世界在进步，科学无止境，社会无终态。欲把中国建设成科技强国，屹立于世界，必须持续培养造就数代以千万计的优秀科学家和工程师，服膺接力，担当使命，开拓创新，更立新功。

中国工程院决定组织出版《中国工程院院士传记丛书》，以记录他们对祖国和社会的丰功伟绩，传承他们治学为人的高尚品德、开拓创新的科学精神。他们是科技战线的功臣、民族振兴的脊梁。我们相信，这套传记的出版，能为史书增添新章，成为史乘中宝贵的科学财富，俾后人传承前贤筚路蓝缕的创业勇气、魄力和为国家、人民舍身奋斗的奉献精神。这就是中国前进的路。

宋健

目 录

引言 ……………………………………………………… (1)

第一章 时雨润苗 ……………………………………… (7)

童年的天空 ……………………………………… (9)

哭着闹着要上学 ………………………………… (11)

热心的刘老师 …………………………………… (16)

追求进步事业 …………………………………… (20)

走出八面城 ……………………………………… (23)

立志学航空 ……………………………………… (26)

信步清华园 ……………………………………… (30)

留学预备班 ……………………………………… (33)

第二章 负笈苏联 ……………………………………… (37)

莫斯科航空学院 ………………………………… (39)

难忘的火箭年 …………………………………… (45)

毛主席接见留学生 ……………………………… (48)

改学火箭专业 …………………………………… (51)

崇敬的航天大师 ………………………………… (55)

导师的爱徒 ……………………………………… (59)

心系祖国 ………………………………………… (63)

第三章 大漠砺志 ……………………………………… (69)

到第一线去 …… (71)
走进戈壁滩 …… (76)
酒泉卫星发射基地 …… (79)
才华初显 …… (84)
研制中程火箭 …… (87)
洲际火箭首飞 …… (92)
第四章　无悔年华 …… (99)
返回式卫星 …… (101)
行舟逆流中 …… (105)
同步通信卫星工程的呼唤 …… (107)
逆境书佳作 …… (110)
恢复工作 …… (115)
挂帅第二代新火箭 …… (116)
汇入改革大潮 …… (120)
开拓谱新篇 …… (126)
新院长的战略思维 …… (128)
第五章　筹策天梯 …… (131)
运筹“长二捆” …… (133)
竞争中标 …… (137)
500 多个日日夜夜 …… (142)
擎天发射架 …… (149)
奋力排险 …… (151)
高昂的龙头 …… (154)
未来的天梯 …… (159)
第六章　酝酿蓝图 …… (165)
久远的梦想 …… (167)
绝不能得而复失 …… (172)

"863 计划"带来曙光 …………………………………………… (176)
从飞船起步 ………………………………………………………… (179)
率团出访苏联 ……………………………………………………… (182)
构想空间实验室 …………………………………………………… (187)
第七章　历史决策 …………………………………………………… (191)
新的使命 …………………………………………………………… (193)
可行性论证 ………………………………………………………… (195)
飞船的三舱构型 …………………………………………………… (197)
"三垂"模式 ……………………………………………………… (200)
海上救生 …………………………………………………………… (202)
"三步走"方案 …………………………………………………… (204)
中央专委的首肯 …………………………………………………… (206)
历史性决策 ………………………………………………………… (208)
执掌技术帅旗 ……………………………………………………… (211)
第八章　创新之路 …………………………………………………… (217)
工程总体和七大系统 ……………………………………………… (219)
不上动物试验 ……………………………………………………… (222)
决意"三垂" ……………………………………………………… (225)
选址主着陆场 ……………………………………………………… (227)
飞行轨道设计 ……………………………………………………… (232)
倚天铸长箭 ………………………………………………………… (236)
众志造神舟 ………………………………………………………… (241)
精心布置测控通信网 ……………………………………………… (245)
空间科学与技术的创新平台 ……………………………………… (248)
第九章　安全至上 …………………………………………………… (253)
强化顶层设计队伍 ………………………………………………… (255)
为设计建章立制 …………………………………………………… (258)

软件工程化管理 …………………………………… (260)
深入实际解决问题 ………………………………… (262)
不带问题出厂，不留隐患上天 …………………… (268)
（34 + X）个问题 ………………………………… (272)
确保着陆安全 ……………………………………… (275)
第十章　飞天梦圆 ………………………………… (281)
“神舟”巡天 ……………………………………… (283)
首次载人飞行放行准则 …………………………… (287)
请你们放心 ………………………………………… (289)
大漠中的航天明珠 ………………………………… (293)
庄重的承诺 ………………………………………… (297)
航天英雄出征 ……………………………………… (300)
翱翔的神舟 ………………………………………… (303)
为你的凯旋落泪 …………………………………… (305)
第十一章　构建天宫 ……………………………… (311)
拉开新序幕 ………………………………………… (313)
高级顾问 …………………………………………… (318)
论证空间站 ………………………………………… (321)
空间站的中国特色 ………………………………… (326)
迈向空间站 ………………………………………… (330)
第十二章　坦荡情怀 ……………………………… (337)
情系家乡 …………………………………………… (339)
永远感恩的心 ……………………………………… (345)
重视领军人才培养 ………………………………… (351)
心系青少年 ………………………………………… (355)
热心社会活动 ……………………………………… (358)
生活情趣 …………………………………………… (361)

人生佳侣 …………………………………………………… (365)
良好的口碑 ………………………………………………… (370)
心中的遗憾 ………………………………………………… (374)
第十三章　永志霄汉 ……………………………………… (379)
大地欢歌 …………………………………………………… (381)
荣誉属于大家 ……………………………………………… (386)
“王永志星” ……………………………………………… (393)
永恒的航天情 ……………………………………………… (397)
附录一　中国载人航天工程的进程 ……………………… (401)
附录二　中国首次载人航天飞行实录 …………………… (409)
附录三　王永志简历 ……………………………………… (417)
后记 ………………………………………………………… (432)

引　言

天，高洁神圣，有月的明媚，有星的闪烁，有银河的壮观，有太多的未知期待探索；

天，如诗如画，它联系着人类许许多多美好的梦想，它蕴藏着太多太多神奇的传说……

千百年来，人类幻想通过神奇的山峰、通过药物、通过神禽异兽等等为自己叩开天庭大门，与天上的神仙握手共欢，享受天堂中那富庶多彩、如梦如幻般的生活！

幻想终究是幻想。不登高山，不知天之高远；不临深渊，不知地之深厚。人类飞天路漫漫，科技毕竟能补天！在不懈的追求中，人类向莽莽太空吹响一曲曲进军的号角。1961 年 4 月 12 日，苏联的加加林第一次实现了人类飞天的伟大壮举，开始了人类探索宇宙的新时代！

大河奔流，一泻千里。素有飞天梦想的中华民族，对飞天的探索与追求，似冬的孕育，如春的生机，像夏的翠绿，有秋的灿烂。尽管这追求与探索之路是多么的艰难曲折，坎坷漫长，但动摇不了对这种探求的渴望和决心，都改变不了成功的辉煌。

20 世纪 60 年代，年轻的共和国开始了她实现祖先飞天梦的探索，自主研制的火箭叩响了天门。

20 世纪 70 年代，“714 工程”唤起了民族飞天的激情，但随即消遁于历史的尘雾中。

1992 年 9 月 21 日，代号为“921”的中国载人航天工程正式启动，研制试验的科技工作者们，开始了艰苦攻关、漫漫求索之路。

利箭破空，大漠金风送爽；秋水流静，弱水胡杨迎喜。

2003 年 10 月 15 日，神舟五号飞船载着航天英雄杨利伟，载着中华民族千百年的梦、载着亿万儿女的希望，飞向太空；

2005 年 10 月 12 日，神舟六号飞船载着费俊龙和聂海胜升空，验证了多人多天飞行能力和舱间转移技术；

2008年9月25日，神舟七号飞船载着航天员翟志刚、刘伯明、景海鹏成功发射，航天英雄翟志刚成为漫步太空的首位中国人；

2011年9月29日，我国第一个空间实验室天宫一号升空，11月3日，天宫一号与神舟八号无人飞船倾情一吻，突破了自动交会对接技术；

2012、2013年6月中旬，天宫一号又分别迎来了载着景海鹏、刘旺、刘洋的神舟九号飞船，载着聂海胜、张晓光、王亚平的神舟十号飞船，刘洋成为我国飞入太空的首位女航天员，中国人进驻了自己亲手建造起的天上宫阙，翩然而飞；

这些任务的完成，为建造空间站、开展大规模的空间应用奠定了良好的基础。

……

中国载人航天的一次次成功，吸引了世界的目光，引起了举国上下的一片欢腾。在炎黄子孙心中留下的是一抹抹永远亮丽的阳光；在浩瀚太空留下的是中华民族永不停息的雄壮飞天曲。

伟大而执着的创造，永远联系着不懈、动人的追求。在航天英雄的身后，是中国政府和人民的巨大支持，是无数航天人的默默奉献！而在这英雄的航天群体中，有一位高擎载人航天工程技术帅旗的科学家，他就是中国载人航天工程首任总设计师、中国工程院院士王永志！

从步入航天事业的那一刻起，他与中国的航天事业同频共振，他伴随着中国的航天步履一路凯歌。

他为中国第一枚自行设计的中近程火箭成功发射献出了自己的智慧；

他在中国中程火箭、远程火箭和洲际火箭的研制工作中开拓创新、竭尽心力；

他是“两弹一星”工程的重要技术骨干，为我国国防建设和航天事业作出了重要贡献；

他担任多种型号火箭的总设计师、总指挥，留下了一个个成功的记录；

……。

璞玉成器，硕果满枝。

在事业的追求中，他没有停步，更无终点。他血管里流淌着祖先的血，脑海里传承着民族千百年的飞天梦。在人生的花甲之年，他执掌起中国载人航天工程的技术帅旗，率领着一个充满活力、充满睿智的航天科技群体，向实现中华民族久远的飞天梦想的征程大踏步前进。

从神舟一号到神舟十号，从中国载人航天工程总设计师到高级顾问，20 余年的艰辛耕耘，20 余年的团结协作，他与中国航天人用“特别能吃苦、特别能战斗、特别能攻关、特别能奉献”的伟大载人航天精神，搭起了登天的天梯，圆了中华民族的千年飞天梦想，使中国成为世界上第三个实现载人航天飞行的国家，正在向建设空间站的目标迈进，在中国的航天科技史上，矗立了一座座时代的丰碑！

王永志，一个普通的名字，一个塑造无悔人生、被人们称为“战略家、科学家、实干家”的航天科技巨擘！

第一章

时雨润苗

少年王永志有强烈的求知欲，但他的求学之路饱蘸辛酸，同时也颇具戏剧性的色彩。他用自己的努力，捕捉到一个个机遇，在求知的道路上越走越宽阔，最终在自己纯真朴实的人生底色上，绘就了一幅明丽的水彩画。

童年的天空

1932 年 11 月 17 日，松辽平原，铁岭市昌图县八面城镇老房村。

东北的初冬之夜，已是寒气逼人，挂着零星枯叶的树枝摇曳着，无可奈何地任凭寒风摆弄。连蓝天和群星拥抱着的明月也是那样的冷清。

“哇，哇……”的哭声穿破了夜的宁静，一个新的生命诞生了，这是王和家中第六次响起了新生婴儿的啼哭声。

这是一个忙碌而高兴的晚上，一个可爱的男孩，给这个农家带来了冬日的喜悦和温暖。

王和家祖辈都是农民，先祖从山东搬迁过来，在这个地方开荒种地，但生活的艰辛使靠开荒种地为生的兄弟 3 人相继搬迁到很远的地方去了，留下王和的父亲一人。王和娶妻刘氏，仍然以种地为生。

老房村是一个只有六七户人家的小村，比较偏僻。这个村虽只有几户人家，但家境却有天壤之别。其中一户财主，靠佃农种植大片土地富甲一方，城里还有商号，一户姓杨的中农尚可维持生计，其他几户均为贫苦的农民。王和家主要靠租种地主家的土地和外出打工为生，当时的农业税很高，打下的粮食 50%返还地主，剩下的50%中还要交纳“出荷粮”（伪满时期实物土地税），家里剩下粮食不足1/4，往往是青黄不接，还得靠野菜充饥，艰难地维持着生计。

王家这辈孩子属于“永”字辈，小男孩在几个弟兄中排行第四，大哥王永山，二哥王永清，三哥王永福。大哥识得一些字，就说，小弟弟叫永禄吧！父亲听后觉得这名字不错，说：“这名字挺好，小名叫德宝吧。”

几个月后，春天到了，这个深受全家偏爱的小生命越来越活跃，他好奇地看着世界的一切，尤其喜看深邃的天空。

这时的中国，正处于外辱内患时期。1931 年 9 月 18 日，日本帝国主义占领了中国的东三省，1932 年，日本扶持溥仪在东北成立了伪满洲国。中华民族遭受国破家亡的耻辱，东北人民正在承受着前所未有的苦难，他幼小的心灵中哪里知道？他在承接生命阳光的同时，也感受着成长的苦难。

岁月在递嬗，小德宝一天天在长大。他似乎懂事很早，少儿的顽皮、稚气在他身上迸发出来的不多。也许对纯真的孩童，贫困与环境并不矛盾。到了四五岁时，小德宝对农村的自然环境流露出独有的好奇和热爱之情。美丽的松辽平原，黝黝的黑土地，翠绿挺拔的大树，在这大自然怀抱里，他和小伙伴们追逐嬉闹，做着童年开心的梦。

春天，报春花、小兰花等野花竞相斗妍，清香飘溢，他感到特别惬意；

夏天，放眼一片绿色，庄稼地里，他与邻家的小朋友捉迷藏，乐不可支；

秋天，是金色的世界，黄澄澄的玉米稻谷上场，他嬉闹在丰收之中；

冬天，白雪皑皑，他随哥哥们一起打雪仗、捉野兔，享受另一番情趣。

他爱这块生他养他的土地，更喜爱碧澄如洗的夜空，无数颗星星清清楚楚地挂在天幕上，这是一幅多么美丽诱人的景观画卷。正如一首词中所说的“少年心事海云间，不知何物是悲欢”。

稍大一点，他便学会观察，心里也在琢磨，为什么一年有四季？为什么庄稼在春天播种，秋天收获？他对逢年过节时家家户户在门上写的对联、家里炕头墙壁上贴的年画充满好奇，看着那年画上写的字，很想弄懂它，就去问哥哥们。他们告诉他，你长大上学后，就会读懂其中的蹊跷和奥秘了。

哭着闹着要上学

转眼间，到了小德宝该享受启蒙教育的年龄了。看着其他同龄孩子兴高采烈地准备上学，这激起了他强烈的读书欲望。他心里着急，于是时时凑到父母身边，想给他们提个醒，有时还故意装傻地问：“爸，妈，我今年几岁了？”

“7岁了。”父母却没有一点要送他上学的迹象。他心里感到纳闷。

他哪里知道，家里贫穷啊！

他索性找到父亲，稚嫩的脸上挂着恳求：“爸，别家孩子都去了学校，我也想去。”

“读书？你的几位哥姐，谁读书了？就是读两年，还得回来，不如从小就把农活干好！”

“不行，我想去。让我先去学学，我还小，在家也帮不上什么忙！”

父亲沉默着，作为一个家长，他有他的想法和苦衷。一是家境非常窘；二是认为农家孩子，念也念不出名堂，这也是不得已呀！

童年的求知欲，是一种强大的力量，小德宝心一横，为上学就哭闹了起来。

家里是穷，但不能再苦了弟弟！好在大哥王永山是一个有远见的人，他比王永志大 19 岁。在小德宝的眼里，大哥永山就像他的名字一样，是家里的主心骨，是家里永恒的支柱和靠山。大哥很聪明，虽未正式上过学，但他很好学，记忆力好，利用东北“猫冬”的机会上了两冬私塾识字班，有了一定的国文水平，能读报和看书。大哥又是坚强和仁厚的，他默默地承担着治家的重担，还要关心和呵护几个弟弟的成长。有一年冬天，他因家里没交够“出荷粮”，遭到了当地伪满政府爪牙的毒打，并当着全家的面，被罚跪。“男儿膝下有黄金”，全家人都伤心地流下了眼泪。贫穷的境遇，没有文化的苦楚，遭受人格的侮辱，对大哥以及整个家庭刺激很大。当二哥王永清到了征兵的年纪，通知去参加征兵体检时，为了不让弟弟成为伪满洲国的炮灰，当时患有皮肤病的大哥就冒名顶替体检，结果被人告密，遭到一顿毒打，但他坚决不承认，最后成功地留下了二哥。

为了上学，小德宝找到了大哥，请大哥替他在父亲面前为他求情。

大哥从贫困受欺的生活体验中感受到文化对一个人，一个家庭，乃至一个民族和国家的重要性，他自己深受过没有读书的痛苦，他希望家里有一个“秀才”，给家庭命运带来改观。于是大哥对父亲谈了自己的想法，希望得到他的理解和支持。

“爹，常言道，养子不读书，不如养头猪。我和几个弟弟都没有读书，与其让德宝跟我们一样种田，倒不如改变一下现状，送他去上学，还可能给我们家带来希望。”

但父亲坚持己见，还是那句话：“他能学几年？学不出头，回来不还得种地吗，还不如现在就种地。”

说服不了父亲，为不使弟弟失望，大哥心一横，便自作主张，想了一个先斩后奏的主意。

小学新生报名是农历正月十六。正月十五晚上，父亲跟亲戚打纸牌，直到三更时分才蒙头睡觉。第二天清晨，大哥一看父亲睡得正香，悄悄叫上德宝，说："走，快走，我带你去把名报了。"

学校在八面城镇，这个镇里有一个火车站，是南来北往的通道之一，算是那时交通便利的城镇。兄弟俩赶到八面城镇的南街小学，找到了报名处。

王永山对老师说："我家里虽然困难，但小弟求学的欲望很强，哭着闹着说什么也要上学，我就背着父亲带他报名来了。"

老师说："想学习就好，叫什么名字？"

大哥脑袋一转，便随口说道："他还没取名呢？属'永'字辈，请老师给取一个。"

老师一听，看了眼前这位小男童执着的神态，心底里很高兴，转脸对永山说："他这么想念书，有志向！中国有句老话，叫'有志者事竟成'，就叫王永志吧！"

"这名字挺好，弟弟，快谢谢老师。"大哥拍着弟弟的肩膀说。

"谢谢老师给我取名"，看着和蔼可亲的老师，小德宝羞涩地向老师点了点头。

王永志就读的八面城镇小学旧址上建起来的昌北中学

从此小德宝有了一个真正意义上的名字：王永志。这个名字伴随他走向光明的未来。

父亲知道后，生气地对大哥说："你们大了，翅膀硬了，自作主张，这还得了！我不同意，你们照样还去报名！不行，去把学退了！"

大哥一看，硬碰硬不行，便心生一计："爹，不行啊！那是官学不能退，报就报了。德宝还小，读书不是坏事，读两年看看。"

大哥连蒙带骗的，父亲最后也就默认了。

王永志就这样上了学。

大哥是有眼光的，他的这一举动，使弟弟的求学之路从这里起步，越走越远，日后成了栋梁之材。

小永志非常珍惜这来之不易的机会。

上学的愿望实现了，但读书的艰难也开始了。当时的农村，交通不便，一个 7 岁的孩子，早出晚归，每天步行在庄稼掩映的羊肠小道上，还要过一条小河，往返 16 里[①]地。夏天顶着烈日和突降的暴雨，冬天冒着寒风大雪，还要防着野狗、野兽的袭击。但无论春夏秋冬，永志背着自制的小书包，风雨无阻，没有迟到过一次。家里没有钱买格尺，他就用一根直的秸秆，从中间劈开来，削整平滑后当尺用；没有钢笔，他就用秸秆在上面安上一个钢笔尖，作为钢笔用。

他是班里最用功的学生。那时候，孩子入学的年龄参差不齐，他在班里同学中年龄是较小的一个，上课时他认真听讲，下课和回家后复习记牢，加上他记忆力惊人，果然不负家里的期望，第一学年下来，小永志学习成绩排在全班第二名，很快就显示了他天生的聪慧。

他是一名善于思考的学生。他常常把生活中遇到的问题记下来，请老师解答。有一次，数学课老师刘汉甲为考评学生举一反三的能力，特意出了 10 道题目考学生。结果 70 位同学中，只有王永志一人得了满分，绝大多数人没有及格。

① 1 里 =500 米。

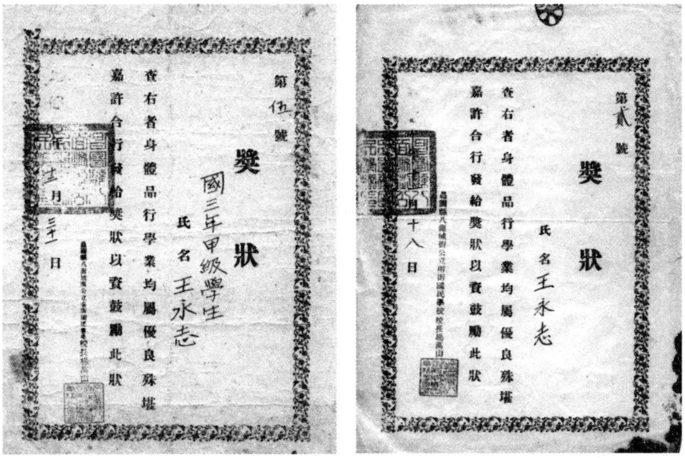
第伍號

獎狀

氏名 王永志 國三年甲級學生

查右者身體品行學業均屬優良殊堪嘉許合行發給獎狀以資鼓勵此狀

第贰號

獎狀

氏名 王永志

查右者身體品行學業均屬優良殊堪嘉許合行發給獎狀以資鼓勵此狀

小学奖状

他是一名进取心极强的学生。有一次，他的一科考试成绩不理想，他认为是一种羞辱，于是把成绩单贴在课桌的右上角，以警示自己。班里有一姓张的同学年龄比他大 4 岁，家境好，有钱住校，成绩在班上总是第一名。王永志心里不服输，他想，我是走读生，放学赶回家后还得干农活，学习时间相对少得多。但我要利用有效时间，获得最好的学习效率。于是他平时注意观察那位同学的学习方法，学习他的长处，为己所用。

看到小永志这样好学上进，成绩在班里数一数二，几位哥哥嫂嫂也非常喜欢他，姐姐对他更是呵护有加。嫂子们主动早起给永志做早餐；放学时为他热饭菜。父亲心里也感到稍许的安慰，态度有了根本的改观。

可是，命运和苦难有时总是在捉弄人。就在小永志读三年级的时候，他父亲在进城回家的途中遇上大雨，引起胃病发作，倒在路上。大哥急忙把他送到镇医院，医生一看，诊断为胃穿孔，该医院治不了，建议到四平或沈阳去做手术。但父亲说：“家里穷，我这一动手术，会倾家荡产，家里还有这么多口人要吃饭，怎么活啊？”

大哥说："爸，有病得医治，留得青山在，不怕没柴烧。困难是暂时的，我们会慢慢渡过这个难关，关键是得治好你的病。"

父亲回答到："我反正不行了，何必去花昂贵的手术费呢？"

几经劝说，父亲执意不去。就这样，父亲在病痛中去世了，在少年王永志的心里，留下了永久的伤痛。

父亲出殡后第二天，大哥发现永志没有去上学，便催促他去学校。懂事的永志说："父亲一去世，家里更困难了，我退学吧，帮家里干点活。"大哥听后说："弟，别这么想，父亲不在了，你不是还有哥哥们嘛！我们会想办法让你继续学习，希望你有所作为。"在哥哥们的反复劝说下，小永志才忍着悲痛继续走进了学校。从此，小永志更珍惜这来之不易的机会，更加刻苦努力，经常获得各种小奖品，有一次还获得了学校奖赏的一套制服。在4年一次全县组织的会考中，王永志获得了第二名，全家人都为他的成绩而自豪。

班主任刘汉甲老师非常喜欢和同情这位聪明勤奋的孩子，总是尽自己的微薄之力帮助他。一遇到雨雪天气，刘老师就把王永志留在自己家里复习功课，这给了王永志极大的鼓励。

黑土地滋养着王永志，他不断地汲取这块土地上生命的原汁，那就是坚韧、忍耐、进取和心灵的早熟。这个十来岁的孩子非常懂事，家里和外人都把他称为"小大人"。

热心的刘老师

1945年，随着德国法西斯的灭亡，抗日战争胜利的曙光初现。当年的8月6日和9日，美国两颗原子弹在广岛和长崎相继爆炸；

接着，苏联红军宣布对日作战。一天，被日寇抓去做劳工的二哥王永清冒死偷跑回家中，告诉家里人，苏联红军已进入东北，日寇不堪一击，东北很快就会收复。不久，苏联红军以摧枯拉朽之势攻占东北。8 月 15 日，日本法西斯宣布无条件投降。此时，东北暂时处于无政府状态，永志所在的学校停办，只好回家务农。正好也应验了父亲那句话“迟早还是要回来种田的”。

有时候，社会变化往往决定着人的命运。小学毕业的王永志，已经是一位个头不小的大少年了。几年读书并没有影响到他干农活的热情和本领，看到他干活有板有眼，头头是道，大哥及家里人在高兴之余也深感遗憾。而王永志呢，每当他走到学校旁或一想起学校，心里总是痒痒的，有一种牵挂，一种强烈的失落感。

是宝石不会永远埋在山中。命运像早已安排好了一样，读书的绿灯又奇妙地为王永志亮起来了。因为有一个人在时刻关注着他，那就是刘汉甲老师。大凡一个老师，对所教学生中的佼佼者，都会寄予深深的关切。

查學生王永志係遼北省昌北
縣人現年十四歲在本校高級
部修業期滿准予畢業此證
中華民國三十四年十二月三十日

高小毕业证书（1945 年）

辍学后不到 1 年，八路军来了，决定在当时的昌北县县政府所在地——八面城镇创办中学，县属各地均可报考。刘汉甲老师得知后，马上叫他的学生单永惠下乡通知王永志，要他无论如何赶快来镇里报名上中学。

"永志，八路军准备在镇里开办中学，你在班里成绩很好，刘老师要我来找你，叫你马上去报名应试，继续上初中。"

王永志一听，喜上眉梢，但转念一想，我哪能做主呢，于是他对同学说："请你转告刘老师，谢谢他的好意！我家境困难，兄弟姐妹又多，能上小学已是万幸，上中学可能没有希望了。"

听了王永志的回话，刘老师决定自己出面当说客。

他找到王永志的大哥，对他说："这是一个很好的机会，八路军免费招收家境贫寒的子弟入学，赶快让他读中学吧。我的话你应该相信，为什么那么多的孩子我不找，我独独要找永志呢？因为他与别的孩子不一样，聪明伶俐，一般人比不了。例如，对一个问题，别的同学说不出道理，王永志可以说半天，条条是理。让他上学吧，别犹豫了。"

永山也知道弟弟读书"厉害"，一听刘老师对永志的赞誉，深为弟弟高兴，同时心里也有一丝忧虑，那便是家境贫寒。于是便对刘老师说："我们回去商量一下吧。"

刘老师诚恳地说："不要犹豫，这孩子是读书的料，今后肯定有出息，光宗耀祖且不说，他读书成才，对他本人和国家都有好处，可别把这孩子耽误了。"

看着刘老师坦诚的样子，永山想，这是弟弟继续学习的一次好机会，决定回家商量。二哥永清是"科班出身"的木匠，他的手艺给了家里经济上很大的支撑。他说，就算长年累月在外干木匠活，也要让永志读书。全家人合计后决定，哪怕再穷再苦，也要支持永志上学。就这样，一个家境贫寒的家庭，上下齐心，帮助王永志迈进了中学的门槛。

"一枝一叶总关情。"这一步，彻底改变了王永志的人生道路。这位从田野中走出来的农家孩子，在求学的道路上成功地迈出了第二步。

在初中的3年里，特别是土改之后，家里经济状况大变样了，学习条件也好多了，加上他坚毅执着和不服输的性格，无论是小考、期中考试或期末考试，王永志总是名列第一，在班上可谓一枝独秀。

王永志的聪颖好学，引起了一些同学的羡慕，也引起了个别同学的嫉妒。他们说，不能老让他考第一，得想法把他拉下来，第一名的位置也让其他同学轮流坐坐。他们鼓动全班成绩居于第二的姓张的同学与王永志一争高下，结果几次考试，还是没有超过王永志。那时在初中的化学课上老师刚教过“王水”[①]，同学们便戏称地叫王永志为“王水”，意思是能够攻克一切艰难，冲破任何险阻。

由于王永志文理科的成绩都很优异，老师特别照顾他，同时也给他压担子。当时提倡学习上互相帮助，反对“小猫吃鱼只顾自己”的做法，王永志当起了“小先生”，业余时间或放学后给同学补补课，交流学习方法。

在初中课程中，王永志初步接触到一些生物和农学知识，他感到万物生生不息的奥秘是多么的有趣。当时，中国小麦的亩产量只不过100公斤左右，农民广种薄收，辛苦一年，温饱难以维持。王永志开始萌生了长大后当一名农学家的想法，让粮食年年丰产，天下人都有饭吃。

回忆中小学时期的成长过程，王永志打心眼里感激刘老师。他曾说：“如果没有刘汉甲老师，我会是一名文化程度不高的农民。刘老师在我人生十字路口上起了决定性作用，改变了我的一生。”而刘老师的那份爱、那份关注一直伴随着王永志的成长直到成才。神舟五号发射成功时，老人立刻给王永志打电话表示祝贺。在中央电视台记者采访刘老师时，这位90多岁的老人对50多年前的那段

① “王水”是用1份浓硝酸和3份浓盐酸配制的混合液，腐蚀性极强，能溶解金、铂等物质。

往事，记忆犹新，侃侃而谈，心中充满了感慨和欣喜。

追求进步事业

刚上初中时，全国还沉浸在抗战胜利后的和平和喜悦之中。可好景不长，1946 年 3 月，国民党向解放区发动了军事进攻，形成了关内小打、关外大打的严重局面，全面内战的乌云笼罩全国。不久，战火蔓延到了学校所处的八面城。

八面城紧挨着四平，1947 年解放军集中优势兵力攻打并解放四平时，该地区是解放军和国民党军队反复争夺的地方。国民党的飞机经常进行低空轰炸扫射，王永志有一次差点被击中。为防止流弹引燃房屋，很多百姓将房子上下全浇透了水。四平前后被争夺 4 次，惨烈的战争，几乎将这一带夷为平地。战火频仍，学校已无法正常上课，便组织学生到临时医院照顾解放军伤员，解放军官兵不惧流血与牺牲的精神，使王永志内心产生了深深的敬意。

学校安定下来，王永志和同学们重新返回课堂。

这段时间的亲身经历，使王永志对中国社会的现状有了较为清楚的认识。国民党骚扰期间，他们的腐败行为叫老百姓看得一清二楚，如借修碉堡的名义，把他家里栽的大树砍掉，拉到不远的地方卖了，中饱私囊。

共产党的正确领导使他家看到了希望。不久，他家的境况迅速扭转，政治地位发生了根本变化，地主被打倒了，贫苦农民翻了身。土改开始，他家人多，分了不少地主老财的田地，家里还养了马。秋收时，家里收获的粮食翻了几番，也不愁吃穿了。获得新生后，全家意气风发，扬眉吐气。

条件变好，家里种地人手足够，大哥王永山让他在学校住宿，专心致志地学习。学校领导也挺关心照顾贫下中农子弟，上学不交学费，还有助学金，王永志的学习劲头更足了。

初中阶段大大提高了王永志的组织能力。因学习好，他承担的社会工作比一般的同学多，他在学生会担任了宣传委员等职。学校组织编写校歌时，还让王永志参加修改，他在校歌中加上了“革命的乳浆养育了我”等反映时代精神的话语。沈阳解放前夕，他常常组织学生上街宣讲，书写和张贴标语，宣传共产党的政策，使他的组织能力和表达能力不断提高；他写毛笔字、刻蜡版都娴熟工整。过去非常腼腆、不善表达的他，几经锻炼，走上了社会前台。他的街头演讲有很大的感染力和号召力。以至于在后来工作中，他富有节奏、风趣而具有逻辑性的讲话，常常赢得同志们赞美的掌声。由于他德才兼备，赢得了班里同学的喜欢和尊重，年年被推选为模范学生。

在学校政治课上，他明白了阶级压迫、翻身闹革命、团结就是力量等朴素的革命道理。1948 年 12 月，王永志加入了新民主主义青年团，即后来的共青团。当时共产党和国民党正处于决战阶段，政局很不明朗，但他追求共产主义理想的愿望十分强烈。他常想，自己家庭的幸福是共产党和毛主席给的，应该把自己微薄的力量汇集到共产主义事业中去。

因为当时入党仍是在秘密状态下进行，有了加入共产党的崇高愿望后，他就捎信约大哥进城，说有要事相商。

那是 1949 年初春的一个晚上，大哥来到了八面城。他俩就在城里唯一的一条街道上，踱来踱去，秘密地交谈着。

“大哥，俗话说‘长兄为父’，你是家里的主心骨。今天找你来商量的要事，就是我想加入中国共产党。”王永志说。

“在共产党的领导下，我们翻身做了主人，家庭情况焕然一新。保家卫国、保家保田是我们的责任。无论时局怎样变化，我入党的愿望是真挚和强烈的。但我有一点忧虑，万一国民党反攻倒算，你们就要受到连累，所以我想听听你的意见。”

大哥听后，非常明确地阐述了自己的看法：“永志，国民党的腐败大家已经看透了，老百姓恨之入骨。老百姓这么恨国民党，国民党迟早会完蛋。”

王永志觉得大哥的分析是如此的透彻，且合情合理。

大哥继续说：“中国有句话叫‘得人心者得天下’，眼下共产党的军队就很得人心，天下早晚是共产党的。”

“咱家兄弟多，不能都待在家里，你愿意的话，就跟共产党走吧！别管家里，如果解放军打胜了，你就跟他们向南走；如果打败了，你就跟着往北退。国民党能把我怎样，我是农民，大不了还是种地。”大哥的话朴实明白，给了王永志最坚定的支持。

在初春的寒风中，哥俩沿着那条小街走了一趟又一趟，大哥的判断和支持，无疑更加坚定了王永志的信念。

1949 年 8 月，经过组织上培养，王永志填了入党申请书。因当时学生中没有正式党员，当王永志得知一位入党介绍人竟是自己的中学兼职校长、县委成员、湖南人牛林苗时，他很是惊讶和兴奋。

10 月 1 日，中华人民共和国宣告成立。11 月 17 日的晚上，王永志已在宿舍里躺下，县委秘书到集体宿舍把他从床上叫醒，对他说：“小王，你到县委会去一下，同学们问你去干什么事，你就说准备参军。”

王永志匆匆穿好衣服，赶到县委会会场一看，里面人坐得端端正正。秘书告诉他，今天晚上举行入党宣誓。在庄严的党旗下，王永志与另两位同学高举右手，向党立下了庄严的誓言。

那时候党员宣誓完全是秘密的，党员身份也不公开。直到 1950 年王永志到沈阳的东北实验学校读书，在 5 月 4 日的党员身份公开会上，同学们才知道王永志是中国共产党党员。

走出八面城

解放战争中，人民解放军以排山倒海之势接连攻占了沈阳等大城市后，接着取得了三大战役的胜利，百万雄师顺利横渡长江，迅速向大西南挺进。国民党政府已日薄西山，一个崭新的中国如旭日东升，给中国人民带来了光明和希望。

解放了的东北，就像经过寒冬岁月的万物，在艳丽的春阳下复苏，萌生的新绿给人们带来了一派生机。人民政府深深地认识到，这块饱经沧桑和蹂躏的土地百废待兴，新中国的建设高潮即将来临。而人才的奇缺将会制约建设的发展，于是把振兴教育摆到了重要位置。1949 年 5 月 4 日，东北人民政府在沈阳成立了东北实验学校，在各地招收优秀学生。

王永志此时恰好面临初中毕业。初中 3 年，他年年考第一，毕业时各科平均分数达 98.6 分。那时初中毕业生在社会上不多，算是秀才了，也不愁用武之地。但毕业后何去何从？他这时有了一个比较现实的想法：自己已有点学历，也会骑马，毕业后不如参军去，身上涌动着热血男儿那种“骑马挎枪打天下”的想法。他征求了校长和教导主任的意见，希望得到他们的理解和支持。凑巧的是，这时学校接到东北人民政府教育部的通知，通知说沈阳新成立了东北实验学校，学校试用苏联的教学法和教材，各校可保送高中一年级新生，各校的第一名可免试入学，其他学生经考试后按成绩录取。

教务主任汪恒和刘汉璞对王永志说：“我们正要找你，新中国已经成立，经济建设的高潮马上开始，需要培养高级人才。省里新

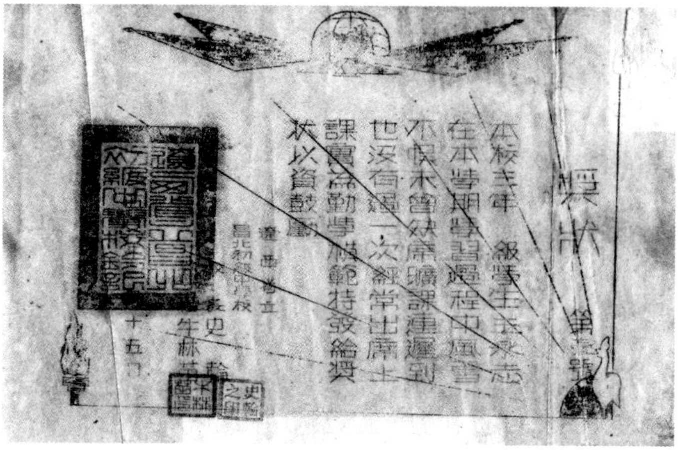

初中勤学奖状

成立了东北实验学校，要求咱们把成绩第一名的学生保送过去，其他的人可以报考。你的成绩一直位居榜首，可以免考入学。学校在东北首府，文化环境好，这是一个绝好的机会。参军参干的想法固然很好，但继续升学，对你更适合，可以发挥你的聪明才智，学好知识，为祖国的经济建设作出更大的成绩。”

一是参军，一是继续学习，面对摆在眼前的两条人生道路，王永志没有立即表态，他回到家中与大哥他们商量。

家里一合计，还是认为读书为上。但忧虑的是，去沈阳除了要置备行李和路费外，其他各种花销也大。最后大哥表态，钱不够可以卖掉家里养的猪和其他物品。就这样，在全家的支持下，王永志在求学的道路上又迈上新的台阶，成为他人生的又一重要转折。

高中大门向王永志敞开了。离校前，他依依不舍地在母校走了一圈，内心百感交集。在这里，他从幼稚走向成熟，政治上入了团，入了党；学习上不断进步，成了学校的状元，是母校帮助他实现了理想和抱负。他心里默默地说：再见了，昌北中学，再见了老师、同学，我一定不负众望，以优异的成绩向你们汇报。

1950 年 2 月，王永志搭上了去沈阳的列车。火车到了沈阳南站，只见到处高楼大厦，车来人往，透射出新中国的蓬勃朝气。

东北实验学校是在当时东北人民政府主席林枫的指示下创办的，它位于沈阳北陵的旁边，学校由东北人民政府直接管辖，党组织直属东北局，是当时全东北最好的中学之一。学校校长由东北教育部部长车向忱担任，他是民主促进会副主席，也是非常有名的教育家。副校长由郭明秋、方俊玦、白露、侯澄担任。学校的领导和老师，许多是八路军中的高级知识分子。他们既有较高的文化知识，还有丰富的实际工作经验。为保证教学质量，学校还调入很多东北大学的教师，聘请了一些知名教授来讲课。

学校条件非常好，有物理楼、化学楼、生物楼、实验室。教室更不用说了，宽敞明亮，设施超前，有当时时髦的麦克风、电表、毛玻璃黑板。这样好的条件，在当时全国的中学里也是屈指可数的。同学们高兴地编了个顺口溜，称赞教室是“玻璃黑板日光灯，水磨地板麦克风”。新建的大礼堂在当时也显得非常有气派，学校附近的东北人民政府和东北局，常常借用学校的礼堂举行会议。王永志也常有机会参加一些会议，听到了中共中央东北局领导们关于东北建设社会主义、培养经济建设人才、培养各方面的专家为建设新中国服务的宣传动员报告。

东北实验学校老校门

立志学航空

到省城读书，拓宽了王永志的视野，同学们都是从各地初中挑选上来的尖子，他感到有压力的同时，政治热情和学习动力陡增。凭着他的聪明才智和坚韧的性格，在班里他学习成绩优异，并担任班干部和团干部；在学校担任校团总支组织委员，是校篮球队的前锋。他严格要求自己，用自己良好的精神面貌来为同学们服务，赢得了大家的喜爱和尊重。当时任校党支部副书记的王连纯老师，对王永志最深刻的印象是“学习认真刻苦，做事踏实本分，有见解”。

学习环境是人才成长的重要因素。东北实验学校的环境条件、师资，与县里相比，要优越多了。正是这种良好的学习环境，把王永志引进了科学的殿堂。老师们饱含知识情趣的每一堂课，通过深入浅出的讲解，使学生们听得很过瘾，使他们感受到了科学技术的魅力和力量。有一次，老师谈到一个神奇的例子，说东北工学院的院长靳树梁原是本钢总工程师，他的炼钢水平达到了炉火纯青的程度。调到工学院当院长后，他经常透过办公室的窗户观察炼钢炉冒烟的情况，从冒烟的颜色就能判断钢铁的含碳量，知道哪个炉可以出钢。王永志听得津津有味，心里十分崇拜。课余，他找来《世界科学家小传》，了解科学家的学习方法、生活态度及人生理想。他觉得，科学技术研究是多么神奇、多么受人尊敬的事业！骑马挎枪的想法逐渐被学好科学技术搞建设所替代，眼界大开，想法也不一样了。他自己回忆道：“老师的每一堂课均经过精心准备，都能激起我对知识的渴望。课后细想，回味无穷，获益匪浅。”

在学习中，王永志善于逆向思维。提到这一点，他的高中班主任钱永耀回忆说："数学中有很多内容涉及逆向思维，如公式、定理的证明，都离不开逆向思维。高中时，王永志各科成绩都很好，一个重要原因是他思路开阔，懂得逆向思维，从多视角去思考问题。"

作为农民出身的孩子，他对农业科学的兴趣更浓。实验学校开设生物课，上课时每名学生都有一台显微镜，学校还有独立的生物馆。生物老师王致谦，课讲得出神入化，实验做得生动直观。其中讲到摩尔根理论、米丘林的学说和当时苏联较有影响的李森科学派，如何改良物种，怎样提高作物的收成等，非常引人入胜，王永志听得全神贯注。他觉得，改良物种很有意思，如果使小麦、水稻也能年年像草一样生长，且产量又高多好啊！高中的生物课，更加强化了这个来自黑土地的孩子对自己今后从事的科学研究方向的一些想法。

中学时代是最充满幻想的岁月，学生们对未来都有着各自的憧憬。一次，同学们在一起讨论今后人生道路时，大家你一言我一语，谈得异常热烈。

"我想长大当物理学家，像牛顿、爱因斯坦作出震惊世界的贡献。"一位酷爱物理的男同学说。

"我觉得搞化学很好，你看居里夫人发现了镭，获得了诺贝尔化学奖。"

"我长大要当一名军人，保家卫国，不受日本那些外国人欺辱。"

"我想学习原子核物理，造出原子弹，不怕帝国主义；和平利用原子能，建设好新中国。"

……

大家谈得津津乐道，胸中志存高远。

王永志没有立即说出自己的想法。此刻，他想了很多：自己出身农村，出生在多灾多难的时代，这块贫瘠、饱受蹂躏的土地现在刚刚得到了新生，共产党领导打土豪分田地，家里那种痛苦、受人凌辱的日子也一去不复返了。可是现在，农村还远远摆脱不了原始的耕作方式。农作物的产量还很低，广种薄收，有时温饱也解决不了。作为农村的孩子，理所当然应该在生我养我的土地上奋斗一番，去解决人类有史以来一直存在的生存和生活问题。

想到这里，他抬头看了看窗外。4 月的东北大地，万物复苏，嫩绿的麦苗正在阳光下茁壮成长。一瞬间，农作物萌芽、生根、开花、结果那个生机勃勃的奇妙过程从脑海中闪过。

“永志，你想今后干什么？”有同学问。

于是他对同学们说：“来自农村，我的梦想是当一名生物学家，改良物种，提高农民的粮食产量，使人们富足起来。”

听了王永志的表白，同学们有的感到惊奇，有的为之鼓掌。

但很快，中国面临的现实改变了他的理想。1950 年 6 月 25 日，朝鲜战争爆发。不久，战火烧到了鸭绿江边。美国的飞机常常侵入我国东北的领空，空袭警报频频响起。学校离机场不远，有时警报一响，王永志和同学们不得不躲进防空洞。学习环境遭受了破坏，学校也开始北迁，物理、化学实验设备装箱，生物馆里的珍贵动植物标本也要被运走。以前受日本侵略，现在美帝国主义又把战火烧到鸭绿江边，处在多梦季节的青年同学们义愤填膺。

唇亡则齿寒，户破则堂危。朝鲜的存亡与中国的安危密切相关。1950 年 10 月 8 日，毛泽东做出了“抗美援朝保家卫国”的决定。在“赴国难，共伸义愤，卖牛买枪去从军……”的悲壮歌声中，东北实验学校有 1000 多名学生报名参军，王永志也报了名，准备汇入志愿军的洪流。但公布名单时，在批准入伍的 100 多名同学中，高中部被批准的人微乎其微，原因是东北人民政府要求高中部的同学要集中精力搞好学习，成为国内建设的人才，王永志感到很失望。校长车向忱对他们说：“抗美援朝是爱国，把学习搞好也是爱国，因为新中国更需要建设人才。你们现在负责学校的教学标本和设备打包搬迁的任务，也是对抗美援朝的支持。”当时任学生会常委、生活部长、团组织委员的董长胤肩负学校的重托，带领学校的107名同学奔赴抗美援朝第一线，王永志在向他表示祝贺的同时，满怀激情地在董长胤的抗美援朝纪念册上留下了自己的赠言：

"长胤同志，你已经走在了我的前面，我是羡慕的！同志，你参加了军事学习，这是光荣的，这是捍卫祖国的行为！愿你成为毛泽东的好学生，好青年！并希望你经常检查自己，以求更大进步！你的同志王永志与你握别，1950年12月18日晚。"

参军的同学们走了，王永志非常关注前线的战况。随着抗美援朝战争的进程，学校附近的机场上空出现了苏制米格-15喷气式战斗机，看到志愿军空军驾机起飞迎敌、展翅蓝天的飒爽英姿，王永志内心充满羡慕。当听到志愿军英雄张积慧击落美国王牌飞行员戴维斯的捷报时，大家非常解气，王永志为此兴奋得几个晚上睡不着觉。

王永志由此想到，国家的安全稳定是最重要的。保家卫国，光有勇气和不怕死的精神是不够的，武器是一个重要的因素。而飞机是一种最厉害的现代化武器，是国家安全的重要保障。如果没有强大的国防为后盾，就没有安静的学习环境，什么改良物种、当生物学家不过是一句空话。

他的理想和志向由此来了个急转弯，从地下的农作物转到了天上的飞机。他想，如果我能上大学，就要争取读飞机设计专业。1952年毕业前夕，他便向老师询问哪个学校有飞机设计专业。班主任钱永耀老师告诉他，关内的清华大学有航空系，但清华大学是国内一流大学，最难考，必须取得优异的成绩才有可能，咱们班只有你与另外两人是最有希望的。

王永志瞄准这一目标，认真复习，积极备考。苍天不负苦心人，他被清华大学航空系飞机设计制造专业录取了，实现了自己的人生选择——走向航空航天的征程。

学校保留的王永志毕业时的档案记录了他高中3年的表现：几乎门门功课都是5分，这充分体现了王永志为祖国的强盛刻苦学习的精神。

考上清华大学航空系，这是他一生唯一的一次自主选择，从那以后的40多年里，他的每一步人生变化都与祖国的命运紧紧相连。

“我对我青年时期的选择，终身无怨无悔。现实生活使我进一步懂得，青年时期结合国家的需要选定事业的方向是非常重要的。”回忆那时的情景，王永志不无感触地说。

信步清华园

1952年初秋，王永志带着松辽平原上黑土地赋予他的营养，离开了东北家乡，来到了首都北京。

“十里清华园”敞开了胸怀迎接这些来自祖国各地的优秀学子。清华大学是国内享有盛誉的一流大学，水木清华，荷塘月色，西山紫气，三秋红叶，古色古香的清华学堂匾额，美轮美奂的欧洲古典式的大礼堂和中国传统的建筑系教学楼，和谐优美，相映生辉。王永志高兴地给家里写信说道：“清华大学太大了，校园里就有一个火车站，叫清华园火车站。那些教授都非常有名，如刘仙洲、梁思成，名人特多。另外，组织活动场面特别大，给人以启迪和教育。第一次我参加篝火晚会，各个系的同学都来了，有水利系、建筑系，大家畅所欲言，玩得很开心……”他把自己的快乐通过书信与家里人分享。

迎新会上，校长蒋南翔谈到了清华大学“自强不息，厚德载物”的校训，并解释说，这两句话，来自于古代易经中的“天行健，君子以自强不息”。意思是说，天的性质刚健，永远不停地运动，人应该效法天的刚健，努力向上，永不停息。自强不息、开拓进取，是中国传统道德的重要典范，也是中华民族精神贯穿古今的优良传统。自强不息的开拓进取精神不仅铸造了历史悠久的中华文明，而且激励着中华儿女向着更加光明的未来奋进。青年大学生要刻苦学习，自强不息，不断进取，革故鼎新。在清华读书要这样，今后走上工作岗位也要这样，才能有所作为。

校训激励着王永志这些年轻人的心。在这所新奇深邃的知识殿堂里，王永志感到自己真正踏上了学习现代科学技术的航程，感受到了生命的充实和快慰，他如饥似渴地吸吮着知识的甘汁。

入校不久，学校根据来自各地的新生水平参差不齐的情况，进行摸底考试，按成绩调整了班级。他分配在101班，即10个班级的第一班。

清华园（清华大学二校门）

名师云集的清华大学有重视基础课教学的传统。那时许多知名教授都教一门基础课和一门专业课。老师们特别强调基本概念的理解，认为不论问题多么复杂，推导的公式有多长，关键是抓住基本概念和理论实质，其他问题就会迎刃而解。老师们讲课深入浅出、生动形象，王永志感到很“过瘾”，听后受益很大。因此，学生的知识基础、思维能力、创新能力得到了很好的培养。

不仅如此，一提起就使人肃然起敬的名教授在年轻的大学生中更是产生了无形的激励作用，像刘仙洲、梁思成等。当时清华大学代理校长刘仙洲，是机械学的权威，著述颇丰。有一次，一年级新生班级的一位班长去找刘仙洲，问机械学讲义中用什么参考书。刘仙洲听后说，我讲课的参考书是谁的，你问高年级的同学吧。班长一问高年级同学才知道，机械类的书几乎全是他编著的。

在清华，王永志第一次接触到钱学森的大名。新中国成立后，海外游子，无不欢欣鼓舞，大批学者毅然抛弃了国外优厚的待遇，返回故土以实际行动报效桑梓。1949 年，著名地质学家李四光回国；1950 年 2 月，华罗庚到达香港，发出了“朋友们，梁国虽好，非久居之地，归去来兮”的感言。从 1949—1957 年，形成了一股归国热潮，回国人数达 3000 多人，占当时留学人数的一半，可谓人才济济。钱学森 1950 年 8 月启程回国前，在美国已非常有名，这位“无论在哪里，他都值五个师”的火箭专家，遭到美国扣留。1953 年，清华大学召开一个“抗议美国政府阻挠，声援钱学森回国”的师生大会。在集会上，建筑学家梁思成等学术权威，纷纷发表讲话，声援钱学森回国。王永志听说钱学森的大名后，便马上到图书馆，找来科学家小传，专门拜读了钱学森的事迹。1955 年 10 月，钱学森终于冲破重重阻力，回到了祖国。

清华大学一年，王永志不仅在飞机设计专业的基础知识方面学得扎扎实实，而且世界观和人生观受到了很好的启迪。休息日，他与同学们一起制作航模，到圆明园的废墟上去放飞。他想，作为一名国家培养的大学生，应该有一种在科学事业上敢于攀登的崇高理想，有一种为祖国争光、为民族争气的博大情怀。

不久，中国高等院校院系调整，王永志随清华大学航空系一起被转入新成立的北京航空学院（现改为北京航空航天大学，简称北航）。由于北京航空学院正在建校，他们仍在清华大学上课。

留学预备班

为尽快恢复因战争带来的创伤，建立起一个强大的新中国，以毛泽东为首的第一代领导人高屋建瓴，从国家发展的大局出发，决定挑选一批品学兼优的学生赴苏联学习。

就在第一学年结束的时候，系领导找到王永志，对他说："组织上准备选拔一批留苏学生，我们决定让你参加选拔考试，你愿意不愿意？如果你通过了考试，家里同不同意？"

王永志当时没有一点思想准备，但他听说"留洋"，心里非常高兴。他知道，苏联是当时世界上科技最先进的国家之一，去那里留学一定会对今后的人生有所裨益。他随口答道："我当然愿意，至于家里，应该没问题，不会阻拦我的。"

于是王永志顺利地参加了考试。假期回家，他向母亲和大哥汇报了学习情况和留学的打算。他母亲一听，连声说道："不去，不去，苏联那个地方，大老远的，一个人多孤单害怕啊，不如大学毕业回到咱镇上教书实在。"

"儿行千里母担忧"，母亲的忧虑可以理解，但大哥又一次支持了他。

左起：二哥、大哥和小弟永杰

不久，留苏选拔考试的成绩下来了，他以过硬的成绩被选中。

就像涓涓溪流终究要归大海一样，王永志的求学之路从曲折的山谷奔流而来，进入了一马平川的原野，然后汇聚成一股难以阻挡的力量奔向浩瀚的知识海洋。小学、初中、高中、大学，如今要成为新中国选送出国的留学生了。这一点，是王永志始料不及的。

出国前，被选派留苏的学生先安排到北京外国语学院留苏预备部学习俄语。

在苏联学习时的王永志

在他去外语学院报到的前夕，清华航院101班同学为王永志开了一个欢送会。那是9月初的一个夜晚，同学们聚集到清华礼堂前的大草坪上，一轮皓月当空，万束银辉泻地，给欢送会增添了无限的情趣。风华正茂的青年学子们献上自己的拿手好戏，向有幸留学的同学表示真诚的祝贺，希望王永志珍惜这个机会，好好学习，为国争光。在欢笑、羡慕和叮咛声中，王永志恋恋不舍地与大家话别。

预备班学生都是全国优中选优的大学生和应届高中毕业生。这个青春年少的群体，人人胸怀大志，个个充满激情。强烈的求知欲望和宏伟的志向，鼓舞着这里的每一个人。对王永志来说，学俄语是一个新的领域。而俄语的发音，对这个东北人来说并未感到太难。他使出了学习数理化课程的绝招，找规律，博学强记。两年下来，他又以5分的成绩取得了专修俄语的学历。

在苏联学习时的王丹阳

1954年9月，在留苏预备班上，王永志认识了来自上海的姑娘王丹阳。王丹阳当时以17岁较小的年龄考入东北师范大学。一年后，她在选派留苏的考试中以优异的成绩从学校的1000多名学生中脱颖而出，来到了北京。此时的王丹阳，正值妙龄花季，眉清目秀、身材窈窕，眼神中闪现着上海女性的机灵与细腻，显得落落大方。她的美丽聪颖让王永志心动，同样，王永志的英俊洒脱、风度翩翩给她留下了很好的印象。他们在学习中相互帮助，不断了解，两颗年轻的心慢慢地走近了。不久，他俩同赴莫斯科留学，翻开了他们人生中最难忘的一页。

第二章

负笈苏联

20世纪50年代，对中国的年轻人来说，能到苏联老大哥那里去学习，是多么令人向往的事啊！王永志以优异的成绩通过考试和政审后，如愿以偿地接到了留学苏联的通知。1955年8月，他背负着几代人的强国梦负笈莫斯科，开始了6年的异国求学生涯。

莫斯科航空学院

1955年8月中旬，在北京外国语学院留苏预备部学习了近两年的王永志，与预备部其他留苏同学打点好了行装，做好了6年在异国留学生涯的准备。国家对教育非常重视，留学生出国学习的费用、生活用品由国家全包。当时发给留学生的两个大箱子中放置了根据个人身材在北京定制的两套毛料西装、两套毛哔叽中山装，以及毛衣、秋衣、背心、短裤、手帕，乃至学习文具等，可谓样样俱全，个人什么也不用带。启程在即，王永志的心里充满了向往，充满了感激，是新中国使他的梦想变成了现实，他深感自己的责任重大。近百年来，为了学习国外的先进科学技术，改变中国落后面貌和寻求振兴中华的道路，几代中国人漂洋过海出国留学，但那一般是个人自费或有人赞助。而这样大规模有组织地由国家派遣留学，历史上前所未有，充分体现了新中国实现强国之梦的决心。

北京的初秋，阳光镀金大地，轻风送来喜悦。带着祖国的期望，带着自己的梦想，王永志等登上了开往莫斯科的留学生专列。第一次走出国门到异国他乡求学，留学生们没有丝毫的担心，觉得祖国就在身边，苏联是老大哥，有困难会有人照顾，青年学子们都处在非常兴奋的状态。

驶出满洲里，留学生专列进入了广袤的苏联国土。20 世纪 50 年代是苏联国力强盛时期，物质丰富，社会稳定，充满活力。莫斯科有 1000 多万人口，面积约 1000 千米^2，是世界第三大城市。莫斯科始建于 1147 年，最初只是一个木头构成的小城。15 世纪，俄罗斯人从蒙古人手中夺回了自己的国家。在 15 世纪到 18 世纪沙俄统治期间，莫斯科被定为首都。1712 年，彼得一世迁都彼得堡。十月革命之后，苏维埃政权于 1918 年 3 月又定都莫斯科。第二次世界大战（简称二战）后，莫斯科迅速恢复因战争带来的创伤，集中了全国最有名的大学，世界一流的科研设施，有四通八达的交通网……这些当时最好的软件和硬件共同装扮了莫斯科这个文化中心的辉煌，展示了社会主义苏联的雄风。

列车穿过浓密的大森林，来到了美丽的贝加尔湖畔，列车沿着湖边行驶了整整一个白天。太阳一落，又钻进辽阔的西伯利亚林海之中。一路上，美丽的湖光山色和辽阔无边的欧亚大陆，令留学生们心旷神怡，不时发出惊叹声。列车西行每越过一个时区，手表的指针就得倒退一个小时。旅途虽然漫长，但王永志与专列上的青年学生们却一直沉浸在兴奋中，他们谈着理想，谈着未来，一路征程，一路欢歌，旅途的疲劳被欢歌笑语所代替。从北京到莫斯科，漫长的 1 万多千米，列车整整走了 7 天 8 夜，在快乐的气氛中，他们不知不觉地到达了莫斯科。

莫斯科是座历经沧桑、饱受苦难而仍然巍峨挺立、辉煌壮丽的英雄城市，她又像一颗点缀在苍葱翠绿、碧波万顷的森林大海中的璀璨宝石，被誉为“森林中的首都”。王永志他们乘坐前来迎接的汽车，缓缓地向市区驶去。秋天是莫斯科最美妙的季节，气候宜人，宽阔的林荫道，整洁干净。路边是茂密成片的白桦林，给人一种肃穆庄严、高贵典雅之感。白桦树是俄罗斯的国树，银白色树干笔直、挺拔、俊秀，显示出俄罗斯人的一种气质。

进入市区，王永志被眼前的景象吸引住了。莫斯科城市布局恢弘，建筑古雅堂皇，高楼鳞次栉比，街道宽阔整洁，交通四通八达，车辆往来如织。他与留学生们更明显感受到莫斯科浓郁的文化氛围、深厚的艺术积淀、凝重的宗教气息、领先的教育意识，以及先进的科学技术。全市有11个自然林区，80多个公园、400多个街心花园，整座城市就是一个绿树成荫、空气清新的大公园。这就是王永志思念中和梦想中的莫斯科！王永志深深地吸一口气，轻轻地道一声："你好，莫斯科！"

王永志就读的莫斯科航空学院位于莫斯科的西北方向。莫斯科航空学院（简称莫航，俄文简写 МАИ）是苏联培养航空航天技术人才的高等学府，也是世界上最为著名、最大的航空院校之一，1930年建校。在建校之初，只有飞行器发动机系和飞机制造系两个系。此后的20年间，又增设了不少新系。学院环境优美，教学楼、体育馆、足球场、电影院及礼堂等美丽的欧式建筑与绿地和环绕四周的一片片森林构成和谐的校园，而西面不远处便是成片的森林及静静地流淌着的一条小河，简直像在画里一样。

学院的师资和技术设备堪称世界一流，汇聚了当时许多蜚声国际的航空航天专家教授。仅一个空气动力学教研室就有8名教授和1位院士。国际航空界的名人、二战苏联人民航空委员会的主席雅科夫列夫担任飞机教研室的主任，苏联搞火箭导弹的第二把手米申担任火箭教研室主任，达马舍维奇担任地空导弹的教研室主任，还有著名的米格飞机的总设计师米高扬和格列维奇（他俩名字的字头组成飞机名称）为学校飞机专业毕业答辩委员会的主席。这些名教授不仅奋斗在科研第一线，而且驰骋于讲台上，大大增强了学生们的自豪感和学习的积极性。

初来乍到，全新的语言环境，一流的科研设施，一张张新奇的面孔，令王永志激动，催他奋进。发愤努力，为国争光，成了他心中唯一的愿望。

在航空系的第一学年里，学习是十分紧张、艰苦的。在繁重的功课面前，许多苏联学生已感吃力，何况是初入异境、语言尚未过关的中国学生。王永志起初听不懂，就借苏联同学的笔记，然后复习，做作业。学校对学生的住宿安排很有讲究，4 个人一个房间，其中 3 个是苏联人，另一个是外国留学生，自然形成一种封闭式的俄语环境，不仅融合各国学生的感情，也强化了外籍学生的语言能力。每当学习紧张的时候，王永志就用普希金《致恰达耶夫》里的那句诗“同志，相信吧，迷人的幸福的星辰，就要升起，射出光芒”来勉励自己。

莫斯科红场与张贵田（右一）合影

在莫航的环境中，王永志对飞机的迷恋更深了，只要有飞机设计师作报告，他必参加。每年在学校附近机场举办的航空节，各种飞机的精彩表演，使他流连忘返。为使王永志尽快熟悉莫斯科的环境，了解苏联的历史文化，热情的苏联同学还经常利用星期天和假日，陪伴王永志穿梭于莫斯科大街小巷，请他参观莫斯科的博物馆、欣赏芭蕾舞演出。王永志自己曾做过统计，大学一年级就去了

11 次剧院，观看芭蕾舞和话剧演出。几个月下来，王永志的俄语已大有长进，在学习上他信心十足，学习成绩很快名列前茅。王丹阳曾用疑虑的口气对王永志说："你经常出去玩，还老来我这儿，你的学习怎么办？"王永志笑答道："适当的活动对了解苏联社会状况、增强语言能力有好处。至于考试，我照样能拿高分。"

为加强留学生之间的联系，中国在莫斯科成立了留学生总会，在各大学设立中国留学生学生会。同时，苏共中央给中共中央一个特殊待遇，允许成立留学生党组织和组织政党活动。由于学有余力、俄语好，经同学们选举和中国驻苏联大使馆批准，1956 年以后，王永志担任中共莫斯科航空学院党支部书记。后来，莫航邻近区域的化工机械学院、食品工业学院等校的党组织合并，王永志担任了党总支书记。此后，王永志又兼任了莫航留学生学生会主席，担负起对外联络、协调的任务。

留学第一年，正好是莫斯科航空学院 25 周年校庆，王永志作为莫航中国学生会代表被邀请参加在莫斯科音乐学院剧场召开的庆祝会。他心里感触很深的是苏联对专家和教育的重视。在主席台上，坐在前两排的都是科技名流，如科罗廖夫、雅科夫列夫、图波列夫、伊柳申、米高扬等。

留学生的生活是艰苦的，也是丰富多彩的。在前两年的暑假期间，共青团中央、留苏同学会还组织他们到苏联各地旅游。他们曾沿伏尔加河游览，从莫斯科运河上船，一直行驶到里海。夜里坐船走，白天到大城市观光，斯大林格勒、乌里扬诺夫、喀山等著名的地方全都参观过。给王永志印象最深的是留苏同学会组织他们到列宁格勒（现名圣彼得堡）参观。列宁格勒是十月革命的摇篮，俄罗斯的古都，欧洲的历史名城。卫国战争期间，列宁格勒曾遭德军围困达 900 天之久，在德军的狂轰滥炸下，列宁格勒人舍生忘死保住了这座历史古城。如今的列宁格勒城市环境幽雅，别具一格。夏季特有的"白夜"来临时，城市景色分外迷人，日与夜的分界线消失了，天边的晚霞连着朝霞，令人如入梦境。通过参观活动，增强了他们对红色苏维埃的理解和认识。

在列宁曾避难过的木屋留影

在学习中王永志想到，留学的目的，不仅是自己学好国外先进的科技知识，还应把这些知识介绍到国内去，让更多的人分享。在一年级暑假的时候，他看到《喷气式飞机》一书，觉得很好，当时国内缺乏介绍喷气式飞机方面的书，于是他想尝试翻译。但不知作者是否在莫斯科，王永志经多方联系，终于与作者取得了联系。作者知道后很高兴，并鼓励和支持他说："你想翻译很好，但我觉得这本书内容不全，我把经过修订后的新版本寄给你。"于是，王永志在第一个暑假期间开始动手翻译，于本水、王晋华二位同学知道后，也欣然参加了翻译行列。在苏联同学的协助下，于1957年暑假期间翻译完毕，并在1958年由北京国防工业出版社正式出版。《喷气式飞机》一书是王永志的第一部译作，但没想到这也是他与航空专业的告别之作。

难忘的火箭年

1957年，留在中国知识分子心中难忘的记忆也许莫过于“反右斗争”。而对留学苏联的中国学生来说，更多的是苏联在航天方面的成就，王永志把1957年形象地称为“火箭年”。

这年“五四”青年节，留苏学生会邀请了志愿军空军战斗英雄王海、张积慧等到苏联来联欢。在抗美援朝战斗中，王海率领年轻的我空军“王海大队”与号称世界王牌的美国空军激战80余次，击落、击伤美机29架，荣立集体一等功；他本人击落、击伤美机9架，先后荣立二等功、一等功、特等功，被授予“一级战斗英雄”称号，所在大队被誉为“英雄的王海大队”。张积慧是一位有勇有谋的年轻飞行员，1952年2月10日清晨，他驾机在与美国空军进行血与火的较量中，将美国王牌飞行员戴维斯少校击毙，使美国空军遭到了最沉重的打击。

1957年在世界青年联欢节上（右一为王永志）

王永志在东北实验学校时，早对王海、张积慧的英雄事迹钦佩不已，这也是他选择航空专业的原因之一。没想到，在莫斯科竟有机会与英雄结识，令他非常激动。联欢节结束时，王海、张积慧等同志为留学生们题词并签名留念，并互相勉励共同建设伟大的祖国。

1957 年 8 月，苏联成功地发射了第一枚洲际导弹；不久苏联又把第一颗人造地球卫星送上天，在航天技术方面取得了举世瞩目的成就。

那是 1957 年 10 月 4 日夜晚，强烈的探照灯光把哈萨克大草原上的拜科努尔卫星发射场照得如同白昼。隆隆巨响伴着冲天的火光，由苏联的火箭总设计师科罗廖夫负责研制的火箭载着世界上第一颗人造地球卫星冲入太空。

“斯普特尼克 1 号”外形是用铝合金做成的一个直径为 58 厘米的圆球，重 83.6 千克。圆球外面附有 4 根弹簧鞭状天线，内部装有两台无线电发射机。当天，塔斯社将这一重大新闻通过电波传遍了世界。东方社会主义阵营沸腾了！全世界震惊了！

赫鲁晓夫从第一颗人造卫星的成功发射中，清楚地认识到发展航天技术对提高苏联国际地位的重要作用，而且在外交谈判中可以用这张王牌来增加自己谈判的筹码，因此他积极支持苏联的太空计划。同时，苏联的航天专家们也清楚地认识到，美国在航天技术上绝不逊于自己，如不继续努力，就有被赶超的危险。

从此，人类进入了宇宙航行的新时代，也标志着美苏太空争霸的开始。

紧接着，在 11 月 7 日苏联十月革命胜利 40 周年纪念日，苏联在莫斯科红场举行了盛大的阅兵式。阅兵仪式上，苏联向世界展示了第一枚洲际导弹。

中国，这个年轻的共和国被新的形势所警醒：我们还在地上向着原子能和平利用、导弹技术、半导体、计算机等新兴技术苦苦奋进时，苏联的卫星飞上了天——探索的目标已从陆地转向了星空；

美国也紧随其后，蓄势待发！

飞天的梦想，原本属于中国。第一个企盼升天的人，也是中国人。近几百年来，中国在科学技术方面已经大大落后于西方，难道我们还要继续落后下去吗？

中华民族绝不是一个甘于落后的民族。在苏联酝酿发射卫星的时候，中国第一个火箭研究机构——国防部第五研究院于1956年10月8日正式宣布成立，钱学森出任院长。

翌年9月7日，以聂荣臻为团长的中国政府代表团到达苏联，与苏联政府就导弹、航空、原子能等方面的合作进行谈判。苏方代表团团长是苏联部长会议副主席别尔乌辛。

谈判历经35天，苏联方面比较热情和合作。10月15日，双方正式签订了苏联政府在原子武器、导弹、火箭和作战飞机的研制上提供样品，以及在试验基地建设方面援助中国和接受部分原子能、火箭导弹专业留学生的协定（简称“10月15日协定”）。

按照协定，从1957—1961年，苏联为中国提供两枚供教学用的P-1导弹样品，即苏联仿制德国的V-2导弹，派遣技术专家帮助中国进行导弹的仿制工作，并提供导弹研制、发射基地的工程设计等。这一协定的签订，对步履维艰的中国航天事业无疑是雪中送炭！

1957年，与肖劲光大将、刘亚楼上将在莫斯科红场留影（左二为王永志）

1957年11月，国防部第五研究院一分院成立。“1957年是火箭年，这一年我成为火箭人，这一年是我人生重大转折的一年。”王永志说。

毛主席接见留学生

1957年11月，毛泽东出访苏联，参加十月革命40周年庆典和国际共产党高级首脑会议。

11月6日，王永志早早起床，来到机场加入到迎接这位世纪伟人的人群中。毛泽东的专机，于莫斯科时间上午抵达。此时苏联卫星上天不久，全球都还沉浸在狂欢之中。一下飞机，毛泽东便在莫斯科机场发表了热情洋溢的讲话：苏联第一颗人造卫星上天，是一项伟大的成就，它标志着人类进一步征服大自然的新纪元的开始。让我代表中国共产党和中国人民，向苏维埃共和国和苏联人民，表示热烈的祝贺！在这次讲话中，毛泽东还讲了一句后来流行世界的话，“不是东风压倒西风，就是西风压倒东风，现在是东风压倒西风”。在毛泽东看来，社会主义阵营只要有了人造地球卫星等高新技术和各国共产党人的团结，就不怕帝国主义的任何挑衅。

毛泽东11月7日参加了苏联十月革命庆典后，接着又参加了国际共产党首脑会议。最令留学生们惊喜的是，中国驻苏联大使馆通知莫斯科的中国留学生，说毛主席将于11月17日在莫斯科大学接见中国留学生，留学生们群情激动，奔走相告。

莫斯科大学坐落在风光秀丽的列宁山上（现已恢复原名麻雀山），校园广场上竖立着创建人罗蒙诺索夫的铜像。铜像的身后是高32层的莫斯科大学的中央大楼。这幢大厦连同塔尖，总高度达240米，顶端是穗形环绕的红玛瑙石五角星，白天与日同辉，夜间光芒四射，与克里姆林宫塔尖的红星遥相辉映，气势恢弘而壮观。站在高高的列宁山观景台上，极目远眺，莫斯科景色尽收眼底，“亲爱的朋友，我们都爱列宁山……”那脍炙人口的名曲仿佛就在耳畔响起。

莫斯科大学是培养俄罗斯民族精英的摇篮，以其历史悠久、规模宏大、成就斐然著称。在240多年的历史中，莫斯科大学培养了数十万名专家和各类杰出人才，奠定了这个伟大民族深厚的文化底蕴。

1957年11月17日，毛主席在莫斯科给中国留学生、实习生讲话
（新华社记者侯波摄）

知道毛主席要接见留学生，王永志通知王丹阳，叫她尽早赶到莫斯科大学。王丹阳与几位同学早晨4点多就起了床，当时电车还没开，就步行走了两站。赶到莫斯科大学门口时，尚未开门。

莫斯科大学大礼堂建造得非常别致，墙壁上镶嵌的，用多色大理石片拼成的世界杰出学者的浮雕群像尤为注目。如欧几里得、阿基米德、达·芬奇、牛顿、哥白尼、伽利略、达尔文、阿维森纳等。中国古代3位科学家——祖冲之、李时珍和万户也跻身之中。在这所世界著名的大学殿堂里，可感受到俄罗斯民族乐于吸纳百川、融合外族文化来发展自己的博大胸怀，反射着现代文明的光彩。

宽敞的礼堂大厅中央是主席台。当时台下前三排座位安排给苏联各军事院校学习的留学生坐，其他院校的留学生坐四排以后。王丹阳坐在靠近讲台的第六、第七排处，同时用随身带的书包给王永志占了一个位子。随后，王永志也从城北的莫斯科航空学院赶到了莫斯科大学。

留学生的情绪十分高昂。很多同学从早上四五点起来赶到莫斯科大学，在那里盼着毛主席来。因为毛主席一整天与苏联和各国共产党领导人会谈，只有等到下午会谈结束后才可能抽出时间来接见留学生。这期间，因想见毛主席的留学生太多，很多人上厕所、吃饭都不敢出去，唯恐自己座位让别人占了。王永志和王丹阳中午轮换出去买点东西吃，不希望失去这次机会。

下午6点左右，毛泽东出现了。一代伟人面带笑容，向留学生们招手。

那个情景，令在场的留学生一生难忘。大家使劲地鼓掌，掌声一浪高过一浪。毛主席健步走上莫斯科大学大礼堂的讲台，巨手一挥，掌声立即被浓厚的湘音所替代。毛泽东的第一句就是："世界是你们的，也是我们的，但归根结底是你们的。你们青年人朝气蓬勃，正在兴旺时期，就像早上八九点钟的太阳，希望寄托在你们身上。"全场响起了雷鸣般的掌声。这历史性的亲切嘱托，使全体留学生大受鼓舞。

回忆此情此景，王永志的妻子王丹阳充满深情地说："伟人就是伟人啊，毛主席高大的形象和气质，深深地感染和折服着每一个人。我们坐的地方，离讲台很近，看得很清楚。毛主席从左边走上讲台，大家都非常激动，这么近距离看见毛主席，激动得不得了，至今一讲起此事我心跳都会加快。当时我们使劲地拍手，没完没了。突然，毛主席大手一挥，全场顿时寂静下来。当听到'你们就像早上八九点钟的太阳，希望寄托在你们身上'的时候，简直是热血沸腾。"

谈到时局，毛主席说：“不是东风压倒西风，就是西风压倒东风”，然后他问留学生：“你们知道这句话是谁说的吗？”留学生们都摇头。毛主席接着说：“这句话是苏州姑娘林黛玉说的，就是《红楼梦》里的林黛玉。现在世界形势是东风压倒西风，根据之一是苏联卫星上天、技术领先；二是这次各国共产党首脑签署的《共产党宣言》的发表。”

在聆听毛主席讲话时，留学生们一边鼓掌，一边情不自禁地高呼“毛主席万岁”，毛主席风趣地说，人不能活万岁，如果孔子活到现在，中国会成什么样子？我做过五年计划，再活 5 年就行了。留学生们异口同声地说，不行不行！毛主席接着说，好，好，超额完成计划更好！……

毛主席离开时，留学生们跟在后面，苏联同学也跟在后面，想多看他几眼。

毛泽东的接见，给中国留苏学生留下了幸福的回忆。留学生们纷纷表示，我们是国家选派出来的年轻一代，无数工人和农民的辛勤劳动支撑着我们的留学费用，我们一定要学好干好，肩负起历史的使命，不辜负毛主席的嘱托，不辜负党和人民的期望。

对王永志来说，这一天更是机缘巧合，因为这天是王永志的生日，也是他的入党纪念日。在这个日子里能亲耳聆听党的伟大领袖的谆谆教导，使他终身难忘。

改学火箭专业

根据 10 月 15 日中苏双方签订的协议，苏联将接收中国部分火箭导弹专业的留学生。由于航空、航天专业一二年级的基础课相同，到三年级时专业课才有所区别，因此和其他院校的科系一样，决定将部分飞机设计专业的刚上三年级的学生转向火箭导弹设计专业，以便早毕业早工作。中国驻苏联大使馆根据学生的情况，将莫斯科航空学院飞机设计专业三年级的8名留学生全改学火箭导弹设计专业，并将名单通知莫斯科航空学院，王永志也在其内。

接到改学专业的通知，王永志心里也很矛盾。一方面，他在飞机设计专业已经学了几年，有了一定的基础，从情感上来说有点割舍不下；另一方面，火箭导弹专业是一个新兴的领域，心里没底。但那个年代，年轻人的命运是和国家的命运休戚相关的，祖国的利益高于一切！苏联的同学也鼓励他说："改学火箭专业多好啊！导弹、原子弹是当代最尖端的科技。飞机的飞行高度不过上万米，火箭可以上升到几百千米以上的空间甚至到外星上去。如果掌握了洲际战略导弹，它可以把核弹头送到地球上的任何角落，一旦遭到侵略，可以直捣敌人的老巢，比飞机要厉害多了。那时，看谁还敢对中国轻举妄动！"

神圣的责任感和同学们的激励，很快使王永志转变了观念，坚定了他服从国家发展需要、学好火箭技术的决心。航天，多么神奇的字眼啊！天上这个神秘的宫殿，充满诱惑，充满机遇；回想那天在电视荧屏上目睹人类第一颗卫星上天的情景，他深感学习航天的政治意义和科学魅力之所在。

星期六的下午，王永志打电话约王丹阳，说有要事相商。

王丹阳跑来了。他告诉她："组织上要派我改学火箭专业，我觉得扔掉飞机专业很可惜，但火箭也很诱人，国家把这么重要的任务交给我们，是我的荣幸。"

王丹阳高兴地点了点头，笑着说道："俗话说，上天不易，入地更难。看你，真是越学越深、越飞越高，从大气层进入太空了，好啊！值得祝贺！"

"丹阳，我俩学的专业是一天一地，你学的是石油地质专业，将来研究的是地下；我从航空专业转向火箭专业，研究的仍然是空间；正所谓天和地作，天地通泰！”

莫航后门小路边

“你想的挺美。同学们说我俩，你学飞机，飞机是越飞越高；我学地质，则越钻越深。专业不同，没有共同语言，我们两人以后难走到一块。现在，你改学火箭专业，将飞得更高更远，我们的差距越来越大。”王丹阳故意撅着嘴逗他。

王永志听到这“弦外之音”，于是笑着说：“爱情与各自专业没有必然的关系。我听别人说，大科学家钱学森的妻子蒋英是歌唱家，照此说来，他俩所学的专业相差十万八千里，不能结合在一起，但他俩感情和睦极了。何况，我这火箭飞得再高，还得由地面的你控制，是不是？”

“竟然用钱学森教授的例子来说服我，真有你的。”王丹阳看王永志认真的样子，继续说道，“同学们说的情况的确存在，数学中不是有逆命题吗？别人推测是常事，你可以用事实证明他们的命题是不成立的。”

在王丹阳的心目中，王永志是最值得信赖的人，他聪明好学，有胆有识，正直坦诚，乐于助人，是完全可以寄托终身的伴侣！望着夜色中远处波光粼粼的莫斯科河，他们不由低声地吟唱起当时风靡一时的《莫斯科郊外的晚上》。

9 点多钟，他送王丹阳回校，华灯下的莫斯科景色秀美，五光十色。河水恬静，霓虹闪烁，路上车流如潮，一派欧洲风韵。他对王丹阳说："回国后，我们要用自己微薄的力量把祖国建设成具有东方特点的美丽国家。"

送走王丹阳后，王永志思绪飞扬。他来到学校那片冷清的小树林，没有月光，只有微风吹拂树枝的轻响。他抬起头来仰望着那条由亿万颗恒星汇成的银河。在宇宙的胸怀里，银河只是微小而模糊的线条，但它在不停奔流，开辟出乳白色的河床，反射着宇宙的命运和奥秘。银河的美丽和神秘，曾启迪过无数哲人的灵感、灌注着诗人的情怀，演绎着无比丰富深奥的各种命题。而博大的宇宙，更有道不完的谜。苏联科学家伽莫夫 1945 年提出，宇宙起源于数百亿年前的一次大爆炸，难道宇宙的产生就那么简单吗（现已得到天文观测的证实）？如果是，人类对宇宙的认识，才刚刚开始。要读懂宇宙这部伟大的史诗，人类该有多少事情去做啊！

王永志感到，自己头顶上空这块广阔壮美的天空，在等着炎黄子孙去远征，去开垦。曾经创造古老文明、在天文学方面作出过伟大贡献的中国，应该再度创造出辉煌的空间文明。那沉落了数百年的文明之光，应该再次从东方升起。现在，与中国山水相连的苏联已经从地球走向了太空，中华民族的祖先是最早的飞天梦想者，中国难道可以在太空缺席吗？

他感谢祖国把他送到莫斯科，来到了苏联这个伟大的国度，赶上了人类开始向太空进军的时代。迷幻般的流星不时地从头顶掠过，注视着地球这个人类的家园，展现着驶向宇宙的通道。而自己，也将成为探测天宇这个科研团体中的一员。想到这里，他心中充满快慰。

"窥天地之奥而达造化之极"，明代的医学家李时珍说得好极了。那一晚，王永志想了很多很多。

等待探索的星空

崇敬的航天大师

苏维埃共和国在激动和亢奋中进入了1958年。

火箭，对王永志来说，是一个熟悉的字眼。早在中学时代，王永志从老师那里和课本上知道，中国早在宋朝时就有火箭了。转向火箭专业，王永志更多地感到国家安排他学这个专业的责任重大。

课堂上，他如饥似渴地学习火箭专业知识，了解近代火箭的发展历史，对那些人类航天的先驱产生了崇拜之情。苏联的齐奥尔科夫斯基、法国的埃斯诺·贝尔特利、美国的罗伯特·戈达德、德国的赫尔曼·奥伯特、冯·布劳恩等先驱在近代航天的探索中所作的开创性工作，其探索精神和敢于牺牲的精神在王永志脑海中留下了不可磨灭的印象，深深地激励和鼓舞着他以后的成长。

齐奥尔科夫斯基1857年9月出生于一个贫寒家庭。10岁时因患严重的猩红热病几乎完全丧失听觉，靠从事艺术教育的母亲在家补课学习，困苦促成了他顽强和坚毅的性格。16岁时，他来到莫斯科自学，受凡尔纳科学幻想小说的影响使他对飞行和星际航行深感兴趣，从此一发不可收拾。他提出了引力中心不变定律；推导出了著名的火箭运动方程式；第一次明确提出液体火箭是实现星际航行的理想工具，较全面地研究了各种不同的液体推进剂，并提出液氢、液氧是最佳的火箭推进剂；他还首次提出火箭质量比的概念，阐述了质量比的重要性；论述了多级火箭的运行模式，即“太空火箭列车”，是航天学的最初拓荒者。

在列宁格勒冬宫前留影

美国的戈达德是推动液体火箭走向实用化的先驱。1921年12月，戈达德完成了第一台液体火箭发动机的研制。其后经过不断改进，1926年3月，他研制的第一枚液体燃料火箭成功发射。虽然这枚火箭只升高12米，水平飞行56米，但开辟了液体火箭研制成功的先河。到1941年1月6日，他研制出新型发动机，其推力达到了4.4千牛，被誉为美国的“火箭之父”。

德国的奥伯特提出了第一枚实用火箭V-2的理论框架。他的两本著作，一本展望了10年内火箭的发展，另一本则对人类登月在燃料消耗、燃气喷出速度、火箭速度、发射阶段重力作用、飞行时间和飞行距离等方面的关系做了出色的研究。1927 年，奥伯特成立了德国宇宙旅行协会，会员后来发展到 1000 多人，推动了火箭技术的研究。1930 年，奥伯特主持设计了一种锥形喷嘴火箭发动机，用液体作燃料，研制成功了德国宇宙旅行协会的第一枚液体火箭，奥伯特的理论影响了整整一代工程师。

在奥伯特的影响下，他的学生德国人冯·布劳恩迅速成为火箭技术领域的佼佼者。1933 年，冯·布劳恩开始研制 A 系列液体火箭。1934—1942 年，他们先后研制成功 4 种 A 系列液体火箭，其中的 A－4 型火箭飞行速度接近 2 千米/秒，飞行距离达到了 189.8 千米。然而，希特勒纳粹分子却令他改装成 V－2 导弹，V 在德文中是复仇的第一个字母。V－2 导弹全长 14 米，直径 1.65 米，装有十字形尾翼，采用酒精和液氧为推进剂，能将质量为 1 吨的弹头发射到 300 千米左右的地方。V－2 导弹被用于战争后，给英国、法国等造成了巨大的灾难。二战后，美苏两国从仿制 V－2 导弹入手发展火箭技术。从冯·布劳恩开始，现代意义上的火箭便登上了历史舞台。

当然，王永志耳濡目染最多的是当时苏联宇航科学家科罗廖夫（1907—1966）。科罗廖夫 1907 年 1 月出生在乌克兰的一个教师家庭中，16 岁时参加了乌克兰和克里木航空协会的滑翔机飞行小组，从此迷上了航天。1929 年，科罗廖夫拜访了他所仰慕的宇航之父齐奥尔科夫斯基后，更坚定了从事航天研究的决心。科罗廖夫说："自见到齐奥尔科夫斯基后，我一心只想制造火箭并乘坐它飞行，这已成为我生命的全部意义。"1947 年 10 月，科罗廖夫组织研制发射了苏联第一枚弹道导弹，1949 年他成功地设计了远程导弹。接着，科罗廖夫主持开发了运载火箭，发射了人类历史上第一颗人造卫星、行星探测器、人造飞船，并将人类的第一名太空使者加加林送入太空。

课余，王永志借来齐奥尔科夫斯基的太空飞行科幻小说《地球之外》和关于多级火箭的论文《太空火箭列车》，以及其他航天大师们的著作，汲取这些火箭先驱的创新思路和科研方法。航天先驱们的智慧和献身精神深深地启发和激励着王永志。他喜欢在夜深人静时，绕着校园的小径独自散步，并习惯望着星空遐想联翩。他真正感到，研究火箭是何等的愉悦！他为能成为今后自己国家在这方面研制的科技人员而自豪。

此时，世界航天事业的发展，给中国领导人和科学家带来了严峻的挑战。他们也开始思考和勾画中国航天的蓝图。在 1958 年 5 月举行的中共八大二次会议期间，代表的提议进一步激起了毛泽东、周恩来、聂荣臻等中央领导对研制人造地球卫星的兴趣和向往。他们的脑海萦绕着一个问题：美国只有 200 年的历史，却在 30 多年前就发射了人类的第一枚液体火箭；苏联后来居上，研制出了洲际导弹并放飞了卫星。难道发明火箭的中国，就不能靠自己的力量发射遨游太空的卫星？

毛泽东在会议上，情绪激昂，大手一挥，朗声说道："我们也要搞人造卫星！"毛泽东的话很快在全国掀起了一股汹涌澎湃的"卫星热"。在"大跃进"狂潮的感染下，一切好像都唾手可得，都可梦想成真。一时间，全国各行各业都开始"放卫星"，"上天、入地、下海"成了当时叫得最响亮的口号。上天，即发射卫星；入地，即要在地球上钻洞取矿样；下海，即造大轮船。

中国的专家开始制定人造卫星发展规划草案，提出"第一步发射探空火箭；第二步发射质量为 100 ~ 200 千克的卫星；第三步再发射质量上吨的卫星"三步走的设想。

中国的航天蓝图期待着留学归来的学子们来共同描绘。

导师的爱徒

考试，是检验学生水平的试金石之一。那时，苏联实行的是5分制。考试方法有几种，多为即席考试。例如，在数学考试时，由学生抽试题号，抽签后按题号中的题进行回答和演算，一般规定在20分钟内答完5道题。答题方式也稍有不同，基本上都是在老师面前答题，有时答完后还让学生在黑板上演示。如果20分钟没有答完题，就得重新考。有时再抽一两个题号接连做答。在每次考试时，王永志凭着自己的才智，总是应答自如。

火箭专业属于保密专业，学校规定，所有学生的笔记本不许带出课堂，课后收回，放学时还可能被抽查书包看是否带走资料。因为如此严格，迫使王永志同其他中国留学生博识强记，刻苦认真。按照苏联对学生学业的要求，在校6年期间，所有课程的考试成绩中不能出现一个3分，4分只能有几个，其余全部是5分，才能拿到优秀毕业生的带红字的毕业证书。中国留学生的刻苦和聪慧在同学们中出了名，考试成绩令老师们十分满意和惊讶。在持续学习高等数学这门基础课的5年里，王永志是班里唯一获得5分的学生；而机械制图则提前通过……他和几位同年级的中国同学常常上年度红榜，即使是比较努力的苏联同学，有时也自叹不如。

除了学习优秀外，王永志在社会活动方面也毫不逊色。他担任过校内中国留学生支部书记、邻近莫航各校的地区党总支书记。他的同学，中国工程院院士张贵田回忆说：“从留苏预备部到莫航，我和王永志一直是同学。他学习努力，非常聪明，善于抓住学习要点。除了学习自己的专业之外，还学习其他课程，心里常想着将来怎样为祖国社会主义建设事业服务好。他每次考试的成绩都很好。”

王永志取得好的成绩，诀窍在哪？他自己认为，上课认真听讲记牢，课后抓紧时间马上消化。别人比自己强他从不嫉妒，而是善于学习和汲取别人的优点和长处，以强烈的进取心去超过别人。可以用“上课听懂，下课消化，博采众长，凝练精华”来概括王永志的学习特点。谈到学习和科研方法，他认为“首先要认真观察，从实践中发现问题，提出问题；第二是把问题抽象出来，形成一个科学命题；第三寻求科学方法来解决它。”

在留学生涯中，王永志有幸认识了苏联航天界著名的专家米申教授。米申教授是苏联火箭之父科罗廖夫的第一副手，当时兼任莫斯科航空学院火箭教研室主任。在苏联，担任教研室主任职务极不容易，往往都是这个领域很有名望的人。

重返莫航的5位同学（后排3位，前排左两位）

1960年夏，莫航的高年级中国留学生决定利用暑假回国实习。但到北京不久便接到高教部的通知，称即将毕业的学生提前参加工作，不再返校；还留在苏联的也提前回国。王永志也按此做好了准备。但不久又接到通知称，个别科系留一人学习到正式毕业。莫航共有5人，王永志名列其中。接到通知后，他二话没说，赶紧做好再赴莫斯科的准备。

周恩来、刘少奇等中央领导在北京接见了这批赴苏继续学习的学生。周总理说："这次返回苏联学习的学生人数不多，你们要珍惜这难得的机会。现在中苏关系不同从前了，环境也变了。但大家要注意两点：一是坚持原则，只要坚持正确的政治方向，他们给你们打 2 分，回来我们给你们补打 5 分；二是要坚持团结，广大苏联同学是好的，广大苏联人民是好的，同他们要讲团结。"

在出发前夕，王永志与王丹阳这对相恋了多年的同学决定举行婚礼，完成人生中的一件大事。这时王永志已经 28 岁，王丹阳 25 岁，已属大男大女。

时值 3 年困难时期，他俩又囊空如洗，洞房是借的，新婚的床被是招待所的，桌上的喜糖水果是用参加婚礼的同学们的票证买来的，全部花销均由昔日同窗好友关真夫妇资助。

就这样，这对专业不同，但情深意笃的青年人喜结连理。

一个简朴、革命化的婚礼，一对天地相偕的佳偶。

离别前夜，他俩走出新房，放眼祖国的夜空，月亮赫然在天上高悬，星星闪烁着奇异的光泽。他对王丹阳说，几年前，我们欣赏着莫斯科的夜空，看到世界上第一颗人造卫星从头顶飞过。我想，过不了多久，我们的共和国也要放飞卫星，实现中华祖先的梦想。

新婚第 4 天，匆匆办完婚礼的王永志再次登上北去的火车。

告别新婚的妻子时，王永志安慰说："杜甫的诗《新婚别》里有'暮婚晨告别，无乃太匆忙'的句子，我们结婚已 4 天，应该很知足了，何况我是为了祖国的尊严和完成学业而去，离别是暂时的，它将会给我们的未来带来绚丽的色彩。好在现代交通发达，寄信快过鸿雁传书，几天就可收到。"

说实在的，再返苏联，王永志充满着复杂情感。并不是因为新婚燕尔、难舍难离，怕只怕在两国关系破裂的情况下遭受苏联人异样的目光。

回到莫斯科，令王永志感到意外的是，米申教授看中了这个中国人，在他回到莫斯科前，米申教授已经主动向系主任提出带王永志做毕业论文。作为火箭教研室主任，这是他带的唯一的中国学生。

人们常说，名师出高徒。名师的引导，对一个人科研方向的形成、科学思维方式的养成，都有着重大影响。如果一名勤奋好学、富有天赋的学生在科研中得到一位大师的指点，他可以在成才的道路上节省很多时间，迅速走向科研的前沿地带。

在第一次见面会上，米申教授看到王永志脸上的表情，知道王永志心中有疙瘩。米申直截了当地对王永志说："你不用担忧，中苏两党、两国关系虽然破裂了，但那是政治家的事。我们是搞科学技术的，我们之间的关系没有改变，仍然是师生关系。有什么问题尽管问，不要有任何顾虑，你一定要把毕业论文做好。"米申教授的坦诚之语，使王永志感到很宽慰，甚至有些意外。

高徒也不负导师的厚望。王永志打消了心中的疑虑，投入到紧张的毕业论文设计中去。他从国家需要出发，选择题为《洲际导弹设计》的毕业论文。学院图书馆管理员娜塔莎依然像以前那样，尽可能地为王永志提供所需的资料。米申像对待自己的孩子一样，有问必答，尽心尽力地进行指导。在论文设计中稍有一点马虎和不妥之处，米申就会很认真严肃地指出来，直到满意为止。米申教授渊博的学识、丰富的工程经验、严谨认真的态度和诲人不倦的精神，令王永志终身受益、终身难忘。

经过半年多的努力，王永志完成了毕业论文《洲际导弹设计》。在论文答辩时，答辩老师对王永志的论文给予了高度的评价。答辩委员会主席米申高兴地勉励他："这是你第一次当洲际导弹的'总设计师'，希望这不是你最后一次当总设计师。"

米申的话既是肯定，也是勉励。因为他从王永志的身上，推断这位异国学生在未来的研究生涯中，将青出于蓝而胜于蓝，不辜负老师和他祖国的期望。

心 系 祖 国

王永志以优异的成绩从莫斯科航空学院毕业了。让王永志高兴的是，他获得了优秀生毕业文凭。在苏联，持有这种文凭者意味着是高材生，可以任意挑选工作单位，并高定一级。

留学6年间，王永志是一个有心人，注意广泛、深入了解专家的设计思想，对具体的问题能析理入微，对宏观问题能把握大局。他既有较好的专业基础知识，又有了一定的实践经验。因此，在对任何技术问题进行思考时，便具有更为广阔的胸怀和更为高远的目光。

王永志准备回国之际，莫斯科航空学院负责外国留学生事务的副院长克里莫夫亲自劝他留下来继续攻读研究生学位，这是该校破例让一位外籍学生留下来在火箭这个保密专业继续深造。米申教授找到他，诚恳地对他说："在我的学生中，我非常器重你。目前中苏关系虽然很糟糕，但我希望你留下来，当我的研究生。只要你愿意，中国大使馆方面、苏联方面我可以做工作。"

莫斯科航空学院院长向王永志（右）颁发毕业证书（1961年）

王永志明白老师的苦心，因为当时在苏联，火箭导弹设计属于保密专业，不招外国研究生。老师出此言，要顶着多大的压力啊！

毋庸置疑，当时苏联的航天技术在世界是一流的，他们创造的科学神话和人间奇迹，在王永志心中留下了深刻记忆。在莫斯科的几年，他耳濡目染了第一枚洲际导弹成功发射，第一颗人造地球卫星上天……年轻的心涌动着一股渴望，渴望着有一天在中国放飞自己研制的卫星。

去与留，在王永志心中是非常明确的。留在这里当研究生固然可以在苏联宇航界权威身边学习深造，但他更愿意及早投身到祖国航天创业大军的行列之中。

这时，中国已开始了“两弹一星”的伟大工程，火箭研制正在艰难中蹒跚起步。以钱学森为首的一大批优秀科技人员，像世界上其他国家一样，在最初攀登通往太空的天梯时，都先尝试着从小规模的探空火箭开始，作为叩响登天大门的前奏。北京航空学院1958年成立火箭系的当年，师生们就共同研制成功了固液两用探空火箭“北京二号”；1960年2月，在上海黄浦江边的空地上，中国又发射了探空火箭；接着仿制苏制“1059”火箭也取得了成功；随之进行的，是积极推动火箭研制的国产化。

特别是中苏关系破裂后，苏联单方面撕毁合同，撤走了所有的专家，中国的社会主义建设遇到新的困难。祖国眼下急需用人啊！王永志想，我应回国参加工作，赶快把学到的东西用上，尽快回去解决自己国家面临的技术问题。

他决定立即回国。他找到米申教授，坦诚地说了自己的想法。

“米申老师，正如您所知道的，中国急需人才，等着我们回去参加建设。”

克里莫夫先生还认为他“想念年轻漂亮的妻子”而执意回国，他怎能了解王永志内心深处那种对祖国的深深情爱啊！

老师、同学们都来向王永志道别。王永志收拾行李时，几位老师不约而同地来到宿舍，一边话别一边帮助整理行装，苏联导弹设计权威扬格利的夫人斯特拉日娃送给王永志不少当时苏联最好的糖果等食品。她说，中国正处于困难时期，请你带给你的母亲和妻子。最后克里莫夫副院长还一直送他到回国列车上。王永志十分感激，多么友好的师生情谊啊！

师生们依依惜别。

再见了莫斯科，再见了敬爱的老师们！1961 年 3 月，王永志踏上了归国的行程。

师恩难忘。回国以后，由于中苏关系的缘故，王永志没想到，与恩师这一别就是近 30 年。1990 年的一天，王永志接到中国宇航学会秘书长的一个电话，说米申院士应学会的邀请来到北京，他一下飞机就要求见你。王永志和妻子立即赶到米申下榻的北京饭店。见面时，恩师和爱徒激动地紧紧拥抱在一起。

谈及王永志现在的工作情况，米申老师了如指掌。他说："不出所料，你果然当上中国火箭的总设计师了，而且当了运载火箭技术研究院院长，掌管着很大的一份家业了。"

王永志诚挚地告诉他："米申老师，我没有忘记您的教诲和嘱咐，我 20 多年来一直非常努力地工作着。"

"哈哈！"米申教授开怀大笑。想起毕业时的情景，米申教授说："看来我的眼光没错，我们的航天事业人才辈出啊！"

转而，米申教授脸上敛起了笑容："不过，你也走上了我走的道路，这是一项风险很大，时时揪心的工作，不得神经病，也会得心脏病！"

王永志笑着答道："老师，跟您学习火箭设计，我不后悔，不怕受累和担惊受怕，这项工作就是这样。从事航天，会增强自己的独立创新意识、大局意识，特别是有一种神圣的责任感！"

米申院士与王永志亲切交谈

米申教授赞许地点了点头，因为他的性格和王永志有相近之处，那就是坚强、直爽，有大家风范，但又平易近人。

第二天，航空航天工业部领导请王永志邀请米申院士参观总装车间，并请他对正在研制的“长征二号”捆绑式火箭（简称“长二捆”火箭，也称“长征二号E”火箭）提提意见，米申院士高兴地接受了邀请。

看着正在装配的火箭，他问王永志：“火箭使用什么推进剂？起飞重量多大？”

王永志回答完毕，米申接着以推测的口吻问道：“近地轨道运载能力可到10吨吧？”周围陪同的人都笑了，因为米申说得八九不离十，实际是运载能力9.2吨。王永志说：“还差一点。”米申便提议说：“结构应该再减轻些，”并称赞道，“发动机做得好，‘长二捆’火箭设计上没问题。”

米申院士这时已是享誉全球的火箭和航天专家，在国际航天界享有极高的威望，当时世界上最先进的近地轨道飞船“联盟号”和“联盟号”火箭的总设计师就是米申院士。1991年在华盛顿召开的世界宇航大会上，当主持人说到出席今天大会的有苏联米申院士时，全体参会人员起立，用热烈的掌声向他表示了崇高的敬意。

此后，王永志一有机会到莫斯科开会或考察，都要去拜访他的恩师。

在王永志的家里，珍藏着一张王永志和米申院士分别近30年后在北京重逢时的照片。照片上的苏联老人，眼中透射出睿智，脸上荡漾着慈祥。如今，这位曾为人类航天事业作出开拓性贡献，为培育中外航天科学家费尽心力的著名学者已经故去，但他留在王永志心里，留在世界航天界的是永恒的怀念。

这对异国师生的诚挚感情，可谓真情难述、彩笔难绘啊！

王永志的成长正如米申所言，他回到祖国就踏上了研制火箭的道路，开始了航天事业的信天游。留学时的理想抱负，40多年来一直在激励着他义无反顾、从不回头；灼灼其志，烁烁其华；一路斩关夺隘，一路走向成功……中国的航天事业于是多了一名骨干，一名将才，一名帅才。

大地作证，蓝天作证，共和国作证。

第三章

大漠砺志

1960年11月5日，苏联专家撤走的第83天，中国地平线上成功飞起了我国自己制造的第一枚代号为“1059”的火箭，迎来了我国航天史上第一个霞光灿烂的黎明。王永志1961年3月从苏联回国后，旋即参加到我国自行设计火箭的行列。1964年，他在参加我国自行研制的中近程火箭工作中崭露头角，为解决射程不足的问题大胆建言。随后他又被抽去参加我国中程火箭的研制，取得首发成功，并成功改进定型。1969年，王永志从中程火箭的研制队伍中被抽调出来，参加了洲际火箭的研制工作。他主持该型号总体设计室的工作，后来被任命为该型号的副总设计师，协助总设计师屠守锷工作。为实现我国制定的“八年四弹”的长远发展规划（8年内研制出中近程、中程、中远程、洲际4个型号的战略火箭）作出了突出贡献。

到第一线去

1961年3月，王永志毕业回国。国家派出去的留苏学生，早已在人事部备案。王永志一回国，就被安排在国防部五院一分院总体设计部工作。

到单位报到后，留学生们首先被安排为期3个月的政治学习。学习的目的是让远离祖国多年的学生了解国内形势，在政治上与国内接轨，以免工作中犯政治错误。除了学习时事政治外，单位还进行保卫、保密教育。在那个国际政治斗争非常复杂的年代，加强保密宣传教育非常必要。

五院院长由钱学森担任。王永志在清华大学时就知道这位中国科学界的泰斗。钱学森从国立交通大学机械工程学院毕业后，考取了清华大学公费留学生，1935年赴美，学习飞机设计专业。钱学森在美国20年，以卓著的研究成果，被他的导师、世界气动力学大师冯·卡门赞为“美国火箭技术领域最伟大的天才、最出色的火箭专家”。钱学森在火箭、高超声速流体动力学理论等方面都有卓越的建树，被公认为力学、应用数学和火箭飞行技术的权威和流体动力学的开路人之一。

钱学森回国后不到半年，就提出了《建立我国国防航空工业的意见书》，最先为中国火箭和火箭技术的发展提出极为重要的实施建议，得到了中央的重视。周恩来总理曾在研究成立有关机构时风趣地对大家说：“要念好火箭这本经，得先建庙啊，不然的话，在哪里念经啊？谁来念经啊？”1956年10月8日，钱学森出任中国第一个火箭研制机构——国防部第五研究院的院长兼总工程师。

在钱学森的带领下，中国的航天事业开始了它的艰难起步。但刚刚起锚的帆船，不久便遇到了严重的3年自然灾害和中苏两国政府间关系恶化的大风大浪。研究院的专家们缺粮断炊，遇到了重大困难，而苏联中断了对华的技术援助，接着撤走了来华援助的苏联技术专家。

开始远航的中国火箭事业，能否继续前进？年轻的共和国面临一场新的考验。

在艰苦的生活和艰难的探索中，由钱学森等科学家掌舵的航天事业顶着风浪前进了。起锚远航的事业需要大量后备人才。院里着眼长远，按聂荣臻元帅的要求“开列名单，培养尖子”，反复挑选了72个青年人才作为技术苗子重点培养，其中就包括王永志，他们当时被戏称为“72贤人”。在这人才荟萃的良好环境中，王永志深感自己大有用武之地。他深深地体会到，一个人纵有三头六臂，如果没有一个能施展才华的好环境，个人的理想和人生奋斗目标就是一句空话。这如同树苗一样，倘若将它放在漂亮的瓷盆里，再勤施肥勤修剪，也许能结果，但永远也长不成参天大树。

3个月后，政治学习结束了。王永志来到总体室，正式开始工作。总体室的领导和同志对王永志等新来人员在生活和工作上非常关心，总体室政委刘家声，还亲自为王永志送来白色军用搪瓷脸盆和绿色军用毛毯等。

两个星期后的一天，总体设计部政委刘川诗的秘书找到王永志说："政委有事请你去一下。"

刘政委见王永志进屋，便笑着对王永志说："小王，组织上叫你再'留学'一次。"

"什么，我刚留学回来，还让我留学？"王永志听后，心中一怔。

政委接着说："你是学总体设计的，刚参加工作就搞总体设计，对你不一定有利。你首先得掌握火箭的各个分系统。所以组织决定安排你先到结构室了解火箭结构是如何设计、怎样生产出来的，其中要做哪些试验。对分系统不清楚，总体设计是难以搞好的。一旦你有了火箭各分系统研制的基础，再搞总体，你就有发言权，所以叫你再'留学'。这次'留学'不是去国外，而是到下面去干两年，然后再回来。"

王永志一听，青春的脸上漾出笑容，心想原来"留学"是这么一回事。他对政委说："那太好了，感谢组织的精心安排。"

很快王永志就到了结构室工作，并被任命为工程组副组长。组长由同年进入北航的同学王德臣担任。由于1960年回国实习时参加过"1059"火箭的仿制工作，到结构室以后，王永志很快对火箭的结构和原理有了更进一步的了解。

1962年3月初，我国科技人员自己设计的第一枚中近程火箭完成总装出厂送往靶场。看到由我们自己设计和制造的火箭，王永志和其他研制人员内心都洋溢着自豪感，希望它出手不凡，为中国人争气。

1962年3月21日上午9时5分，我国自行设计的第一枚中近程火箭在酒泉卫星发射基地点火升空，大家的欢呼声刚出口，却见火箭在空中摇晃起来，在起飞69秒后，火箭解体坠毁在离发射台不远的地方。

从发射场回来的人说到了当时的情景：火箭坠落瞬间，由于高度的原因，火箭就像往自己脑袋上掉，大家赶快趴下。没多一会儿，火箭掉在离发射台几百米远的地方，砸出一个很深的大坑。参与研制火箭的科技人员见此情景，人人脸上都变成了灰色，有的人甚至哭出声来。

在场的一些专家认为，当时发动机、控制系统、结构三大系统全出了问题。吃一堑长一智，失败告诉人们，科学在需要热情的同时更需要理智和严谨。于是，火箭的研制开始有了一整套复杂的地面试验程序。

中近程火箭发射失利，聂荣臻元帅安慰并鼓励大家："科学试验有两种可能，一是成功，一是失败。既然是试验，就有失败的可能嘛。这次失败，为下次奠定了成功的基础，失败是成功之母！"

发射失利，就必须分析问题，找出故障，重新设计，重新研制。此后一段时间，王永志与同组科研人员对火箭结构设计中的每一个问题都抠得很细，都问一个为什么。重新设计完毕，图样下厂生产，王永志被指定为下厂工作组组长，配合生产，解释图样，跟踪每个生产环节，以确保生产质量。考虑到王永志经验欠缺，上级指派有经验的老同志徐云霞当副组长，协助和配合王永志的工作。这样一来，王永志在实践中得到了很好的锻炼。按他自己的话说："组织上真是下工夫培养我啊！"

在下厂过程中，有一台水压机坏了，刘川诗政委叫王永志写一个报告，陈述损坏的原因，分析故障，提出解决办法。王永志非常认真地写完报告，呈送给刘政委。刘政委仔细审阅了全文，并用红笔在上面进行了详细修改。

王永志看了刘政委修改的报告后，便对刘政委说："感谢您的指导，这份报告何时上报？"

刘政委哈哈一笑，对王永志说："不上报，我就想看你的文笔如何。你看，出国几年，受外文影响太大。报告中语句太长，倒装句也不少，希望你在这方面也要下点工夫。"短短的几句话，王永志感受到刘政委的良苦用心。

转眼到了 1963 年夏，紧紧张张的两年过去了。王永志想，干总体要求比较高，大概我就留在结构室了。不久，刘政委找到王永志，对他说，这两年你在结构室干得很好，两年了，你该回总体设计室了，组织上要你到该室总体设计组当组长，明天就回去。

这段下厂经历，就像下海学游泳一样，在磨炼中王永志比较清晰地掌握了火箭的构造，弥补了书本上的不足，增强了解决问题的能力。回到原单位，一谈到火箭的结构和制造工艺，王永志头头是道，同事们奇怪而赞赏地问道："你怎么这样清楚啊？"王永志谦虚地说："我不过是知其皮毛而已，这点基本功，主要来自基层的学习和领导的培养。"他深深地体会到，一个人的成长需要无数良师益友的帮助，需要到实践中去磨砺。

在周恩来总理和聂荣臻元帅的领导下，在老一辈专家的带领下，全体科技人员齐心协力，攻关夺隘，前后一共进行了 17 项大型地面试验。1963 年 9 月 23 日这一天，我国对第二发试验火箭进行了第一次全箭地面热试车。试验的结果证实，经过改进的试验火箭是可靠的，突击抢建的全箭试车台合格。1964 年 5 月 4 日，钱学森向聂荣臻元帅详细汇报了改进型的中近程火箭的研制和试车情况，得到了聂荣臻元帅的肯定，新的发射试验很快进行。

走进戈壁滩

1964年5月，作为总体室总体设计组组长的王永志，第一次参加发射中国自行设计的中近程火箭任务。

载着108名参试人员和试验火箭的专列向大西北驶去。由于是特殊时期执行特殊的任务，专列规格很高，每过一站，车站都要清场，戒备森严，站长亲自到车站接送。车上，王永志心情久久不能平静，第一次参加火箭的发射工作，他深感国家对航天事业的重视和自己所承担的责任。

在王永志的想象中，西部是美好的：有白雪皑皑的青藏高原，有山高水急的云贵高原，有布满冰川的祁连山脉。百川东流，江河入海，自从盘古开天辟地以来，灌溉和滋润华夏大地的水源都来自西部。西部是长江、黄河的源头，这两条大河的乳汁哺育了华夏文明；同时，西部还拥有宽阔的胸怀、博大的包容精神。在中国革命史上，当蒋介石向红军连续发起5次围剿的危急艰难时刻，红军撤离江西根据地，一路往西向北走，爬雪山过草地，长征两万五千里，在西北部地区找到了广阔的回旋余地，成为中国革命胜利的转折点。

在列车上，他听同事讲了有关建设发射基地的故事。20世纪50年代末，数以十万计的工程兵、铁道兵部队和建筑工人从四面八方秘密向大西北开进，开始了建设我国火箭研制试验基地的巨大工程。当年，搞火箭是“连家人也不能告诉”的神秘事业。有一对夫妻接到命令后，互相隐瞒着出发了。当他们来到一棵树下等车时，才发现是为了同一目标。张爱萍将军听了这个动人的故事后，把那棵树称为“夫妻树”。而这条铁路专线，则是在数以万计人的无私奉献下，一米一米地向试验基地延伸出来的。残酷无情的戈壁风沙多次淹没这条生命线，但在人们的精心呵护下，这条生命线始终保持着旺盛的生命力。

20 世纪 60 年代参加酒泉试验基地建设的战士们

专列进入古凉州张掖。这里曾是著名的古战场，天空漂浮的云彩，仿佛是昨日的烽烟。王永志想，这块土地上演绎过的历史是令人难忘的。战争简直是一个怪物，人群与人群之间的矛盾一旦拧成了死结，便会有暴力，便发生了战争。在几千年的历史中，这里曾经鏖战过、厮杀过；今天，这里的一切似乎都复归于平静。然而，战争的危险依然存在。为了抵御核讹诈，阻止非正义的战争，我们必须要有现代化的国防，要拥有我们自己制造的火箭和导弹。

列车渐渐地接近了酒泉试验基地。酒泉位于戈壁腹地，山脉连绵，戈壁浩瀚，盆地毗连，构成了雄浑独特的西北风光。这里既有银装素裹的冰川雪景，也有碧波溪流的平原绿洲，还有戈壁沙漠的海市蜃楼。酒泉山川秀丽，南有祁连山，北有合黎山，云山邈远，大漠苍苍，犹如一颗碧玉镶嵌其间，构成了大西北一幅美丽的画卷。

大漠戈壁

酒泉以“城下有泉”“其水若酒”而得名。《山海经神异经》记载：“西北荒中有酒泉。人饮此酒，酒美如肉，清如镜。其上有玉樽，取一樽复一樽出，与天地同休，无干时。饮此酒人，不死长生。”在《汉书地理志下》中，颜师古注释道：“旧俗传云，城下有金泉，泉味如酒。”这个城下的金泉曾引出了一个美丽的传说：相传一穷人饮了此泉水后，就捡到一块金子，便感恩戴德地称此泉为“金水泉”。自此，金水泉之名便流传开来。汉代大将霍去病奉武帝之命西征，连连获胜。汉武帝赐御酒以嘉奖，但是酒少将多，难供众饮。霍去病便将御酒倒入此泉中，让全体官兵都饮，共同享受皇帝的嘉奖。倒入酒的泉水，醇香异常，官兵无不称道。自此，金水泉改名为酒泉。此后，无论春夏秋冬，还是干旱无雨，酒泉都水源茂盛，清澈见底，且有醇厚酒香，云雾蒸腾，蔚为大观。唐代大诗人李白在《月下独酌》一诗中写道：“天若不爱酒，酒星不在天；地若不爱酒，地应无酒泉……”

专列进入戈壁滩已近黄昏，一抹夕阳像火球滚落在一望无际的戈壁滩上。戈壁，在蒙古语中是指难生草木的地方，只有细细的黄沙与砂砾混合而成的板结的沙滩。有人说，戈壁滩的沙子是山峦的岩石经亿万年来渐渐风化，变成石子、沙子，被岁月之风夷平，将历史事件轻轻地掩埋起来，铺成了眼前的大漠戈壁。还有人说，只有见识过大漠戈壁中这些风化山岩的人，才能真正领悟“海枯石烂”这句成语的含义。树和小草是这里生命的奇迹，它们漫不经心、稀稀拉拉地点缀着黄色的沙漠之海。生命的主角是一种叫沙米（骆驼刺）的沙生植物，它长着细刺，一簇簇泛着茵茵青绿，点缀在一望无际的沙毯上；唯有那活着的、死去的胡杨木，顽强地屹立着，显示着它们与严酷大自然搏斗的力量。

专列在戈壁滩上行驶，王永志开始感到口很渴，想不断地喝水，而身体在不断地蒸发水分，喝多少水也不出汗，因为体表的汗水很快就蒸发到空气中去了！而戈壁那么宽、那么长，肆无忌惮地往远处伸展，似乎没有尽头，几个小时过去，除了偶见的羊群、驼群和蒙古包，很难见到人烟。终于，远方渐渐出现了一片低矮的房屋。

基地终于到了，它离酒泉有200多千米，位于内蒙古自治区额济纳旗。

专列缓缓停下，王永志与同事们带上行李住进了简陋的招待所。

酒泉卫星发射基地

没有到过大漠戈壁的人，恐怕很难真正体味出绿色的意义；没有到过发射基地的人，就难以感受到生活在这里的艰辛。

在中国的火箭事业起步后的1957年秋天，中央决定立即着手建设我国第一个火箭综合性试验靶场。

1958年1月18日，中国的4位将军以及苏联专家盖杜柯夫少将等一行50余人飞抵兰州，以兰州军区司令部为大本营，对酒泉周边地区进行大规模的空中勘察。他们飞到巴丹吉林沙漠边沿地区时，一下子被这里吸引住了。从空中看下去，著名的巴丹吉林沙漠浩瀚无垠，北为居延盆地，东为戈壁沙漠，西为山地丘陵，黑河（俗称弱水河）由西纵贯其间，深入沙漠，两岸还生长着一片片原始林木。

弱水与林带并行，银亮亮的好像一条宽阔的白丝绸带。相传西汉时，苏武奉命出使匈奴被扣。为逼他投降，开始用火烤，后又投入冰窖里冻，都未能使他屈服。最后，匈奴让他赶着一群公羊去放牧，并告诉他说："除非公羊下羔，才能让你再回汉室。"这样就留下了苏武牧羊19年的佳话。传说，当年苏武常赶着羊群到弱水河饮水。从此，弱水河因为苏武而增添了光辉。后来，宋代文学家苏轼在《金山妙高台》一首诗中用"蓬莱不可到，弱水三万里"来描写仙境的远不可及；而《红楼梦》中的"弱水三千，只取一瓢饮"则表达用情专一和不贪欲，这些与弱水有关的诗句，更赋予了弱水神秘感而令人向往。

1958年春天，经毛泽东主席批准，中国第一个火箭综合试验基地在此地正式破土动工，掀开了她辉煌史册中最壮丽的第一页。

发射基地的自然环境是恶劣的。这里冬季最低温度零下34摄氏度，夏季最高气温42摄氏度，戈壁地表温度高达80摄氏度；这里年平均降水量仅43.2毫米，而年平均蒸发量却高达3413.1毫米。早晚温差较大，空气中的含氧量只有16%左右，有"早穿皮袄午穿纱，抱着火炉吃西瓜"的民间俗语。基地所处的戈壁滩一年中寒期长达7个月，远离城镇，吃菜主要靠外运和储菜窖。改革开放后，联合国有关专家来此考察后说："这里不适合人类生存。"美国海军上将海斯参观时大发感慨："在美国，在这样的环境下工作，最多半年就要轮换一次，而你们在这里能长期坚持工作，是了不起的英雄。"

黑河（俗称弱水河）

早期火箭发射塔架

放下行李，王永志在基地附近转了一圈，然后回到那朴实简陋的小屋。第一次走进大漠，他觉得既新奇，又感到落寞。远离城市的喧嚣，暂别亲人的思念，难怪古人有“春风不度玉门关”“西出阳关无故人”的感叹了。

远处，传来了一位战士的吟唱：

大漠热烈奔放

放哨的士兵最爱它的苍茫

多想骑一峰骆驼
纵览大漠的奇丽风光
多想徒身穿越戈壁
走进大漠辽阔的心脏
大漠记录着天地的久远
胡杨映照着人事间的沧桑
烽火台铭刻着千年的记忆
红柳的风骨展示了不屈和坚强……

战士充满乐观的歌曲感染了王永志，他想起了唐代王昌龄的那首气魄宏伟的边塞诗《从军行》：

青海长云暗雪山，
孤城遥望玉门关。
黄沙百战穿金甲，
不破楼兰终不还。

这首诗的大意是：青海湖的上空密布乌云，白皑皑的雪山变得暗淡下来，战士在塞外孤城上望着遥远的玉门关。在黄沙漫漫的战场上，他们虽然身经百战，铠甲磨穿，但不打败敌人是决不回乡的。表现了古代远征的战士必胜的信念。

他想，既然为祖国的强盛来到了这茫茫大漠，就要勇敢地担起重任，在这荒凉的戈壁中培育打造人生事业的绿洲。“要把风沙的鸣叫化作成功者的赞歌，在这荒漠之地托举起擎天之箭！对，我要像今天的战士和古代征战的勇士那样，与大家共同努力，不达目的誓不罢休。”他心里暗下决心。

航天事业已内化成胸中的抱负，内化成科技报国的理想。第二天，王永志便投入到紧张的火箭检测工作中。

到了六月下旬，在戈壁滩上的酒泉卫星发射基地，我国设计的中近程火箭像出鞘长剑，矗立在酷热的戈壁大漠之中。太阳似火直射大漠，滚烫的沙丘散发出阵阵热浪。

发射在即，火箭开始加注燃料，由于太热，酒精溢出，喷洒在箭体上，怕引燃酒精，不敢点火了。见此状况，专家都说算了，不打了。现场总指挥张爱萍将军宽慰大家道："不要紧张，我想让大家放松一下，明天休息一天，我想请大家去附近的新西庙，它是沙漠腹地唯一的寺庙，始建于同治七年（1868 年）。虽然历经百年风沙，寺庙仍一直保持原貌。庙被沙山环抱，后有一湖，残阳暮色中，碧波如镜，湖中有庙影，水动则庙动，很美。把文工团叫到那儿表演，同志们在那儿吃饭，放松一下。"

新西庙之行使紧张多日的试验人员的精神的确得到了暂时的放松，大家玩得开心之余，心中也在期待高温缓解。可等了两天，热浪依然不减，指挥部决定还是照常发射，并要求参试人员进一步查找还有无不放心的问题。

发射已进入倒计时。两年前首次试飞失败后，全体研究人员心里一直憋着气。历经 700 多个日日夜夜的奋战，查找故障、分析原因、攻克难关，大家心里都渴望着这次一定要成功发射，否则……

等待是焦急而漫长的。然而，代替发射命令的却是一个告急的报告。

原来因天气暴热，火箭推进剂在高温下膨胀了，燃料贮箱内不能灌进所需数量的燃料，这将会严重影响设计的射程。于是弹道计算组报告：射程不够了，弹头将无法飞抵弹着区。空气顿时紧张起来。一个接一个的现场研讨会、论证会，专家们都在苦苦思索，不断提出解决方案，但几经推敲后又被否定掉。

才华初显

有人生存的地方，就会流淌出生命的源泉，有了生命的源泉，就会孕育出成功的绿洲。

在中近程火箭的试验中，王永志得到了实践的锻炼，并初显才华。

看着总设计师、老专家们一个个着急的神态，作为搞总体设计的王永志更是心急如焚。他沉思着，在当前高温情况下，要注入理论上所需的燃料，必须扩大燃料箱，这显然是不可能的。是否可以另辟蹊径呢？想着想着，他突然眼前一亮，温度升高，推进剂密度就要变小，发动机的节流特性也要随之变化，是不是可以从发动机节流特性去考虑呢？如果从这里找到突破口，火箭就能正常发射！

于是，他拿起笔计算高温情况下推进剂的配比（混合比）来。推进剂包括氧化剂和燃料；最佳配比是指在一定的物理条件下，火箭飞行到预定速度时，燃料和氧化剂同时消耗完，这样就消除了火箭承载的废重，射程最大。他想，由于天气炎热温度高，造成密度变小，密度一变，两种成分的配比与原来设想条件下的配比发生了变化。通过一夜的反复思考和计算，并经同组的朱维增复核复算，他得出了在高温下一个自认为是理想的结果：那便是减少600千克的燃料，这枚火箭照样可达到预定射程。

第二天上午，他胸有成竹地参加了讨论会，并和个别人交谈，充满自信地报告了自己的解决办法。不料反应冷漠，无人赞同。有的专家说，射程不够是火箭的能量不足，应该设法增加推进剂才是，怎能反而减少呢？这个办法不可信。

王永志心里实在不甘罢休。他始终认为，自己的思路是正确的，计算结果是可信的，是解决问题的最现实的出路。既然专家们不能采纳自己的建议，索性不如大着胆子去找发射现场最高技术决策人钱学森院长。

作为一位中尉，越级找院长是需要勇气的。此时，他顾不了那么多了，壮着胆子敲响了钱学森院长的办公室门。

“请进!”钱学森满脸微笑地看着走进来的年轻人。

王永志鼓起勇气向钱院长陈述了他思考的方案。

这时的钱学森，也在为推进剂的温升问题冥思苦想，他边听边问。听完王永志关于解决射程问题的方案，钱学森的眼里渐渐亮起一道光泽。他不觉又打量起眼前的这位年轻人来，目光中闪烁着的是惊喜。

钱学森微微地笑着点点头，说：“有道理。”

他沉默几分钟，显然他在思考王永志所提方案的准确程度。

然后，他站起来望着窗外，看了看被阳光炙烤的大地，他信步走到王永志的身边，兴奋地拍了拍他的肩膀说：“行，我看这个办法行。”

作为科学巨匠、火箭权威，钱学森所下的结论，可谓一言九鼎。

“小荷才露尖尖角”，钱学森显然看到了这位年轻人的胆量和才智。简短的话语，既是鼓励，又是赞同。王永志感到自己的设想得到钱学森的认可，内心充满了感激和高兴。

果然，在新一轮的讨论会上，钱学森把王永志的建议和盘托出，并最后决策道：“就按王永志的建议办。”

1964 年 6 月 29 日 7 时，一声巨响，中国第一枚自行设计的中近程火箭，身披“独立自主，自力更生”的巨幅标语，腾空而起，向预定目标飞去。

试验结果表明，经过修改后的火箭三大系统全部工作正常，发射取得圆满成功，而且射程也满足了要求。

顿时，戈壁滩上掌声雷动，欢呼声此起彼伏，此时的王永志更是激动不已。

张爱萍将军无比兴奋。他把6月22日晚就已经作好的诗词《东风赞——祝我国弹道式火箭发射成功》拿出来，当众吟诵道：

红日东升弱水寒，
东风扫雾冲云天。
琼楼玉宇结灯彩，
广寒宫中古乐喧。
万众欢呼山河动，
群鸦鼓噪空悲咽。
不畏艰险攀绝顶，
乘龙遨游宇宙间。

7月9日、7月31日，我国又连续发射了两枚中近程火箭，都命中目标，获得圆满成功！

火箭泄出一些推进剂后，射程反而达到预期的目标，王永志的建议得到了检验，他的创新路线和逆向思维受到了同事们的赞赏，受到试验队的表扬，也引起了钱学森的关注。

中近程火箭连续发射成功，开启了中国独立研制火箭的历史，标志着中国拥有了可以实施远距离打击的手段，有了保家卫国的法宝，也为原子弹加导弹的“两弹结合”奠定了基础。

不仅如此，中近程火箭的发射成功使中国有了登天的第一节梯子。

从这里，王永志开始放飞自己的理想，此后他在发展航天科技的道路上披荆斩棘，取得了一个又一个丰硕的成果。

研制中程火箭

完成了试验任务后，大家都很高兴。王永志随试验队风尘仆仆地回到北京，准备按规定休息一周，好好过个“八一”建军节。但刚一到家，就接到刘政委通知，要他马上列席正在进行的三级领导干部会议。

在中国运载火箭技术研究院的礼堂，由赵尔陆同志主持的国防科委、七机部和运载火箭技术研究院等三级领导及部分科技人员参加的会议正在进行，会议的主要内容是研究中近程火箭发射成功后下一步的研制计划。大家一致认为，中近程火箭的成功，说明我们自行设计火箭过关了，下一步可以上中程火箭了。会议决定乘势而上，赶快上马中程火箭。

上级决定，把王永志调去从事中程火箭的研制，并提升他为总体设计室副主任，在屠守锷总设计师、孙家栋主任的领导下，分管中程火箭的总体设计和研制工作。

王永志立即转入到我国中程火箭的研制工作中。中程火箭与中近程火箭相比，将采用全新的技术方案，要求性能上有一个质的飞跃，为中国火箭的应用提供更广阔的空间。

与此同时，中国的原子弹研究正在紧锣密鼓地进行。中近程火箭发射成功后不到 3 个月的 1964 年 10 月 16 日，中国第一颗原子弹爆炸成功了！这一成功打破了某些大国在技术上的封锁和垄断，引起了一些西方国家的恐慌。同时，他们又以傲慢的口气嘲笑中国“有弹无枪”，讽刺中国只有原子弹，没有运载工具。

中国科学家们利用中近程火箭发射成功这个契机，开始了

“两弹联姻”的研制工作。

火箭是一种具有多种应用功能的快速投送工具。火箭的诞生，为探索宇宙空间和促进人类的和平进步事业起到了积极作用。在军事上，又可以成为远距离的杀伤性武器。如果用火箭运载核弹头，其战略意义可想而知。

经过两年的技术攻关，改进型的中近程火箭诞生了。到1966年初，原子弹、导弹“两弹联姻”的试验准备工作就绪。按照试验的方案，用中近程火箭装上原子弹弹头，在我国本土进行“两弹结合”试验，技术上要求非常严格，这在世界核试验史上也是头一次。它的安全性和可靠性自然引起了毛泽东和中央领导的关注。为此，研制人员先进行了两次成功的不装核燃料的“冷”试验，为真正的“两弹结合”做好了充分准备。

1966年10月27日上午11时，两颗绿色信号弹划破了长空，随着指挥员一声“点火”口令的下达，操纵员按下了发射电钮。顷刻之间，伴着隆隆巨响，火光闪闪，火箭载着原子弹弹头腾空而起，向千里之外的预定目标飞去。不久，落区传来报告，弹头精确命中目标，准确实施核爆炸，爆炸威力为1.2万吨TNT当量。“两弹结合”试验的成功立即在全球引起了巨大反响，标志着中国已成为拥有具有实战能力的导弹核武器的国家。

接着，1967年6月17日，我国第一颗氢弹爆炸试验成功。

看到自己从事的事业一天天在发展，中国一天天在强大，奇迹在不断地产生，王永志内心充满自豪、充满阳光。

在中程火箭研制中，王永志担任了型号总体设计室的副主任，从事总体参数选择和优化、技术指标论证、各分系统设计方案的选择和制定等工作。他提出了许多切实可行的方案，例如，前箱推进剂导管外行，不仅工艺简单，便于检查，安全性好，而且改善了火箭的气动特性；在控制系统方案的选择上他主张改用比较现实的舵机燃气舵，而不用当时技术难度很大的电液伺服机构摆动主发动机方案，避免出现进度上的突出短线。由于这些意见切实可行，均被屠守锷采纳，为研制工作争取了时间，降低了成本，同时也显示出了王永志出众的才华。

中程火箭彻底摆脱了苏制“1059”火箭的框框和路子，是我国完全独立研制的新型火箭。在屠守锷总设计师主持下，采用了全新的技术方案，步子迈得非常大，在性能上有了一个质的飞跃。在我国火箭事业冲上新台阶的关键时刻，作为中程火箭总体设计室主管副主任和重要的技术骨干，特别是在室主任王觉先被长时间下放锻炼期间，王永志发挥了重要作用。

在中程火箭研制中，王永志的组织管理才能也得到充分的体现。该型号研制进展神速，到1966年七八月各分系统的试验已经结束，并进行了全箭系留试车。为实现年底前进行首次飞行试验的计划，10月中旬，以王永志、朴龙奎为正副队长的合练队带着装满整整一个专列的火箭及测试发射设备开赴了酒泉卫星发射基地。近一个月的合练，发现和解决了不少问题，为首次发射创造了条件。合练一结束，正式飞行产品便到场了，合练队便加入了首飞试验队。在聂荣臻元帅和钱学森的亲自坐镇指挥下，在总设计师等老专家们的主持下，首飞获得成功，实现了完全独立自主研制火箭的重大突破。在发射现场上，聂荣臻元帅情不自禁，带领大家高呼：“毛主席万岁！”参试参研人员无不沉浸在极度的兴奋之中。

首飞成功之后，王永志分工主管首飞结果分析和确定02批（定型验证批）的技术状态和飞行试验方案。不久，研究院传达了周恩来总理的指示，称中程火箭有重大实用价值，为适应当前安全形势的需要，要尽快定型交付使用，形成战斗力。

想国家之所想，急国家之所急。王永志经过反复思考，提出了“五结合”的飞行试验方法：飞行试验与定型验收试验相结合；飞行试验与小批生产相结合；飞行试验与训练部队相结合；飞行试验与熟悉、编写使用文书相结合；飞行试验与两弹结合试验相结合。

这种方法将研制性和鉴定性飞行试验兼顾起来，研制性飞行试验成功几次后，便转为鉴定性试验，并准备小批生产，已成功的研制性试验也可作为鉴定性试验的子样。鉴定性试验由部队担任一岗，按实战状态测试发射，修改完善相关文件。小批生产的产品及文件交付部队，供训练和使用。这样就大大缩短了火箭的定型与交付时间，使作战使用部队尽快地拿到装备，尽快熟悉和掌握火箭的发射技能，尽快形成战斗力。该建议很快被各级领导采纳，认为符合“一要有，二要快”“要准备打仗”的精神，可在以后的飞行试验中应用。

研制工作在紧锣密鼓、有条不紊地进行着，很快就进入了02批飞行试验阶段。由于“文化大革命”的影响，不少老专家受到造反派的无理纠缠，妨碍了他们的科研工作。而年仅35岁的王永志因出身好、入党早，又是技术骨干，就被任命为飞行试验队队长。

1968年9月底，飞行试验用全套装备及合练箭进驻靶场。10月初，试验队工作人员进场，随即开始了为期1个多月的靶场合练和发射部队训练，为完成飞行试验做好一切准备。发射场是新建成的，保障条件仍比较差，天气严寒，大家只好从煤堆里捡煤块，拿回宿舍生炉子取暖。

由于没有钱学森、屠守锷等领导专家坐镇，在任务动员大会上，由试验基地、七机部、二炮发射团联合成立的三结合试验领导小组组长张敏特意强调：别看王永志年轻，但他却是学导弹火箭设计的科班留苏毕业生，02批火箭的主任设计师，理论、实践能力都很强，大家一定要相信他、支持他，要充满信心。

1968年12月14日，周恩来总理在《中程火箭第一发全程试验报告》上批示：同意发射。鉴于02批第一发就打全程且全部使用作战装备测试发射是有风险的，总理特别指出：试验结果，无非成功或失败，即使失败，也可以在发射过程中取得数据，以利再战。

在总理批示精神的鼓舞下，全体参试人员内心充满了昂扬的斗志，一丝不苟地做着发射前的准备工作。

总理也始终记挂着前方。12 月 18 日，就在第一发全程试验发射前，总理办公室打来电话，问火箭射前准备情况。正在发射场坪上忙碌的王永志充满信心地回答：“一切顺利，没有什么问题，请总理放心！”果然，不仅第一发，1969 年 1 月的第二发，均获圆满成功。

1969 年 2 月 26—28 日，在定型委员会组织召开的学习班上，王永志汇报了前两发飞行试验结果，会议认为研制性试验已成功，修改后的设计方案是正确的，按计划再打两发鉴定性试验，如再成功，则可初步定型。

经过一段时间准备，九十月，王永志再次担任试验队队长，参与主持两次鉴定性飞行试验，其中的第二发是由使用部队直接测试发射的，开创了先例，践行了“五结合”的试验方法。

在准备打第二发时，发射团团长找到王永志说：“王主任，这发箭漆皮有的地方都掉了，这是我第一次打，能不能换一发新的？”

王永志笑着答道：“团长同志，这发箭掉皮，是因为进行了高温、淋雨和数千千米长途运输的实战环境考验，经过我们的严格测试，状况还是很好的，放心吧！”

果不其然，试验又获得了圆满成功。

在新中国火箭研制史上，这是仅有的几次老专家未能莅临现场坐镇指挥的飞行试验，而且是在我国完全独立自主设计建设的全新发射场执行任务，成功来之不易。令王永志念念不忘的，除了成功的喜悦，更有一份感动：试验队人员在北京分成两派，前不久还因武斗闹出了人命，出发前自己确实忐忑不安。然而他们一旦集合起来执行国家任务，立即抛开政见、团结一致、密切协作处理问题，根本感觉不到派系的存在。不禁让人慨叹航天队伍的政治素质，以及航天精神的强大力量。

中程火箭后续的研制工作接连取得了巨大成功，它的高性能和高可靠性得到了普遍的好评和赞誉。“中程火箭总体设计” 在 1978

年获得全国科学大会奖，王永志是该奖项的主要完成人之一。

中程火箭研制的实践，极大地锻炼了王永志全面分析问题的能力和组织才能，使他在技术方面积累了丰富的经验，在管理方面也日趋成熟，为他日后的不断创新，不断成功打下了坚实有利的基础。

洲际火箭首飞

1965 年，中央批准“八年四弹”规划后，七机部马上便组建了洲际火箭研制队伍，并任命屠守锷为总设计师，研制工作迅速地开展起来。组洲际火箭采用的新技术比较多，加上“文化大革命”动乱的干扰，研制进度有点拖后。

20 世纪 60 年代，我国的国际环境是严峻的，1969 年 2 月中苏边境发生了珍宝岛武装冲突，中苏关系进一步恶化。叶剑英元帅说：“没有洲际火箭，毛主席睡不好觉。”国家决定集中优势力量加快研制我国洲际火箭。1969 年底，王永志又从中程火箭的研制队伍中被抽调出来，参加洲际火箭的研制，主持该型号总体设计室的工作，后来被任命为洲际火箭副总设计师。洲际火箭研制与中程火箭相比，难度又增加了。在上级的坚强领导下，在张镰斧院长和屠守锷总设计师的主持下，洲际火箭研制工作进展神速，从总体方案的最后敲定到全箭总装完成，只用了一年时间。

按研制程序规定，全箭试车是飞行试验前必不可少的地面试验项目。但是试车台只有一个，正被上海的另一火箭型号所占用。如果等上海方面做完，研制工作肯定将被耽误，怎么办？

王永志急中生智，提出了一个十分大胆的设想：不试验全箭，只试二级火箭。他的理由是，一级火箭箭体内并没有多少仪器设备，试一级或一、二级联试，主要是试验箭体结构、动力装置和推进剂输送与自生增压系统，而这已经在发动机试车台上试验过了，二级火箭中安装的全套控制和遥测装置等仪器极精密、怕振动，必须经过地面系留试车振动试验。尽管王永志阐述得很有说服力，但由于国内外都没有这样试验的先例，不少同志认为太冒险。王永志说："这样做风险不大，为争取时间有时候冒点风险是值得的。"在最后一次讨论会的关键时刻，又是钱学森站出来，支持了他。

经过一段时间准备，到 1970 年 11 月 10 日，一院召开了试车动员大会，宣布成立试车工作组，指定王永志为组长。第三天，工作组进驻试验站，由于招待所已关闭，大家只好住在厂房里，铺一层干草，打地铺休息，就这样一直坚持到 12 月 30 日二级火箭试车成功。

按照几经修改的计划，第一发洲际火箭定于 1971 年 9 月进行飞行试验。2 月底，第一发洲际火箭总装基本完毕，一院军管会决定由火箭控制专家梁思礼主持出厂测试工作，王永志协助。由于生于乱世，受到"文化大革命"派性斗争的影响，搞乱了产品研制的科学程序，前阶段应完成的工作没有做完，就带着问题转入下一个阶段，于是把问题都积累到出厂测试阶段。平常情况下只需一个多月时间就可完成的出厂测试，结果花了 100 天才完成。测试进行到 50 天，年长的梁思礼因昼夜加班累得住进了医院。

经梁思礼提议，军管会决定由王永志接手主持后面的工作。他按聂荣臻元帅所倡导的"三严作风"，一丝不苟，不放过任何一个问题。

在火箭总装过程中，一个脱落插头里的一颗小钢球不见了，为了不让火箭带着多余物上天，王永志与全体总装测试人员都趴在火箭附近的地面上到处寻找，最后终于在铁轨缝里找到了。当在测试中发现笔录仪上出现了一个时有时无的"毛刺"干扰时，为了查清原因，王永志与大家“守株待兔”等了若干小时，最后发现是相邻车间用电载荷瞬间突变所致。

王永志率队加班加点地又干了50天。前后100天的出厂测试，共发现和解决了179个较大的问题。

经各级领导批准，1971年6月27日，正值中国共产党成立50周年前夕，凝聚着科技工作者6年心血的我国第一枚洲际火箭终于装上了西行的列车。

由于技术上的种种原因，火箭到了发射基地后，又用了55天才算通过技术阵地测试，转运到发射阵地。当时从国防科委又传出话说，这枚火箭经过长时间的反复测试和折腾，“已经老了”，“就让它老死在地面上吧”，不要发射了。可是在现场的钱学森、李钟玄、屠守锷等领导都不同意这种想法，并找到王永志征求意见。

王永志与全体科技人员一样，认为这发火箭技术问题虽然多，但经过测试和修改已基本具备发射条件，上天成功的可能性很大，即使不能完全成功，也可发现薄弱环节，为今后改进指明方向。发射准备应继续进行。

9月8日，中央专委主任周恩来总理在人民大会堂听取了钱学森、李钟玄、屠守锷、梁思礼、王永志、李伯勇等专家关于发射准备工作的汇报。

周总理边听边问，非常认真仔细，最后拍板同意发射，并再一次要求一定要“严肃认真，周到细致，稳妥可靠，万无一失”。周总理日理万机，还抽时间来听汇报，体现了中央对航天科研的高度重视。

在与几位专家共进晚餐之前，周总理与参加汇报的同志进行了个别交谈。周总理问梁思礼：“你是广东人吧，你和梁启超是什么关系？”梁思礼答道：“梁启超是我父亲。”他接着又问起有关梁家的一些事情。

随后，周总理微笑着问王永志：“你今年多大啦？”

王永志告诉他今年38岁。

周总理深有感触地说："真年轻啊！"

神舟五号任务成功后，与梁思礼院士合影

总理又问王永志的籍贯、家庭、学历和工作经历等情况，王永志一一作答。然后，总理问："你留苏的同学回国后分配情况怎样？是集中一起还是分散各地？"

王永志回答说："因专业不同，基本上是分散的。"

总理沉思一下："集中使用好。你们见面时还说俄语吗？"

王永志坦诚答道："很少说俄语了。"

周总理转脸对一院军管会主任说："你们可不能限制人家说俄语啊！你们要知道掌握一门外语多么不容易呀！"

王永志见状便站起来说："总理，领导没限制说俄语。"

"那怎么不讲呀？"总理又问。

王永志说："讲母语方便亲切呀。"

总理开心地笑了，面向王永志说："你真会说话。"

这是王永志第三次面见周恩来总理。王永志也许不会料到，这竟是最后一次见周总理！第一次是1971年6月25日参加向中央专委汇报洲际火箭的结构、性能、推力和射程等综合情况，并请示批准出厂进行飞行试验。当周总理插话问总设计师屠守锷："洲际火箭与美国和苏联的哪种火箭相当？"屠守锷向王永志点头示意。王永志回答说："与美国的'大力神'Ⅱ和苏联的SS－9导弹相当。"又进一步说明了异同。总理赞赏地说："你是留苏的吧，难怪对国外情况了解得这么多。"第二次是列席上海航天局向周总理主持的中央专委汇报新型火箭的测试情况和请示出厂进行试验。当周总理问及火箭为什么打低弹道时，总设计师由于紧张一时语塞，周总理看着王永志信任地说："你回答吧！"王永志的回答令周总理非常满意。

按照预定计划，洲际火箭将在9月10日发射。从多年的气象观测来看，此时应是酒泉地区最好的天气，符合火箭飞行试验的要求。可老天爷一反常态，就在发射前一天，气象部门报告，由于强冷空气东移，明晨将浓云低垂，不利于发射。

燃料加注停止了。指挥部紧急开会研究对策。

有人主张推迟发射，因为多云会使我们得不到足够的试验数据，等于白忙一场。打与不打举棋不定。这时，作为试验队发射阵地技术负责人的王永志被叫到指挥部征求意见。

王永志谈了自己的看法："有的人说这枚远程火箭已经老了，的确如此。箭体内主要仪器都已到了寿限，如果推迟发射，以后要重新测试，这枚火箭经受不了这样的折腾，加上已加注进去的推进剂对结构的腐蚀，再次发射很可能无望。这枚巨型火箭一旦报废，对国家的损失太大了，对我们来说，时间的耽误也将无法弥补！"

他接着说道："低云会给发射带来一定影响，但不是决定性的。天空有云损失的只是光测数据，而这可以用外测和遥测数据来弥补。权衡利弊得失，按时发射应该说是利大于弊！"听了他的分析，在座的4位国防科委副主任和试验队的领导都表示同意这一意见，按原定计划发射。没等王永志离开指挥部，"继续加注推进剂"的命令已传到加注现场。

火箭成功发射

1971年9月10日，我国第一枚洲际火箭呼啸着直上云天，向预定目标飞去。火箭离开发射台不久，黑压压的乌云就罩住了整个发射场。

火箭按预定程序完成了主动段飞行，实现了二级点火、一二级热分离，并压低了弹道，各系统工作正常，虽然由于计算机软件的问题，造成射程有偏差，但是验证了总体设计方案的正确性，基本达到了预期目的。经各方对结果进行全面分析后，七机部党组做出并上报了“试验取得基本成功的结论”。这标志着中国洲际火箭已经诞生了！

1970年，以洲际火箭为原型，火箭研究院还开展了“长征二号”运载火箭的研制。

首飞成功后，为确定洲际火箭的定型技术状态，王永志主持提出了10项重大修改设计方案，其中包括仪器舱锥角改小、箭体加长1米、发射支点下移等。这些改进方案均应用到了洲际火箭和“长征二号”的定型研制中，其正确性为后来的飞行试验所验证。然而，由于“文化大革命”的影响，洲际火箭的定型工作受到了严重干扰，被迫一再推迟。

洲际火箭首飞成功对中国航天事业的发展影响深远。其设计方案是技术总负责人屠守锷主持制订的，功能、性能水平瞄准的是美国“大力神”Ⅱ和苏联的SS－9导弹，许多技术都是第一次使用在型号上，例如，控制系统采用惯性平台、计算机、电液伺服机构摆动发动机进行推力矢量控制方案，箭体结构材料采用新式合金及新加工工艺等。这些新技术与新研制的发动机一直沿用到了“长征二号”“长征二号丙”，直至“长二捆”“长征二号F”和“长征三号”系列运载火箭的基础级……

粉碎“四人帮”后的1980年5月18日，在总设计师屠守锷的带领下，令全体参与研制试验人员费尽心力的神箭一飞冲天，从酒泉发射基地起飞，穿越万里云天，准确地落在南太平洋的预定海域，洲际火箭全程试验获得了圆满成功。

第四章

无悔年华

在第一代战略火箭和运载火箭的研制中，王永志作为主要技术骨干，取得了突出的成绩。“文化大革命”中，他与中国千千万万知识分子的命运一样，曾受到过“四人帮”的迫害。但他在逆境中仍然坚持工作，无怨无悔，作出了自己应有的贡献。1978 年，他作为主要完成之一的中程火箭获得了全国科学大会奖；后来，在以钱学森、任新民、屠守锷、庄逢甘等老一辈专家为主体获得的国家科学技术进步奖特等奖奖项中，他是其中为数不多的几位中青年专家获奖者之一。

返回式卫星

中国的领导和航天专家深谋远虑，航天事业发展环环紧扣。在运筹“八年四弹”的同时，人造卫星的研究工作也在紧张地进行。

1970 年，我国第一枚中远程导弹研制成功。1970 年 4 月 24 日，酒泉基地的发射场区红旗飘飘，“一定要在不远的将来赶上和超过世界先进水平”“独立自主、自力更生”两幅巨大的标语在戈壁的凉风中发出了令人紧张的声响。21 时 31 分，我国第一颗人造卫星“东方红一号”在第一枚中远程导弹基础上研制的“长征一号”运载火箭的托举下，从戈壁大漠腾空而起，带着中国人的壮志与豪情飞向太空，扶摇直上。此时，“放卫星的人”相拥在一起，热泪浸湿了面颊。

这颗重 173 千克、高奏《东方红》乐曲的卫星，震惊了全世界。

随着我国第一颗人造地球卫星“东方红一号”遨游太空，研制返回式卫星，掌握卫星的回收技术，打破大国垄断，成为我国优先要予以攻克的一项重要课题。我国科学家又开始了返回式遥感卫星技术的攻关。

所谓返回式人造地球卫星，是指在空间完成预定的任务后再返回地球的卫星。

发射返回式遥感卫星要解决一系列复杂的技术问题。打个简单的比方，就像一只放飞在数十千米外的蜜蜂，如何控制它，并让它乖乖地返回，难度相当大。这些技术主要包括：足够推力的运载工具、功能完备的卫星本体以及完善可靠的航天测控网。

卫星返回

返回式遥感卫星在技术上比在空间遨游而不再返回地面的卫星要复杂得多，它既有一般卫星在空间飞行的能力，又要具有按程序接受地面控制、安全完好地返回地面预定区域的能力，而且在返回途中要能经受住再入大气层的严酷考验。

在洲际火箭首次发射之前，为了发射返回式遥感卫星，王永志便开始协助总设计师屠守锷，进行以洲际火箭为原型的“长征二号”运载火箭的设计与研制，负责同卫星主制单位进行质量、外形、机械、电气接口以及入轨参数要求等协调工作，为发射我国返回式卫星准备好运载火箭。

“长征二号”运载火箭的研制目标是能把质量为1.8吨的卫星送入近地轨道。

由于“文化大革命”的原因，“长征二号”的研制受到了严重的干扰，王永志及其副手黄作义的研究工作时断时续。后来，王永志受“四人帮”帮派体系的陷害，1974 年初被迫停止了工作，但他在研制中提出的建议和想法，得到了大家的一致认同。

经过几年的努力，1974 年 11 月 5 日，“长征二号”运载火箭首次发射。人们在发射场上看到的却是一番凄惨的情景。在火箭上升过程中的震动，导致火箭稳定系统的速率陀螺的输出电缆中断了一根导线，致使控制系统失灵，在起飞 20 秒以后火箭姿态失稳自毁。爆炸的烈焰将中国的第一颗遥感卫星化为灰烬。

仅一根普通的导线就可以毁掉价值几千万元的运载火箭和卫星，这是“文化大革命”时代“政治压倒一切”留下的苦果。当时的航天部门也和其他单位一样，工作质量的好坏很大程度上凭着科研人员自发的责任感。当时负责航天系统的张爱萍老将军曾尖锐地指出，那时的长征火箭是“生于乱世、先天不足”。这次失败使各级领导和全体职工深刻地认识到，加强质量对航天事业是生死攸关的大事。经过设计更改，采用大量保证可靠性和质量的措施，使“长征二号”火箭的可靠性显著提高。

一次对一枚即将出厂的火箭进行质量复查时，发现一个螺钉下落不明。当时决定全箭分解检查。而拆开的结果令所有人都大吃一惊。在这枚火箭的不同部位共发现扳手、螺钉、螺帽、保险丝头、铝屑等 30 多种物品，为处理这件事，火箭拖延一个多月才出厂，在后来正式的文件中，此事被称为令人感到耻辱的“108 事件”。

为了尽量减少当时火箭存在的问题，张爱萍在整个航天系统内部率先搞起大整顿，这就是“文化大革命”后期著名的“七机部大地震”。火箭制造过程的每一道工序的责任开始落到具体的人头上。

经过广大科技人员的刻苦攻关，“长征二号”火箭采用了多项新技术，大大提高了技术性能和可靠性。“长征二号”为两级液体运载火箭，两级均采用了自生增压的推进剂输送系统。一级通过摇摆主发动机进行姿态控制，火箭在飞行中依靠三轴稳定平台计算机制导系统保持飞行稳定。此外，火箭内部还装有可提供参数和信息的内、外弹道无线电测量装置，为全箭设备提供能源的电源等。总体结构系统包括壳体、贮箱以及管路和电缆，使运载火箭的各个部分组成一个在飞行中能经受各种考验的整体。

1975 年 10 月 16 日，第二枚“长征二号”火箭和卫星运抵酒泉卫星发射中心。11 月 26 日 11 时 27 分，火箭再次点火升空，把返回式卫星送入了预定轨道，实现了我国运载火箭技术的重大突破。

卫星入轨后，不负众望，各测控站的好消息接踵传来。卫星准确入轨并工作正常。按预定方案，卫星发射 3 天后要进行回收。11 月 29 日，卫星在太空飞行 47 圈后，按地面遥控站发出的返回指令，返回舱像一个听话的孩子按照原计划与星体分离。虽然由于个别技术原因的影响，卫星没有降落在预定的回收地点遂宁，但卫星还是成功地降落在我国贵州省境内，当地成千上万的人们目睹了这个天外归客的速降过程。至此，中国成为世界上继美国和苏联之后第三个掌握卫星返回技术和航天遥感技术的国家。

“长征二号 C”火箭发射升空

返回式卫星在卫星家族中占有很大的比重，用途很广，它能作为观测地球的空间平台，通过各种精密的遥感仪器，获取大量图像清晰、分辨率高的遥感资料，广泛地应用于国土普查、石油勘探、地图测绘、地质矿产调查、铁路选线、地震预报、草原与林区普查、文物考古等工农业生产和国家安全等领域。

当我国返回式卫星发射成功之时，王永志却深陷在“文化大革命”后期的旋涡中。他只能深深地为我国航天技术的成功祝福。

行舟逆流中

20 世纪 70 年代初，“文化大革命”依然在“闹”，大字报可以写得铺天盖地，但靠大字报火箭是写不到“天上”去的。正如有人把“文化大革命”说成是“打倒领导又需要领导、打倒权威又需要权威、打倒知识分子又离不开知识分子的年代”。在周恩来总理的强烈干预下，中国的航天事业虽历经坎坷，但还是幸运地蹒跚着朝前走。

作为一名始终与祖国命运休戚与共的科技工作者，王永志为此深感不安，可有什么办法呢？搞科学需要经济实力，更需要一个适合搞科学的健康而稳定的社会环境。中国的航天技术好不容易走上正轨，就遭受了狂热的政治运动和派性斗争。

好在王永志年轻，没有所谓的历史和家庭问题，得以宁心静气地忙科研。他知道，自己已届不惑之年，不可犹豫观望，不可走走停停。中年是人生中最宝贵的岁月，不再拥有青春和浪漫，更谈不上来日方长；中年应该像牛一样默默耕耘而无暇留意身边的花花草草。中年如果加一把劲就会创造出人生最辉煌的一幕，倘若歇一口气就可能一事无成。他珍惜黄金般的时光，希望能一展宏图。

由于上述原因，加之他为人正直诚实，说话客观公正，不参与派性斗争，群众关系很好，“文化大革命”前期还算过得比较顺利，受到的干扰甚小。

但天有不测风云。就在王永志事业上一帆风顺的时候，某些人却暗中觊觎，到处搜集证据来陷害他。

你王永志不是出身贫寒又有技术吗，造反派就从这两方面找突破口。于是，他们说王永志与林彪反党集团有牵连，要他停职反省，查清问题，但查来查去，无果而终。王永志遭受停职审查期间，洲际火箭进行了第二次发射，结果发射失败。1974 年 1 月，“批林批孔”开始，七机部的造反派头头借题发挥，把洲际火箭发射失败问题推到王永志身上，说王永志没有把关键技术交代给其他副手，与上海抢振动塔，有意破坏洲际火箭的研制。

一纸报告送到中央，说王永志知情不报，蓄意破坏！各级领导还包庇王永志。

报告送到周恩来和王洪文那里，王洪文一看，破坏国家战略火箭的发射，这还得了，大笔一挥：“严加查处!”但周恩来却把报告压下了。

想借“批林批孔”来批周恩来的“四人帮”及其爪牙，把王永志看成重磅炸弹和突破口。1974 年 3 月 8 日，王洪文针对王永志问题批评七机部，说七机部太“右”，办事不力。在王洪文的授意下，3 月 21 日，王永志在北京被隔离审查，关押在院 89 栋二单元。

从此，王永志被推入是非之中，经历了 500 余天的隔离审查。

在审查中，他对造反派说：“我是不是破坏战略火箭的研制，你们已经核实。我是党员，党培育了多年，我能做对不起党的事吗?”王永志心里很坦然，他相信党，相信组织。

群众相信王永志，他们在暗中保护他。被隔离期间，好心的看管人员带糖葫芦给他吃，有人送来了饺子；造反派不让王永志看科技理论方面的书，便有人带来了《藏书》《史记》《中国通史简编》等史书供其阅读，打发时光。

已调到运载火箭技术研究院工作的王丹阳也受到牵连而被停职，不许她继续从事科技情报研究工作。

王丹阳因忧虑过度生了病，更糟糕的是两个女儿也同时得了肾炎。为了支撑这个家，照顾好年幼的孩子，王丹阳起早贪黑，凌晨4点多去医院排队挂号，晚上忙着熬中药，几副中药熬完，有时已到深夜，第二天还要坚持上班。有人对王丹阳说："王永志都挨整了，是否能在一院工作都是问题，你还在这里忙什么，回家好好照顾孩子吧。"但王丹阳相信王永志是无辜的，她一定会等来相聚的一天。

唉，不惑之年困惑多，四十出头遭折磨！

中年王永志是睿智的，是坚强的。他以特有的力量去洞察和承受人生的风云变幻。一连串的打击，没有使王永志颓废。想到自己挚爱的火箭，他内心充满渴望，充满阳光，他觉得有很多事情等着他去做。

霜打雪压，其志更坚。王永志承受住了冷嘲热讽和委屈，他相信党总有一天会把他解救出来。

同步通信卫星工程的呼唤

1945年，英国皇家空军技术中尉克拉克在英国《无线电世界》杂志第10期上发表了《地球外的中继——卫星能给出全球范围的无线电覆盖吗》的科学论文，文中根据当时科技发展的情况，尤其是太空技术和无线电技术的进展，首先提出了卫星通信的可行性。

卫星通信是利用位于距地心36000千米高度，并与地球同步运转的通信卫星作为中继平台，使各地面接收站间得以实现双向通信。如果在地球同步轨道安放3颗同步卫星，就可覆盖全球每个角落，实现全球国际通信和电视节目传输。

1958年12月，美国率先发射了轨道中继通信卫星，卫星向地球广播预先录制好的艾森豪威尔的圣诞贺词。从此，同步卫星开始书写人类通信的崭新一页！

1972年美国总统尼克松访华时，随行带来了一个10米口径的可移动卫星地面站，它成了在中国内地的第一座卫星通信地面站。此时的中国发现，通信卫星让世界变得如此之近。然而当时中国人要想租用一个外国卫星的转发器，一年就需花费近百万美元！

中国在发射第一颗卫星之后不久，就开始策划通信卫星工程。1975年，我国同步通信卫星工程正式启动。然而，要把同步通信卫星送入高达36000千米的运行轨道，专家们发现现有的火箭派不上用场，必须研制新型火箭。

这时，王永志的“问题”有了初步结论：破坏火箭研制的事当然没有，与林彪反党集团的牵连也没有，但犯有“污蔑”张春桥的“错误”，如不认错，就挂起来，参加劳动改造。但王永志坚持原则，认为在“文化大革命”中这算不上什么政治错误，拒不签字认错，于是便被挂了起来。

这样，被关押了一年多的王永志，因查无实据被放了出来，但留给他一个有政治错误的尾巴，不能使用，更不能重用，被打入另册，下放到一院铁路专用线上去当搬运工。

这时，一院科技部部长姜延斌负责三线建设工作，他大胆而坦诚地对王永志说：“他们不敢用你，我用你，到三线去，一院正搞同步通信卫星工程，就是研制发射同步通信卫星的‘长征三号’

火箭，你到那里主管技术工作去!”

王永志顿时萌生了参加这项工程的“非分之想”，三线偏僻、艰苦的条件他不怕，只要能平静地干点本行工作就行。王永志回家与王丹阳一商量，她也认为在这里呆着，不如到三线去。

姜延斌请示上级。但他们认为王永志的问题没有完结，不能去。

一天，王永志在装车时，不慎脚趾被机器压成粉碎性骨折，行动困难，只能回家养伤。

但事情的发展却往往出乎意料。

谢光选院士近照

同步通信卫星工程上马后，上级决定研制发射同步卫星的“长征三号”运载火箭，后又任命谢光选为总设计师。

谢光选是陈赓大将一眼相中，于1957年3月调到北京从事战略火箭研制的。可以说，陈赓大将为谢光选铺展了通向运载火箭的康庄大道。还是在中苏关系破裂时，谢光选就认识到，研制火箭不仅仅是技术问题，也是一根给人教益的教鞭。靠这种探求精神，他在事业上创造了不少骄人的成绩，是“两弹结合”试验和“长征二号”首次成功发射的功臣。

工程一上马，谢光选就想起了王永志。王永志从分配工作之日起，就一直与谢光选共事，他深知王永志的为人和才干，深为这位富有才华的中年技术骨干不能发挥应有的作用而痛惜。

英雄惜英雄，就像当年陈赓大将找谢光选那样，他决定想方设法把王永志解脱出来，让王永志回到他熟悉的工作岗位上。谢光选那时有这个权力和条件，是因为他被周恩来总理列入保护的科学家名单之中，造反派想动他必须经周总理批准。

谢光选了解王永志的处境后，向组织做了担保，希望他出来担任一些工程的课题研究，并顶住压力，亲自上门造访。此时的王永志喜出望外，欣然应允。

逆境书佳作

无情岁月锻造着王永志坚强的人生，有识之士又给了他用武之地。

谢光选根据王永志当时的身体状况，分配给王永志一项任务：收集、整理、分析国外资料，编写一本有关同步卫星发射方面的技术资料，以供借鉴。

原来，王丹阳曾报道过一篇有关推进剂在失重状态下性能变化的资料，被谢光选看到了，他觉得很有参考价值。发射同步通信卫星，需要对火箭的技术要求、轨道参数、推进剂管理等技术内容进行探索，需要了解国外的相关信息。而王丹阳从事科技情报工作，王永志又懂得专业知识，由他俩来共同收集、整理这方面的资料，肯定能为同步卫星的发射提供重要的、有参考价值的知识、技术和经验。

在这种艰难时期，心中虽有压力，但他俩又是幸福的。风风雨雨这么多年，聚少离多，虽然是夫妻共患难，毕竟能够有一段较长的时间在一起，他们心里感到很满足。在王永志脚伤未愈的情况下，夫妻俩分了工，王丹阳在北京的各大图书馆去查阅资料，王永志在家里负责资料的分析、整理。

为了抢时间，得到真正有用的资料，他俩是一目十行，有时甚至花费了一天时间，才能找到一两句有用的话。

1976 年 1 月 8 日，敬爱的周恩来总理逝世。王永志夫妇心里悲痛万分，他俩顶着凛冽的寒风，到天安门广场送别周总理。

责任感使他俩忘却了悲痛和苦楚，编写工作使王永志感到充实，他俩不顾一切地往前赶进度。1976 年 7 月唐山大地震，北京震感强烈。为预防地震，有关单位要求所有住户在此期间住进防震棚。当时王永志家住 6 楼，一有震情，他俩便带上孩子，提上装有书稿和草图的小箱子钻进防震棚。由于防震棚人多嘈杂，无法工作，没有震情时，夫妇俩就从防震棚出来，提着箱子回到 6 楼，继续干。一次震情预报后，他俩仍在 6 楼手抄笔录，执勤人员看到楼上有灯光，就跑去敲门说："你们疯了，赶快离开!"进屋一看，俩人满头大汗，满地铺着资料，深深为他俩的敬业精神感动。

时光转眼到了 1977 年，经过一年多的努力，他俩收集了上百万字的资料，编写的《同步通信卫星的发射》一书终于要付梓了。这时"四人帮"垮台，万物复苏，形势好转。对王永志的问题，也该有个结论了。当时七机部的领导对王永志说，你没去过"五七"干校，先去锻炼，等待结论。

王丹阳心想，我调到单位后认识熟人不多，永志一去"五七"干校，有关他的问题我难以说清。于是对王永志说："你的问题，是到水落石出的时候了。我替你去‘五七’干校，你留在这里处理平反的事。”

七机部的人听了王丹阳的陈述后，同意她替夫“从军”。

由于“331 工程”的急切需要，印制时间紧，王永志找了几家出版社，但没有一家出版社承诺能在预定时间内出版这本 47 万字的科技专著。

于是，王永志和王丹阳分头联系出版事宜。王永志在北京跑了几个印刷单位后，决定由七机部五院情报所印刷出版。远在河南“五七”干校的王丹阳则找到长沙工学院（现国防科技大学）出版社帮忙。为赶时间只好由几个印刷厂同时开印，由于怕印错页码，在页码的编排上采用了“1－2”“8－18”的方式，即代表第一章第二页，第八章第十八页。

在同步通信卫星工程第一次方案论证会上，这本书终于如期地出现在专家们面前，真乃贵在及时。

逆境中编著的《同步通信卫星的发射》一书

主持会议的张爱萍将军和与会专家们，认真翻阅这本为同步通信卫星工程而编撰的科技新著，深为书中新颖翔实的内容，严密完整的理论体系和独到的技术见地所打动，便不由问道，这本书的作者是谁？

那时候提倡奉献精神，夫妻俩还不能署名。谢光选便说：“这是王永志夫妇近两年来辛勤劳作的成果！”与会专家被王永志在逆境中奋争的顽强精神深深感动。

大家一致同意，正式印刷时在出版说明中写上两人的名字。于是，出版说明中有这样一段文字：

“《同步通信卫星的发射》是由王永志、王丹阳两位同志根据工作需要，收集了大量国外科技情报资料，经过选择整理加工而编写成文的。对于从事卫星运载工具和卫星的工程技术人员、工人和有关高等院校师生是有参考价值的。因此，作为内部资料出版。”

作为总设计师，谢光选评述说：“这本书编得很好，对‘长征三号’火箭的设计起了很好的参考作用，对整个工程很有借鉴价值。”

同步通信卫星工程轨道设计师余梦伦说：“书写得非常好，深入浅出，很及时。”

该书的前四章是王永志亲笔撰写的。后几章编写的国外资料也都是经过详细的分析、筛选和核对，有很大的针对性。由于该书对外保密，只印了1000册。当时七机部的一位细心的图书管理员说：“这是科技人员借阅次数最多的一本书，显得陈旧不堪，不少地方打了补丁。”

这本47万字的书共八章，301页，其章节和页次编排是这样的：

一、卫星通信的发展过程及动向

（一）国际电信的新发展……1－1

（二）卫星通信发展过程……1－2

（三）发射同步通信卫星的动向……1－4
（四）世界同步通信卫星发射情况一览……1－7
二、发射同步通信卫星的理论概念
（一）地球同步卫星的轨道……2－1
（二）同步轨道的高度与速度……2－1
（三）同步卫星的发射轨道……2－4
（四）卫星轨道参数……2－8
……

该书的问世，为同步通信卫星工程的实施助了一臂之力。其中的同步通信卫星的发射轨道设计方法、失重状态下低温推进剂的管理、低温贮箱的绝热方法、材料和工艺、液氢运输贮存加注的安全措施等，就是参考该书设计的，该书为我国成功发射第一颗地球同步轨道卫星作出了贡献。同时该书也真实地反映了王永志夫妇身处逆境不甘沉沦的特殊情感。正是凭着这种自强不息的执着精神，他们把自己的荣辱抛在脑后，将内心的激情化作了飞天的卫星。

1985 年，该书被国防科工委授予国防科学技术工作重要成果三等奖。

给一本书授奖当时是很少见的。评奖者认为，“文化大革命”期间王永志尽管身处逆境，但他始终不忘航天事业，在不能正常工作的日子里，他和妻子一道进行同步通信卫星的发射预研工作。他们共同完成的 47 万字的《同步通信卫星的发射》于 1977 年 12 月内部出版发行。由于该书及时地配合了同步通信卫星工程和“长征三号”火箭研制方案的制订工作，故受到专家和领导的一致好评。可以说王永志夫妇是中国同步通信卫星发射成功的幕后参加者。

继我国第一颗同步通信卫星发射成功之后，我国的卫星应用进入到一个新的阶段……

恢复工作

随着“四人帮”的垮台，中央工作队和七机部党组很快就向国务院提交了关于给王永志平反的报告，报告认为对王永志的隔离审查“纯系帮派体系为篡党夺权而对王永志进行的政治迫害”。很快，王永志恢复了工作，而且被提升为研究院总体设计部第一副主任。

如同雪山日出，天明地白。王永志虽受不白之冤，但他心中没有怨言。他认为“文化大革命”不仅是对他个人，也是整个民族的一场浩劫。个人的恩怨、灾难又算得了什么？他为拨乱反正后的政治昌明、为自己又可以清清白白重返航天一线工作而高兴。

百花绽放的同时百废待兴。1977 年 5 月 30 日，中央政治局召开会议，听取中国科学院党组书记方毅关于如何恢复和开展科学技术工作的汇报。会议决定由中央组织召开一次全国科学大会，把广大科技人员的积极性调动起来，同时对有贡献的科学家要给予表彰和奖励。

拨乱反正给航天事业带来了生机。1977 年底，院里开了一个计划会，大家讨论热烈，都希望尽快缩小与发达国家的差距，同时建议开展第二代战略火箭技术的论证。

中国迎来了科学技术的春天。1978 年 3 月 18 日，中共中央在北京隆重召开了全国科学大会，来自包括台湾省在内的 30 个省、市、自治区，中央和国家机关各部门，以及解放军和国防工业部门的 5586 名代表，汇集北京。十年动乱中，遭受批判斗争与诬陷凌辱的广大科学家与科技战线的领导干部，在党中央主持的科学盛会上，抚今追昔，心潮澎湃，激动不已。他们为国家召开隆重的科学大会感到高兴，也为自己受到信任与尊重而欣慰，表明科学技术在中国重新受到了重视，预示科学技术兴旺发达的新时代已经来临。

王永志认真学习了邓小平在开幕式上做的重要讲话。邓小平在讲话中指出："四个现代化关键在于实现科学技术现代化"，并提出了"科学技术是生产力"的观点，把科学技术的地位和作用提高到了前所未有的高度。王永志真正感受到了科学技术的融融春意，体会到了国家对科学技术的空前重视。

大会举行了隆重的授奖仪式，表彰了7675项科研成果，奖励了862个先进集体和1192名先进个人。其中，王永志作为主要完成人之一的中程火箭研制项目获得全国科学大会奖。

全国科学大会以后，中国的航天史也翻开了新的一页，开始了研制第二代远程火箭的艰巨任务。一天，钱学森、芮杏文等在广泛调研的基础上，最后来到运载火箭技术研究院，再次听取意见，并做出最后决策。出席这次会议的国防科委陈彬主任，钱学森副主任，七机部郑天翔部长，陆平、芮杏文副部长和张镰斧院长等一致同意马上开展第二代远程火箭的研制。会上钱学森发言说："我完全同意马上立项研制第二代战略火箭，并建议第二代远程火箭由第二代人挂帅，我建议这个新型号由王永志担任总设计师。"与会的陈彬主任、郑天翔部长马上表示同意。不久便下发了国防科委的正式任命书。

挂帅第二代新火箭

对航天事业的追求成为王永志的精神之光，这精神之光犹如大海升朝阳，高山绽雪莲。经历了人生的风风雨雨，王永志更觉得时间的宝贵，一种对事业和生命价值的矢志追求，激励他开始向航天事业新的高峰攀登。

1978年8月1日，七机部向中央汇报远程火箭发展计划。按小平同志指示，王永志在深入、系统地总结第一代火箭研制经验的基础上，主持制定了体现技术更新换代要求的第二代液体远程火箭总体技术方案。在总指挥冬春副院长、王永志和副总设计师钱振业、张贵田、徐延万、薛成位、南新宇、方心虎等的带领下，研制人员经过五六年的艰苦拼搏，突破了第二代火箭的十大关键技术，如轻型箭体结构、重型多功能牵引车，全数字化的平台－计算机控制系统，高精度静压液浮惯性平台，小型化数字计算机，新材料、新工艺及新箭体结构，高性能液体火箭发动机等，实现了技术上的更新换代。

中年王永志（1978年）

如果说设计并实现第二代远程火箭总体技术方案是一个亮点的话，在管理上也形成了不少沿用至今的首创措施：它是按研制阶段实行设计评审的首个型号，明确提出方案阶段要“定方案，抓短线，攻关键”，不得带着问题转入下一阶段，使型号研制管理工作走向规范化、标准化。

王永志带头从国家战略全局出发向自己挑战。他破例地把可靠性量化指标列入了火箭的研制技术指标，把可发射率和发射成功率指标层层分解落实，以期研制出高可靠、高实用，且性能优良的火箭。

实现预定发射必须建立在可靠的基础上。当时受到很大困扰的是电子元器件、原材料、外协件和外购件的质量难以保证。

那时候，设计员们难免不受约束地选用元器件，有的竟采购自某中学电子厂，致使产品的可靠性受到影响。王永志下定决心，要从第二代远程火箭彻底扭转过去在选用电子元器件时的随意性所造成火箭的质量和安全问题。

为此，他亲自撰写了24条《设计守则》，并和主管院领导一起从全国请来了40多个厂家的代表和运载火箭技术研究院内有经验的代表一起当面协商，筛选高性能、高质量的各款电子元器件，并组织科技人员编写了《电子元器件选用手册》，要求选用的电子元器件必须按手册中规定的指标，到规定厂家购买，很快就控制了元器件的质量。随后，又组织编制了《原材料选用手册》。另外，对于外协件和外购件出的质量问题较多，责任不明确，难以彻底解决的状况，做出了职责分明的新规定："谁外协，谁负责；谁采购，谁负责。"与此同时，他还组织编制发行了《质量控制与标准化管理要求》。《设计守则》的小册子被七机部发现后决定印发到承担任务的每个工程组，以统一设计理念和规范设计行为。这一套质量控制措施颇具针对性和开创性，有些措施一直沿用至今。1980年11月，王永志被任命为研究院副院长，这就更有利于他推行一些更新换代的新举措。

该火箭的研制很顺利，1984年底已基本完成初样阶段工作，10大关键技术均已基本突破，特别是发动机已经通过了长时间、大推力、极限混合比摇摆热试车。但就在这一年，固体发动机研制取得重大进展，中央批准停止液体型号研制，实施"液转固"。于是王永志又率领液体队伍开始论证固体战略火箭技术方案。

1985年12月30日，航天工业部在各院分头论证的基础上决定成立联合论证组，指定王永志为组长，方心虎、周森为副组长，成员有一院、二院、四院及部机关的人员，研究提出新型远程固体战略火箭的发展途径和具体技术方案。经3个月的紧张工作，论证组意见趋于一致，并得到部领导的首肯。

与此同时，使用部门也在论证。1986年4月下旬，在国防科工委组织召开的论证会上，使用方和研制方意见分歧很大。于是有关领导5月2日向时任军委副秘书长、国防部部长的张爱萍将军汇报。使用方领导讲完后，王永志代表研制方发言，提出应充分利用战略机遇期，首先下大气力抓出高水平的远程火箭基本型，然后在保持基本技术状态不变的情况下，经局部完善改进便可发展成洲际火箭和远程潜地火箭。接着，他又汇报了基本型的技术方案和战术技术指标。张爱萍听完汇报，最后说："就应该从长远的战略发展出发考虑问题。不再讨论了，就按王永志说的意见办。"一锤定了音。

5月，国防科工委决定由王永志担任固体远程火箭总设计师，方心虎、徐延万、黄春平、余利风、徐学侃等为副总设计师。7月，航天工业部接到国家立项通知后，明确该型号及其发展系列的研制工作由一院承担，一院又开辟了新的战线。王永志主持制订了该火箭的技术方案和研制计划，方案充分利用了液体远程火箭的研制成果，如头部、末速修正技术、小型化仪器设备以及全数字化控制系统等，还采用了固体发动机推力矢量控制等难度很大但又十分先进的技术。在火箭研制规章制度方面，全面继承了液体远程火箭的管理办法。

1987年10月，王永志又被国防科工委任命为该型号的首任总指挥，刘宝镛被任命为代理总设计师，直至1991年5月离任为止。经过3年多努力，火箭的13项重大关键技术取得突破性进展，转入初样阶段。

实践证明，这种基本型、系列化的做法，有力地推动了我国火箭技术的快速发展，在战略上赢得了主动。在第二代战略火箭研制中，研制队伍经过20余年的顽强拼搏，克服了众多困难，不仅圆满完成了原定规划，在技术上实现了更新换代，还取得了不少开创性新成果。

从1978年起的十几年中，王永志经历了我国远程火箭的两次更新换代：第一次是从第一代液体火箭换代为第二代；第二次是从液体火箭换代为固体火箭。两次换代，他都是第一任总设计师，并做出了影响深远、切实可行的发展规划，成为新一代远程火箭技术的领军人。

在第二代远程火箭研制中，无论在技术、管理、思维方式方面均取得了新的突破，加之王永志在具体技术工作上有很强的解决问题和处理问题的能力，同时在发展规划和宏观决策等管理工作方面有独到的见解，1986 年航天工业部酝酿把运载火箭技术研究院院长的重担交给他，以接替即将升任劳动部副部长的李伯勇院长，但王永志婉言推却。他说："我是搞技术出身的，还是负责技术方面的工作为好。"为此，部领导决定在全院实行公开投票推选，顺从民意，谁得票多就向中央报谁。结果在全院副厂、所级和院机关副处级以上干部的投票中，王永志得票第一。部领导说，这是大家选举的，我们相信群众，你也要相信群众，对事业负责，挑起这份重任吧！航天工业部将提名上报中央后，1986 年 12 月 15 日，王永志被国务院正式任命为中国运载火箭技术研究院第六任院长。

汇入改革大潮

20 世纪 80 年代，党和国家领导人认识到国际局势总体趋向缓和，应抓住时机大力发展经济，增强综合国力。我国火箭的研制方针也随之发生了变化，第一代远程火箭向第二代过渡，液体远程火箭向固体火箭转型，努力提高使用效能，解决先进精良的问题。

1984 年，航天工业部张钧部长来到研究院作重要讲话，明确指出不能再靠“吃皇粮”来发展，要响应国家号召，转轨变型。1985 年，研究院液体战略火箭项目下马，国家投入和军品任务大幅度减少，划拨经费从过去的几个亿，一下子锐减到 4000 万，就连解决近 3 万干部职工的工资都不足，经济上面临着极其困难的境地。成立了 30 年的运载火箭技术研究院，又一次到了重新选择发展方向的紧要关头。

在接任院长时，老院长张镰斧（第四任）对他说：“我们这些人，从第一任院长钱学森起，干了 30 年，辛辛苦苦积攒了这么多家业。你们接过来后，要让航天事业继续发展，不辜负全院职工的期盼。”

面对这种严峻的形势，品味着老院长的话语和嘱托，凝视着中华大地上的改革开放大潮，王永志觉得自己在任期间应顺应时代的潮流，壮大运载火箭技术研究院的事业，在前任打下的基础上继续前进，闯出一片新天地，才能对得起上级和全院干部职工的信任。

他本着巩固基础、突出重点的原则，筹谋出一步步高招。

与张镰斧在一院五十周年院庆会场（2007 年）

首先是解决科研生产设备老化和人才队伍断层这两个研究院的最大难题。

由于长期以来重点保三线建设，一线设备多数已陈旧老化。不更新设备、生产手段怎能研制新一代火箭？接任院长后，王永志果断地把技术改造纳入科研计划。他在商讨解决技术老化问题的会议上说："我们现有的技术设备、技术方法都落伍了。研究院要走出一个现代化的明天，跟上时代的发展。"由于"七五"期间没有技术改造费，所以在部领导的默许下，决定每年从科研经费中拨出10%用于技术改造并首先解决火箭总装厂等几个主制生产厂的设备更新，以解燃眉之急。

他在谈到访问美国休斯卫星公司的观感时说："世界已进入信息时代，如果我们的火箭设计方法和设计手段依旧停留在原始的人工绘制阶段，显然不适应了。计算机的应用是大势所趋，我们要敢于向传统意识挑战。"王永志的设想和方案得到了部领导和科技人员的支持，从此，计算机以其青春的魅力活跃在火箭研制的各个部门。

他授意计算机室完成了计算机辅助设计（CAD）编制三维图形设计软件的课题，实现了设计理念和实践上一次关键性转折。接着总体设计部门成功地将CAD应用于型号设计，为王永志在全院各有关单位推行CAD准备了实践依据。随着数控加工设备的添置，计算机辅助制造（CAM）在工厂车间等生产部门开始生根开花。

随着经济情况好转，研究院投入大笔资金进行重点型号配套技术改造，陆续建成了全箭振动塔、数控加工车间、计量楼、科研楼等40多个单项和一些工程配套项目，为可持续发展打下了基础。

关于人才队伍，两年前的一件事令王永志难以忘怀。1984年，运载火箭技术研究院派出"长征三号"运载火箭首次发射试验队，一盘点这支队伍的年龄结构，王永志的心被深深地刺痛了。这支队伍中，很多人当年被苏联专家戏谑为"娃娃工程师"，而如今已是两鬓染霜。但他们仍像当年那样，在几十米高的发射塔爬上爬下。年轻一代哪去了？后继乏人啊！

当院长后，他马上通知人事部门，分析预测全院的人才情况。结果是：今后10年，全院有1/2的科技人员退休离岗；到2000

年，退休人数将逾7000人。而这批人的后面，竟是一个令人触目惊心的断层，这是一个多么沉重的现实啊！

为弥补这一断层，王永志想，必须抓好培养年轻的一代和现有工程技术人员的培训教育这个迫在眉睫的问题。在一次干部会上，王永志问大家："我们院最可宝贵的是什么？"大家一下子愣住了。他自己回答道："最宝贵的是一支政治素质好、技术水平高、组织纪律强、敢打硬仗、能打硬仗的研制队伍。现在这支队伍正处于青黄不接的状态，我们必须高度重视，迅速解决。"

不久，一个多渠道多层次的人才开发规划出台了。

在研究院已开办大学分校北航三分校的基础上，横向办学，与北航等院校签订合同，为研究院代培本科生和研究生……

中国运载火箭技术研究院与北航合办分校

不仅如此，王永志想到了老一辈航天专家和与自己同龄的帅才们，他们在中国的航天舞台上驰骋半世，智慧超人，经验丰富，挖掘他们的潜力，传承后人，将是一条把年轻人迅速引领到航天前沿的捷径。想到这些，王永志喜不自禁，他在人才开发规划中，又增加了自培研究生项目，同时仿效建院初期的做法，开列名单，重点培养青年技术尖子。他自己在百忙之中也带起了研究生。

出国深造，在职进修，继续工程教育，青年科技论文竞赛，青工技术比赛……研究院的人才培养规划一步步完善和深化，人才队伍的年龄迅速向年轻化转变，研究院充满了活力和生机。

人才的紧张局面得到缓解，王永志立即开辟运载火箭技术研究院的第二战场，为国家的经济建设发展服务。他主持召开了院里1987年工作会议，讨论研究院的发展问题。大家七嘴八舌，争论不休，对他很有触动。这次会议，他归纳出两句话："军品抓住管好，民品放开搞活，"并作为研究院今后的发展大计。

他想，研究院固然要以航天为本，以国家的需求为首要任务，但是随着时代的发展，我们不能"等、靠、要"，我们要"走向社会，走向世界"才能更好地养活自己、发展自己。于是，王永志和院领导班子开始他们的第三步棋，这就是在紧紧围绕国家任务的同时，在李伯勇院长打下的基础上加强了民品研制队伍，开始向社会和市场需求进军。他充满信心地说："在机械电子方面，我们具有综合技术优势，完全可以在诸如生产过程的微机控制、机电设备的更新改造、引进设备的测绘仿制以及新材料、新工艺等方面发挥自己的作用。"

短短几年，在主管副院长何克让、南新宇、韩景全和院机关的组织下，运载火箭技术研究院和所属单位开发了自动称量包装系统、真空淬火炉、喷漆机器人、汽车密封条生产线等数百种民用产品。面向市场的产品产值占到了全院工业总产值的50%，利润已超过一半，迈出了可喜的第一步。但王永志不满足，他开始了第二步。在1989年初的民品工作会上，王永志阐述了研究院的战略方针：发展民品要登上第二个台阶，建生产线，上规模经济；要实现第二个转变，产品由国内转向国外，搞补偿贸易和中外合资经营，嫁接先进工艺技术和管理经验，搞外向型经济，从而以更高的起点，登上国际竞争的舞台。要创造第二产业，即除火箭以外，要有第二个稳定的行业，两个轮子同时转，显示了他的大手笔。鉴于王永志主持的运载火箭技术研究院在国民经济建设中成绩突出，该院荣获了1991年北京市政府颁发的金桥奖。

王永志一方面在抓设备改造、人才培养和民品开发；一方面又在迅速进行体制改革和开展高技术预先研究。

筹建企业集团，这既是国家下达的任务，也是研究院在当时条件下保持活力、保证平稳过渡的必由之路。在部党组领导下，研究院开始全面推行领导体制改革，实行了院长负责制、厂所长负责制和任期目标责任制，制订了一系列实施方法和细则，建立起一整套考核指标体系。使厂所长工作有目标、努力有方向，便于监督和考核。紧跟全国形势，开展了企业升级工作。全面推行了型号研制任务合同制，后又根据需要细化修订为承包经营责任制、任务经费承包责任制及单项任务承包合同制等。这些管理办法的实施，使得科研单位既是技术商品的制造者，又是经营者，打破了大锅饭，各项工作奖惩有据，提高了效率，调动了职工的积极性。

真空淬火炉

汽车密封条生产线

在高技术预先研究方面，制定了“打基础、上水平、有限目标、突出重点、向高技术攀登”的方针，论证工作强调系统、全面，从整体到分系统衔接一致。1986—1990 年，完成了 269 项关键技术的研究课题，且绝大多数为型号所采用。

基础的问题在一个个解决，最根本的矛盾却仍然像一座大山，横亘于前。转制后的研究院该往何处去？

开拓谱新篇

1985 年，李绪鄂等部领导一再强调，转轨变型，有问题不找部长找市场，利用自身优势，按国际惯例，将航天产品推向国际市场。

在王永志担任院长以后，立即组织人马对国内外市场进行了深入剖析，他看到航天产品国内市场需求不多，只能找国际市场。在国际上，某些国家对小型地地火箭确有需求，卫星发射市场则普遍要求大推力运载火箭，而研究院却都没有相应的产品，怎么办？形势所迫，为了抓住机遇，只能背水一战。他和院领导班子下定决心打开国际市场的大门——运载火箭太小搞大的，地地火箭太大搞小的。

方向一旦确定，研究院立即以“军品抓住管好、民品放开搞活”为原则，义无反顾地加速实施了“军民结合”“走向世界”的战略转变。

在王永志等院领导的努力下，研究院开始勇敢地向国际市场进军。研究院原有一个小型地地火箭的研发小组并拟制了总体方案，适合于国际市场的需求，当时因为没有经费而陷于停顿。当王永志听说有了潜在用户，立即组织起人马，纳入军品研制渠道，并亲自担任总设计师，重新审定了产品的技术方案，同时向部领导申请与有关方面洽谈。

部领导问：“现在你们还是纸上谈兵，3 年后能研制成功，交付产品吗？”

王永志回答：“可以做到。这个型号的研制，无疑有风险，但它适应市场需求。我们的技术方案是很先进的，按内外两用设计，即使拿不到国外合同，我国也可以自用。”

王永志透彻的分析、翔实的表述和精确的论证，消除了部领导的疑虑，相信了这位新院长的判断，相信了研究院的实力，他的申请终于被批准了。

没有研制经费，便贷款，王永志把风险意识引进了这个项目的研发之中，开研究院风气之先。

面对摊在桌上的贷款合同书，王永志郑重地提起笔，说：“好，我来承担这个风险吧。”他自信地签上了自己的名字。谁能相信这位新院长上任以来所签的竟然是这样一份巨额的贷款合同。

压力变成了动力，动力变成了创新的智慧，变成了成功的希望。在何克让、于龙淮两位副院长，陈福田、王延龄、叶定友、武俊华、张桂林副总设计师等的积极配合和大家的共同努力下，仅用不到 18 个月的时间就完成了初样产品的研制。在王永志亲自主持和领导下，初样产品首次发射即获成功，各项技术指标都很理想，为研究院开发固体小型火箭作出了重要贡献，同时也为研究院赢得了巨大的经济效益。随后他改任该型号的研制总指挥，总设计师由陈福田接任。为表彰他的贡献，航空航天工业部批准为他记一等功一次。这种火箭方案先进，捷联惯组、末速修正等十大技术都是首次在型号研制上采用，号称“十个第一”，目前已发展成颇有使用价值的系列。

这位技术型的院长，出于对航天事业的敬重和热爱，对研究院发展的高度责任感，在改革开放的大潮中，在发展社会主义市场经济的热浪中，无论面对怎样的困难和复杂的局面，他凭借坚强的性格，过人的胆识，指挥若定，有板有眼，展现出了大将风范。他的开创精神和实践成果得到人们的公认。他的事迹被收入到当时国家统一组织出版的《企事业改革家列传》之中。

在任期间，研究院开自筹资金和贷款开发之先河；开初样火箭飞行试验成功之先例；创造了18个月内研制出新型大推力火箭并首飞成功的奇迹；开辟了固体小型火箭和固体远程火箭两个新战线。型号研制工作摆脱困境，走出低谷，走上了“基本型、系列化”的发展道路，使我国运载火箭技术又登上了一个新台阶，并打入了国际市场。民品开发也从“找米下锅”发展到建点上线阶段。研究队伍和设备两个“老化”的突出问题得到明显改善。研究院形成了运载火箭、战略火箭、战术火箭和民品4个系列全面发展的战略格局。

新院长的战略思维

作为一名技术专家出身的领导干部，王永志的管理理念和精辟独到的技术见解为运载火箭技术研究院三类火箭规划了一个辉煌的发展模式，这一模式中运载火箭部分，就像火箭发射一样，直指远方。

为了集思广益、准确地规划运载火箭技术研究院的发展方向，1987年11月建院30周年前夕，研究院组织了一次科技论文报告会。作为研究院的新任院长，在这次会上王永志做了重要讲话并提交了一篇论文，他系统地阐述了航天是建院之本的基本思想，并对航天高技术发展方向提出了自己的见解。

他在论文中写道：“从总体上看我国航天运载技术的发展方

向，我认为到了实现四个历史性突破的时候了。一是突破火箭‘捆绑’技术；二是突破3.35米直径；三是推进剂换代；四是研制重复使用的运载工具。”

他对四个历史性突破做了详细的阐述。

“突破‘捆绑’技术。不断提高运载能力是世界火箭发展的总趋势，我国也不例外。我们不能设想用我国最大直径的3.35米火箭就能满足我国今后运载任务的需要。我们不能一味加长箭体，现在已经50多米长了，已快到极限了。要提高运载能力怎么办？发动机比推力提高几秒，解决不了大问题。要想大幅度提高，就要加大起飞重量。途径就是向横向发展，并联助推器，也就是捆绑工作。我们准备先在‘长征二号E’上进行，从而掌握这项技术。这是未来的方向，因此应该及早起步。”

“突破3.35米直径。若发射20吨以上的空间站等大的有效载荷，用3.35米直径去捆绑，结构系数太低，性能太差。需要开辟4.5米以上的大直径箭体，但有困难，这就是工艺上的困难、生产上的困难、运输上的困难。由于这是历史的必然，有困难只能克服解决，否则就会束缚我们事业的发展。”

“推进剂换代。即研制新型发动机，使用新型推进剂。在这方面我们已经实现了一次历史性的突破，就是在‘长征三号’上使用氢氧高能推进剂。但这种推进剂价格太贵，还无法在一、二级大量使用。现在一、二级使用的全是价格昂贵且有毒的推进剂。随着用量的增加和更加频繁地发射，必须代之以廉价、无毒、无污染的推进剂，这就是液氧烃类推进剂。”

“重复使用的运载工具。根据我国的情况应先部分重复使用，再发展到全部重复使用，这样发射成本就会降低，只有这样才能支持未来频繁的航天活动。我院在高技术论证时提出这样一个方案，即一个大型运载火箭，然后搞一个小型的航天飞机（轨道器）（25吨以下，比‘哥伦比亚’小得多）。其中火箭部分不再回收，只回收轨道器，使之多次使用。昂贵的仪器设备将随轨道器一起回收。另外，用同一个25吨运载能力的火箭发射空间站。这样就以较少的代价、较早的时间，建立起中国的空间工程系统。这个方案在技术上同欧洲13国发展规划相类似。我认为这是既能达到目标，又与我国国力相适应的方案。”

这篇论文中提出的观点，实际上就是王永志作为研究院新任院长的施政纲领，是他根据自己几十年工程实践经验提出的真知灼见，更是他为运载火箭技术研究院规划的光辉前景。王永志不仅仅提出思路，更是一位既有魄力又有能力带领全院同志勇于实践的开拓者。无怪乎，曾担任“长征二号F”运载火箭总设计师的刘竹生意味深长地说：“王总当院长的时候，把院里的管理、发展规划做到了登峰造极的地步！”

关于“四个历史性突破”，只要一有时机，他就义无反顾地带领大家付诸实践。突破3.35米直径的设想，经过此后将近20年的反复论证研究，终于见到了曙光。他也没有让推进剂换代的设想仅仅停留在纸面上，而是积极行动起来。在他的院长任期内，就主动联系引进了国外液氧煤油发动机的样品，然后按分工转交给火箭发动机研究院，如今该发动机已经定型，并在我国新一代运载火箭上得到了应用。

当然，当院长期间王永志最为投入的是“长征二号”捆绑式运载火箭——“长征二号E”火箭的研制……

第五章
筹策天梯

1985 年 10 月 26 日，中国正式向世界宣布：中国自行研制的“长征三号”和“长征二号”火箭，将投入国际市场，以优惠的价格，承揽国外卫星发射业务。

中国航天人迈出的这一步，显示了中国的航天技术走向世界市场的决心和预见性。1986 年，美国的“挑战者号”航天飞机、“大力神”“德尔它”火箭和欧空局的“阿里安”火箭相继发射失败，国际商业卫星发射市场一时出现了真空。而王永志等人针对国际卫星发射市场的需求，大胆提出研制大推力火箭以满足外国卫星客户的需要，同时为中国未来的航天技术做战略储备的设想，于是开始了一场感动中国、震惊世界航天界的研制“长二捆”——“长征二号 E”火箭的攻坚战。

运筹“长二捆”

1986 年，连续发生了世界航天史上的几场大灾难。1 月 28 日，美国“挑战者”号航天飞机机毁人亡震惊了世界；2 月，马丁·玛丽埃塔公司为填补运载工具空白，为美国空军制造的“大力神”火箭爆炸；3 月，麦道公司的“德尔它”火箭由于过早熄火而自毁；5 月，享有良好声誉的欧空局在赢得世界半数以上卫星发射合同的时候发生了“阿里安”火箭的发射惨败。一连串的事故，使国际商业卫星发射市场出现了运载能力短缺，一些用户翘首以待有安全可靠的火箭来发射自己的卫星。美国的各大卫星公司老板们不知西方的火箭何时才能恢复正常发射能力，于是将目光移向世界东方，小心翼翼地打量着中国航天工业的实力。这无疑是中国争取挤进国际发射市场的十分难得的契机。

但机遇与挑战总是形影不离。当时，拥有先进航天技术的一些国家为提高卫星的使用效益，推出了新一代大容量、长寿命、多功能、大质量的卫星。而此时适合于我国“长征二号”“长征三号”运载火箭发射的质量为1300千克以下的小型卫星已寥寥无几，经调研只有7颗，已基本上与法国签订了合同。要走向国际市场，就必须尽快利用我国成熟的火箭技术研制出新一代大推力运载火箭，为中国进入国际卫星发射市场打开一条新路。

很多早已想一试身手的航天人开始琢磨着研制中国的大推力火箭，冲开进入国际市场的技术瓶颈。站在中国运载火箭技术研究前沿的王永志也敏锐地感觉到，这样一个千载难逢的机遇，不能眼睁睁地从我们手中溜掉。

1986年3月的一天，黄作义研究员找到王永志，他拿出三张设计小图，谈了想研制捆绑式大推力火箭，并开拓美国市场的想法。黄作义曾与王永志在同一个研究室共过事，还一起探讨过捆绑式火箭。那时他们就已经认识到中国的火箭运载能力要上一个大台阶，仅靠加长火箭箭体是没出路的，它总有一个极限。要真正解决运载能力，必须在一级火箭上横向并联几个助推器。常言道：“一个篱笆三个桩，一个好汉三个帮。”几台发动机同时点火后所产生的推力将大于原来的数倍，从而大幅度提高火箭的运载能力。

王永志看了设计图，对黄作义说：“此事很好，你拿着图样找孙家栋副部长汇报。他是管外事的，请他批准，然后到美国休斯卫星公司去打探一下情况。”

黄作义于是找到孙副部长，谈了去美国了解情况的想法，得到了孙副部长的同意。

没想到，美国方面对中国提出承揽发射他们的卫星表示了极大的兴趣。当时，美国休斯公司为澳大利亚制造了一颗大质量的商用卫星，对外进行发射招标。发射这颗称为“澳星”的卫星需要大推力火箭。如果想参加竞标，大推力火箭是前提条件。对方的条件十分苛刻，要求必须在 1990 年 6 月 30 日之前成功发射第一枚火箭，然后才能正式发射他们的卫星，若不能如期实现，美方将终止合同，并索赔 100 万美元。黄作义回来后还向王永志谈到：美国华人社团的代表一听说我们想发射美国的卫星，非常高兴地说，如果我们中国能发射美国的卫星，那华人的腰杆子就硬了。经费上如有困难我们可以帮你们集资，这是个非常有意义的事。

王永志听后很受鼓舞，时任研究院技术副院长的他，马上组织总体设计部进行方案设计，他们的创新构想是：在“长征二号 C”火箭基础上，捆绑 4 个助推器，形成新型的大推力火箭——“长征二号 E”，争取用最快的速度走向国际航天舞台。

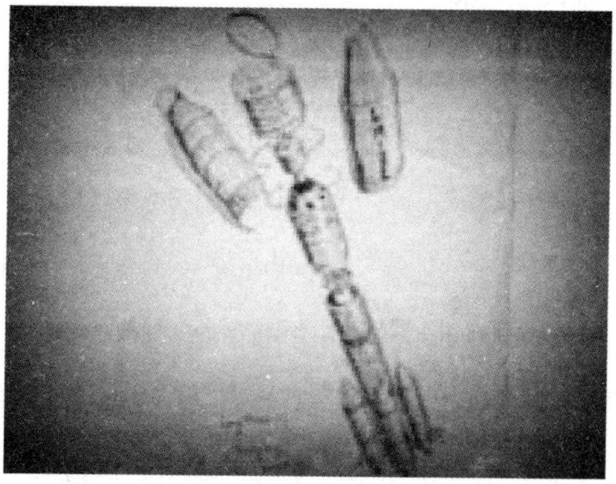

“长征二号 E”火箭构造示意图

1986 年 9 月，王永志作为代理院长主持了研究院的工作，他便加紧为争取“长征二号 E”大推力捆绑式火箭立项而多方奔走。他从符合中央改革开放精神、符合研究院所转轨方向等方面向上级部门汇报，向院内外广泛宣传，力争获得理解和支持。

当年 10 月，美国休斯公司派来专家，与中方就发射他们研制的卫星进行谈判。王永志与美方谈到了研制大推力火箭的研制方案和进度，美方显示出浓厚的兴趣和意向。

与美方谈判结束后，王永志马上向部里汇报了与休斯公司谈判的情况、“长征二号 E”的技术方案和院里的型号发展规划设想。

王永志汇报结束后，绝大多数人表示支持，在座的老总们也没提出反对意见。因为此时如果签约，合同规定的时间是1990年发射第一次，时间有4年，认为完全有可能。

但谁也下不了决心。最关键的是经费来源和能否拿到合同的问题。当时航天工业部的领导和机关为此花费了很多精力，中国长城工业公司（简称长城公司）更是不辞劳苦奔走于世界各地寻找用户。因为当时在国家很难立项争取到经费的支持，而自筹资金虽有很多路子，但因为风险很大，有些企业和金融部门也退缩了，研究来研究去就剩一个办法：自己贷款研制。因而造成时间一拖再拖，没有做出决断。

1987年9月，澳大利亚奥赛特公司在悉尼就建立第二代国家卫星通信系统进行招标。世界四大宇航集团以主承包商的身份参加了投标，而初出茅庐的长城公司以发射服务分包商资格与主承包商组合参加投标，这意味着试图研制的中国“长征二号E”火箭开始了与美、法火箭的角逐。在这4个西方宇航集团中，只有主承包商休斯公司在运载方案中列入了中国尚无实物的“长征二号E”火箭。为使竞争公平，奥赛特公司要求各集团必须同时列入中国运载火箭进行第二轮招标。为了在国际商业卫星发射市场占有一席之地，虽然捆绑式火箭研制与否尚没有定论，但身为院长的王永志仍决定参加竞标，先把发射“澳星”的任务承接过来，机不可失！

王永志对副院长王德臣说：“你口才好，有说服力，这个游说的任务由你来承担。”

王德臣果然不负众望，在与美国进行技术协调时，王德臣以主讲人的身份，揣着构想草图，凭借敏捷的思维、严谨的推论、昂扬的气势，把美国人“侃”得心服口服。

竞争中标

1988年6月16日，揭标结果令西方人大吃一惊，由长城公司用中国“长征二号E”火箭发射两颗休斯公司的HS-601卫星的方案中标！

中方的不懈努力，休斯公司、奥赛特两公司的大胆选择，把中国航天技术推上了世界舞台，也把王永志逼到了前台。由于是商业发射，国家不投资，需要贷款进行研制，风险之大可想而知。

1988年4月，刚到任的航空航天工业部林宗棠部长来研究院了解情况。王永志等院领导向林部长汇报了他们研制“长征二号E”的打算、决心和亟待解决的问题。林部长表示坚决支持并当即决定给一笔启动费，先干起来，同时细化方案。

1988年11月1日，长城公司与美国休斯公司正式签署“澳星”发射服务合同。然而那份厚厚的合同文本，内容复杂苛刻。休斯公司要求中方必须在1990年6月30日前有一次成功的发射试验。在任何时候，只要他们认为中方不能发射或没有充分论据证明自己能够按时发射，用户有权终止合同并罚款100万美元。就这样，中国航天进入世界市场的第一次尝试，用“长征二号E”发射两颗“澳星”，就在谈判中成交了。

虽然合同签订了，但干与不干在航天系统内思想尚未统一。因为从1986年初谈及此事到1990年发射第一枚火箭有4年时间，由于各种因素的拖延，此时只剩下不到两年，研制时间紧无疑是不留情的现实情况。一些国内外同行听说王永志他们要在短时间内完成如此艰巨的任务，都认为是一时头脑发热，难以搞成。要在没有现成产品、没有成功先例的情况下，18 个月内拿出全新的“长二捆”火箭，这无疑是背水一战。

签署“澳星”发射合同（左一为王德臣）

在北京怀柔召开的中国宇航学会大会上，怀疑和反对搞“长二捆”火箭的声音此起彼伏。有专家认为此事难度太大，要慎重；有的专家公开提出反对意见，认为根本搞不出来。

有人也暗中劝过王永志，搞捆绑式火箭，中国没有经验可循，外国的技术又是保密的。何必冒这么大的风险呢？你和别人不一样，你可是一院的院长呀！万一砸了自己的牌子，一生名誉和功绩便付之东流了。王永志回答道，风险我知道。风险大，意义更大，冒些风险是值得的。我相信我们的干部和职工，他们有能力干好这件事。

针对专家们出现的意见分歧，航空航天工业部领导决定在北京大兴召开决策性研讨会。参加这次会议的有航空航天工业部全体领导、科技委的老总们、各研究院的代表（每院 3 位），同时还请来了“863”专家委员会正在论证载人航天的 3 位专家，听听搞“长二捆”对未来载人航天是否有积极作用。参加会议的专家具有很强的代表性，目的是集思广益，决定该干不该干。

研讨会分成市场、规划和计划 3 个组。市场组探讨火箭研制出来后有无市场前景，即是否能招揽到发射外国卫星的业务；规划组研讨中国火箭的发展之路，看是否符合未来的方向；计划组研讨在剩下不到两年的时间内，如何合理安排时间研制出合格的火箭。王永志被安排在规划组，他们院里的于龙淮、王德臣两位副院长安排在计划组。

在规划组，王永志向航空航天工业部的代表们谈了捆绑式火箭与规划的关系，即发展大推力火箭，搞捆绑式是必由之路。这一看法得到了部里的老总和代表们的认同。计划组认为，采取一些措施在两年内研制出捆绑式火箭是有可能的。市场组的结论是，市场是客观存在的，争取则有，不争取则无，事在人为，因为该组的陈寿椿、黄作义等人已经做过市场调研了。市场组明确表态，只要把火箭搞出来，市场由他们去争取。

显然，各组的态度已经很明朗，关键是火箭能否如期研制成功。作为火箭研制单位的院长，王永志觉得该表明自己的态度了。于是他上台做了一个简短的发言。他说："第一，市场的问题由长城公司负责，把合同揽来；第二，请部里帮我院安排贷款和打通协作关系；我院则保证，在1990年6月30日前将"长二捆"火箭竖立在发射台上，择机发射。"王永志铿锵有力的讲话显然是立下了军令状。

这就是王永志誓不服输、一往无前的性格。他心里虽然有一定的底数，但严峻的形势不容乐观。他想了很多：以前没干过，技术上有风险；时间这么紧，进度上有风险。所有的试验必须一次成功，不能有任何的反复，不允许有任何闪失，否则后果不堪设想，总之，要把巨大的风险化成动力，变成现实。

会后，部里决定，立即向国务院报告，申请立即启动捆绑式火箭的研制。

1988年12月14日，国务院就研制"长二捆"召开了专门会议。会议由李鹏总理主持，李鹏总理和姚依林副总理态度非常坚决，主张研制。姚依林说，国际市场要去开拓，你不开拓，不往里挤，永远也进不去。会议批准实施这项研制任务。

国防科工委的任命下来了，王永志任总指挥，王德臣副院长任总设计师，于龙准副院长担任副总指挥，他们责无旁贷地接受了时代的选择。为使研制工作扎实可靠，随后航空航天工业部又决定，任命屠守锷院士担当“长二捆”的技术顾问。

莲花并蒂，好事成双。1989 年 1 月 23 日，用“长征三号”火箭发射由美国休斯公司制造、香港亚洲卫星公司所有的“亚洲一号”卫星合同也成功签订，发射日期定在 1990 年 4 月 7 日。虽然这是与国外签订的第二个合同，但从发射时间来看，“亚洲一号”卫星却成为中国历史上为国外单独发射的第一颗卫星。

从批准实施研制“长二捆”火箭到发射时间仅有 18 个月了。对王永志他们来说，用这么短的时间研制出“长二捆”火箭，无疑是人生中经历的最大一次挑战。王永志心中自信的是，我们有“长征二号 C”火箭的成功率为基础，有一支政治素质好、技术水平高、敢打硬仗、能打硬仗的研制队伍，成功研制“长二捆”火箭是志在必得。同时，他认为值得冒这个风险：一是利用这个机会突破中国火箭的关键技术，将中国火箭近地运载能力由原来的 2.5 吨提高到 8.8 吨，可以承揽用航天飞机发射的大型卫星，把中国的运载火箭推向国际市场。二是留下了一个技术上的伏笔，那就是载人航天，要想让载人飞行器上天就得用大推力火箭。

国外怀疑的言论也引起了一些人的忧虑。当时来中国考察的“德尔它”火箭总设计师史密斯先生摇摇头笑着对王德臣等人说：“你们中国人是不是又吃了鸦片？”言下之意，你们产生了幻觉，这是件极不容易的事。因为史密斯知道，在美国，研制这种型号的火箭至少也需要三四年的时间。无怪乎，美国人对如此短的研制计划既表示怀疑，又大为惊讶了！

站在一旁的王德臣莞尔一笑，委婉而诙谐地说：“你们的担心我们理解，但吸鸦片是没机会的。因为新中国成立后，鸦片就被禁绝了。我们中国人做事是有板有眼的，既然订了合同，我们就有能力想方设法把它研制出来。”

总设计师王德臣来自内蒙古海拉尔，草原的风霜不仅练就他强壮的体格，还有自信的豪情壮志。他昂起脸，接着又说：“史密斯先生，我们至少是比较清醒的！因为我们有足够的技术力量和能力，请在18个月后发射时你来见证吧！”

在全院动员会上，王永志传达了国务院的决定，同时结合院里的情况谈了研制“长二捆”的意义。他兴奋地说：“作为国家重点工程，‘长二捆’是我们争取来的，是中央决定正式下达的任务。这个任务意义重大，必须完成。中央88号文件指出：发射外星不仅可以保持我们火箭技术的发展势头，赚取外汇，还是团结海内外炎黄子孙共同振兴中华的大事。现在就剩18个月时间了，合同规定必须在6月30日前把火箭竖立在发射台上，完成这项任务，是我们院发展的大事，具有重大的政治意义。我院有号称政治素质好、技术水平高、敢打硬仗、能打硬仗的队伍，现在是考验我们的时候了，这是一场硬仗，还是一场恶仗，我相信我们共同努力一定能拿下来！”王永志振奋人心的讲话，赢得了与会代表的热烈掌声。这掌声是全院干部职工们的心愿，是对王永志一班人的最有力的支持！

随后，在沈辛荪书记、张浩副书记的主持下，院党委也发出号召书，号召全院共产党员、共青团员、工会，要心往一处想，劲往一处使，号召党、政、工、团像4个助推器一样，誓把“长二捆”送上天。

500 多个日日夜夜

已近耄耋之年的钱学森，仍然关注着中国的航天事业。凭着他在科技界的威望，有时一句话，就会给新一代的航天人以信心和力量。他说："也许是因为我们的国家整体经济水平还比较落后，所以国内外有人对我国超前发展起来的航天业，也就寄予了超常的希望。这从某种意义上说，航天事业几乎成为我国国力的象征。特别是当我国航天业走向国际市场以后，它既是国际高科技的竞争，又是高效益的产业。尽管这种高效益的产业风险重重，但我们一定要向成功走去。"钱学森的讲话，给了王永志一班人很大的鼓励。

这是王永志生平以来遇到的最艰难的硬仗。研制一种新型火箭，涉及的技术领域很多，要在 18 个月里完成按常规需要四五年才能完成的工作，要顶着以往没有干过的技术风险、贷款研制的经济风险、作为第一责任人的前途风险，以及一旦完不成合同中国将在世界航天市场颜面尽失的风险，这个任务是何等的艰巨和复杂！

一旦完不成合同，刚刚开拓出来的世界航天市场就会前功尽弃。中国航天能不能搭上国际商业发射这班车，成败在此一举。王永志双眉紧蹙，目光深邃。人生能有几回搏？作为炎黄子孙的中国航天人，就要以坚强、勇敢、睿智、勤劳、不屈的品格去创造奇迹。绝不让研制"长二捆"的列车在我们这里误点，无论如何，一定要如期完成研制。

运载火箭技术研究院的全体干部和职工挑起了一副空前沉重的担子。担子的一头是紧而又紧的 18 个月研制周期，另一头是几亿元的贷款。作为一院之长的王永志，更是责无旁贷。他把面临的困境归结为“背水一战，别无退路”8个字，以激励敦促自己和大家。

“长征二号E”火箭测试现场

1988年12月底，研制发射“澳星”的“长征二号E”火箭的工作正式启动。作为总指挥的王永志，与王德臣总设计师、于龙淮副总指挥等制定了第一枚捆绑式火箭的切实可行的技术方案。其主要研制对策是：尽量利用成熟技术，采用稳妥的设计方案；尽量减少投产数量，将静力试验箭、模样箭、振动箭、合练箭四箭合一，即一枚火箭先后完成4项任务；充分运用已有的研制经验，将模样、初样、试样3个研制阶段合而为一，按并行工程原理实行设计、备料、生产、试验平行交叉作业等。为了保证进度，王永志掐指细算着18个月的分分秒秒，又制定出翔实可靠的研制时间表。

当时间计划调度表摆在了“长征二号E”火箭的研制人员面前时，研究院所属的研究所和工厂的领导们心理上无法接受，科技人员和工人们直摇头，他们对主管副院长于龙淮说：“这与其说是一个计划，不如说是‘无情无理’的‘军令状’！”

任务层层下达，时间环环紧扣。18个月时间又被分解为若干段。例如，过去设计一枚火箭，最少也要一年半到两年，现在只给3个月；生产一枚火箭，过去至少要两年半到3年，现在只给14个月。对二级振动箭的总装时间，车间主任掰着手指头精打细算后，鼓起勇气对王永志说：我只要一个半月。王永志嘿嘿一笑："你想得挺美，给你一个半月，没门！就给你18天！"

气氛紧张起来了，研究院里高悬着"绝不让研制'长二捆'的列车在我们这里误点"的巨幅标语，"心系'长二捆'，成功壮国威"10个字成了研制人员的口头禅。

大局当前，人人心中的天平上载着的是祖国的荣誉和航天事业的发展，开始了500多个灯火通明之夜，有人戏称这是"太阳不落的地方"。研究院出现了前所未有的热火朝天的生产盛况。

有个女工对王永志说："王院长，我忙得没亲戚没朋友了。"王永志问道："怎么变成了这样？"她说："朋友家娶媳妇我没去，同学的老人去世我也没去，现在亲戚朋友一点交道没有了。我回到家也不知道要找的东西放在哪？"有一位刚结婚的男青年，因白天黑夜地忙，时间一长，他新婚的妻子就怀疑了：你不是加班，跑哪儿野去了吧？他媳妇想弄明白真相，一天夜里偷偷跑到厂里，趴在车间外一看，不仅她丈夫、全车间职工都在那儿加班，她非常感动，也理解了丈夫。

对王永志来说，巨大的压力犹如泰山压顶常常使他喘不过气来。他与王德臣、于龙淮等人每天就像上足了发条的钟表超负荷地工作着。他们召集主要技术人员，共商解决涉及空气动力学、火箭动力学、捆绑技术、纵向耦合振动分析、火箭级间分离结构等涉及诸多因素的捆绑技术理论问题，以及如何攻克由此而引出的一系列技术难关（少数几个发达国家掌握但又不让出口的技术）。在他们的办公室里还挂起一块小黑板。有什么想不通的问题，就随时写在上面，直到弄清了才擦去。

著名火箭专家屠守锷也亲临一线与院领导和有关专家一起讨论、研究捆绑式火箭动力学数学模型、计算方法、试验方案。林宗棠、刘纪原等部领导也常到研究院看望职工、鼓励慰问，发现和帮助解决问题。

与屠守锷老总在一起

这是一场智力与时间的竞赛。各级领导、老专家、总指挥和总设计师以自己的行动感染和激励着所有的研制人员。运载火箭技术研究院的每一个人都铆足了劲儿，每一个工作现场都是昼夜不停地连轴转，他们心中只有捆绑式火箭的影子，家人、亲戚、朋友都顾不上了。他们争分夺秒，前3个月设计出图期间，设计出来折合成A4纸大小的图样就达44万张，设计人员平均一人一天要画17张，那段时间压力之大超乎想象，但是全院每一个人的心情都是兴奋的。

解决火箭的捆绑和分离是一个难点。这种捆绑结构，王永志和科技人员只在国外报刊上看到过，至于如何搞，他们心中没有底。如果设计不当，会造成火箭在空中失稳和损坏；如果连接不好，火箭会在空中“散花”或无法分离；只要捆绑的4个助推器任何一个不点火，升空后推力不平衡，火箭都会在空中“倒栽葱”。在没有任何参考资料的前提下使之变成事实，实在是太难了！但强将手下无弱兵，王永志把这个难啃的骨头交给了火箭总体设计部总体室结构组，情报研究人员王丹阳等人把搜集整理出来的世界各国的捆绑方式资料提供给设计人员使用。

整流罩分离技术的攻关也遇到麻烦。离发射前一个半月时，卫星整流罩平推分离试验还未获成功。整流罩的分离问题，当时发现

整流罩分离模式

得较晚，而我国又不具备分离试验条件。且火箭大，卫星大，卫星的整流罩当时也是亚洲第一大的。怎样才能把“长二捆”身上的4个助推器牢固捆绑，在发射过程中又能可靠地将助推器与火箭彻底分离呢？整流罩能否成功分离成为能否按时发射的最大问题。总体设计部几位负责捆绑连接技术的研究人员，紧锁双眉，陷入沉思之中，没有捆绑的实物，构思时他们只好用纸叠成模型，细心地观察力传递途径，并在计算机上进行分析、计算。看着时间越来越紧，王永志下决心启动备用方案，李福昌、刘竹生和张庆伟临危受命，与其他几位同志夜以继日，提出了新的方案。张庆伟建立了助推器/芯级火箭分离动力学模型，并在计算机上进行仿真研究，验证了方案的可行性。但在制造时，要有效的“捆和离”更难了。如分离时要将助推器与火箭之间的连接件炸开，而“火工品”[①] 又是分离的主角，但当时我国“火工品”研制水平不尽如人意。结构组副组长刘竹生比谁都急，冥思苦想，寝食难安。一天午夜，他突然迸发灵感，叫上同事谈了自己的想法，大家一致赞同，困难迎刃而解。不到一个月，新方案两次试验均获成功。

① “火工品”：装有火药或炸药，受外界刺激后产生燃烧或爆炸，以引燃火药、引爆炸药或做机械功的一次性使用元器件和装置的总称。

在对火箭进行耦合模态分析时，中国当时还没有匹配的高速计算机。美国人说，一般计算机无法分析计算。只要中方出资200万美元，美方可以代为计算，被中方婉言谢绝了。负责这项任务的研究人员朱礼文等经过不懈努力，奋战5个月自编出一万多条程序，利用容量有限的微机，进行大规模的数字计算，取得精确的计算结果。美国专家最后钦佩地伸出了大拇指。

困难磨意志，逆境出人才。在建立箱体内液体晃动方程时，设计人员连续奋战两个月。1989年的元旦之夜，几个技术人员舍弃了合家团聚的时光，不约而同地来到计算机房，开始攻关行动。当屏幕上出现正确的参数时，几个人在惊喜之中才发现自己的肚子在咕咕地提意见，一看时间已经过了36个小时。

火箭箭体壁板成型，是钣金加工中的关键一步，但新购置的大型滚床没有按时到货。紧急关头，54岁的老工人杨友业主动请战，凭着丰富的经验和熟练的技术，把机床的吃刀量调小，用十多个工人抱着20毫米厚的铝板，一点一点往里送，来回十几次，使铝板乖乖弯成一定弧度。在卫星整流罩的生产中，黏合剂渗透进工人们的乳胶手套，腌黑了他们的手掌，肿胀的疼痛令人难以忍受，但他们顽强地坚持着。

身患膀胱癌的老工人、共产党员徐青松不顾手术后虚弱的身体坚持在加工第一线。老钳工傅永贤的手被钢屑划出一道道血痕，殷红的鲜血流在砂轮上。50多岁的共产党员谷振山在12米高的龙门架上一工作就是12个小时……经粗略估算，“长二捆”研制期间全院加班累计超过100万工时，有一次24小时的两班倒，竟一口气干了39天。

正是这些感人肺腑的拼劲，加速着研制工作的进展。在王永志等院领导的带领下，在梁子垣、耿祥弟等院机关同志的精心组织下，全箭24套44万多张设计图样，120多个工艺攻关项目，5000多套特殊工装，几十个部段和十几万个零件，300多项大型地面试验，20 项技术难题，都被顽强地攻克了。

“澳星”运抵发射场

在一切都必须创纪录才能完成的前提下，全国有关部门为“长二捆”火箭研制做出了全面的援助和大力支持。为解决火箭研制和兴建西昌新发射场的急需物资，有关部委为此专门召开了 3 次专项物资紧急订货会，涉及国内 20 多个省市、74 个市县、300 多家企事业单位的物资，在一天半内就落实了 90% 的订货合同，共约 5000 项。7 个月后，分布于全国各地的有关企业就把 7000 多项物资、2000 多吨金属材料、1000 多项外购机电产品和近 60 万只电子元器件发运至中国运载火箭技术研究院和发射场。从“澳星”入关、火箭发运、靶场准备到发射，国家能源、交通、铁道、民航、海关、公安和有关省、市，做了大量的工作。这一切深深地鼓舞着航天人。

就在“长征二号 E”火箭的研制进入决战的时刻，1990 年 4 月 7 日 21 时 30 分，“长征三号”火箭在西昌卫星发射中心发射“亚洲一号”卫星一举成功，中国首次发射外国卫星的壮举化作了辉煌的现实。这次发射创造了休斯公司已发射的 32 颗同类卫星中入轨精度最高的纪录，在场的外国人纷纷竖起了大拇指。对于王永志和航天人来说，是一个令人激动、令人难忘的时刻，中国火箭迈出了走向世界的第一步，给运载火箭技术研究院正在奋战“长二捆”的人们以极大的鼓舞。

1990 年 6 月 29 日，中国第一枚捆绑式火箭——“长二捆”火箭终于提前一天屹立在西昌卫星发射中心，中国航天人创造了 18 个月研制一枚新型火箭的国际航天新纪录。

“长征二号 E”准时矗立在西昌发射中心的发射台上

什么是奇迹？奇迹是众人智慧、胆略、勤劳、团结和拼搏精神的凝聚。王永志深深为这支队伍的高素质而感动和自豪。

擎天发射架

在加速研制“长二捆”大推力运载火箭的同时，抢建另一座新的大型发射工位的计划，也在中国中西部的四川西昌紧锣密鼓地进行着。

北出西昌经由108国道线折转65千米，进入一个叫做沙坝的神奇美丽山谷，在这幽深的峡谷之中，有被称为中国的“休斯敦”的西昌卫星发射中心！站在这里，眼前可以看到一条小河从高高的牦牛山下悠悠流淌进山谷；两岸高山，松杉葱茏，绿茵遮岸，田畴如画；依山傍水的农家，袅袅炊烟升腾，就像一个世外桃源。

西昌卫星发射中心建于20世纪70年代初。我国第一颗人造地球卫星发射升空后，悠扬的《东方红》乐曲响彻穹宇，中国向太空进军的热情剧增。不久，一支肩负着神圣使命的航天大军，从茫茫戈壁又悄悄开赴到了这偏远的凉山彝族自治州的深山峡谷之中，“天是罗帐地是床，安宁河边扎营房，三块石头架口锅，野草盐巴下干粮。”他们顶着烈日，挥洒血汗，艰苦创业，奉献青春，开始了崭新的航天城建设。

10多年过去了，一座现代化的航天城雄姿勃勃，巍然挺拔。1984年4月8日19时20分，中国从这里成功发射了第一颗试验通信卫星。成为我国目前唯一发射地球同步卫星的航天基地。就在我国宣布承揽发射外国卫星的同时，西昌卫星发射中心宣布正式对外开放。前来参观的外国航天专家看到西昌卫星发射中心的情景后感到十分惊讶。美国前国防部长温伯格一踏进指挥控制中心，就失声连叫“休斯敦！休斯敦”！美国肯尼迪航天中心主任史密斯参观中心后说：“想不到中国竟有这样现代化的指挥控制中心，想不到中心的主要设备都是中国自己制造的，想不到中国的技术已发展到超出了他们的想象。”

决定发射“澳星”后，在西昌需要新建一个发射工位，合同中明确规定一年多以后要在这里发射。1989年，美、澳考察团看见刚破土动工的新发射场址时，悲观地断定3年后才能建成，但西昌卫星发射中心却保证一年后在这里发射新型火箭。曾为我国第一颗原子弹安装试验塔的安装大队，经过14个月没有节日和假期的全力抢建，终于在1990年4月，将一座近百米高的现代化多功能发射架矗立在二号发射场。

在苍翠的山谷中，崭新锃亮的塔身显得分外雄伟，这便是未来“澳星”升空的天梯。二号发射塔由一座高97米、重4500吨的活动勤务塔和高74米、重1000余吨的固定脐带塔以及三座175米高的避雷塔组成。活动塔又可以在130米长的轨道上往返行走，火箭、卫星的吊装、对接、检测和燃料的加注工作都可以在塔上进行。塔上水、电、气、空调等设施完善，卫星工作区的环境超过了10万级净化的国际标准。

指挥控制大厅位于山谷口左侧，距发射区6千米，是发射中心的大脑和中枢神经。对卫星发射的指挥、安全控制、数据交换、试验通信和结果处理等都由这里控制。大厅的正面是一块长5.3米、高4米的大型电视屏幕，屏幕两侧有许多信号显示板，可以显示发射场的工作情况、火箭卫星的测试参数、星箭运行状态等。

关键技术一个接一个被攻克，重大试验设施按时保质完成，“长二捆”的各项研制工作顺利地进行着。

奋力排险

“长二捆”，这枚新问世的火箭，以崭新的容貌矗立在秀美的山谷中。捆绑于箭体上的4个助推器更显得它稳实，衬托起它的壮观。

离发射时间只剩下几天了。这是一场安全与时间的竞争。任何一个环节稍有不慎，就会造成不可估量的损失，甚至酿成大祸。

7月12日傍晚，工作人员发现火箭4个助推器之一冒出黄烟，经判断，是有毒的推进剂发生渗漏。当时操作人员认为可能是压力传感器接缝处的螺丝没有拧紧，便用扳手去拧，哪知适得其反，漏得更凶。接着不久，其他3个助推器也出现类似的问题，情况更严重了。

王永志居住的招待所电话响起，“王院长，快来，助推器推进剂发生了渗漏。”

王永志迅速赶到现场，排查原因，指挥抢险。他发现造成事故的原因是密封圈材料问题造成的。他与大家一商量，决定组织人员往外泄推进剂。由于推进剂四氧化二氮有毒，泄出比加注危险性更大，他叮嘱工作人员操作时要分外小心，商量好第二天的修复办法后，他返回招待所，此时已深夜一点多钟。

回到招待所，还没来得及脱衣服睡觉，电话铃声又响了。王永志拿起电话，“王院长你来看看，燃烧剂好像也漏了！”又是西昌发射中心主任曲从治的电话。王永志心里一惊，于是又匆匆赶赴现场。一看，飘着白烟，果然燃烧剂渗漏了。

王永志立即指出：“按原来的办法处理，同时泄出燃烧剂。”到第二天早晨8点左右，王永志才落实完事件的处理办法。他到食堂吃早餐，见到了从北京赶来现场指挥的林宗棠部长和刘纪原副部长，便向他们做了简短汇报。看到王永志疲倦的神色，两位部长对他说：“你一夜没睡，回去休息休息，叫于副院长、王副院长到现场处理吧。”

王永志回到招待所，秘书王平怕有人打扰他休息，将房门反锁了。他心里有事，打了个盹后就起身想去发射场，但开不开门，便将钥匙丢给了一个过路的试验队员，请他打开了房门，赶回发射场。

只见现场仍冒着黄烟，原来拆卸失效传感器时，残留的推进剂迅速扩散，师傅们带着防毒面具进到尾段里去往下拆，已有两位师傅晕过去了。王永志一看，里面根本看不见人，他心里一惊，立即与基地负责人商量道："这么干很危险，赶快停下来！"他接着提出三点解决措施："第一，里面推进剂蒸气浓度过高，赶快用氮气置换推进剂蒸气，连续几次，完全置换掉；第二，降低贮箱内的压力，使之与外面压力一样，避免推进剂蒸气外喷；第三，准备吹风机，强力通风，人进去时从他背后吹风，把烟雾吹到旁边，尽量不要吸进去。"

负责人马上集合队伍，按王永志的三条意见办。由于采取科学的处理办法，后面的工作进行得比较顺利。但因当时对推进剂中毒情况没有经验，原进入抢险的同志昏迷后被拉出来在外待一会儿就恢复了，认为没事，哪知道中了此毒后有 8 小时的潜伏期。当晚，第一批进去抢险的人中有 12 个人因毒性发作送往西昌市医院，其中的魏文举师傅病危。

王永志在协调处理完事故后驱车赶往医院，看见魏师傅躺在病床上，已经快不行了。护理人员把他的头抬起来靠在王永志的肩上，王永志握着老魏的手，低声地叫着："魏师傅，魏师傅，我是王永志，你要挺住啊！"

作为总装车间的师傅，魏师傅与其他人承担着把好最后一道关的任务，这也是最繁重、最危险的工作，他与王永志很熟，平常很乐于与王永志交流思想与工作经验。但是，魏文举再也不能回答王永志的呼唤。他静静地躺在王永志的怀里，永远地离开了他珍爱的工作岗位。

这么好的一位师傅，却因这次事故永远地离去了！王永志心里一阵阵酸楚，此情此景，这位刚强的东北汉子，忍不住流下了泪水。在王永志的生涯中，这次"长二捆"火箭研制中出现的事故令他终身难忘。

生死相搏终于排除了险情。除魏师傅因公殉职之外，其余中毒的师傅，因抢救及时，化险为夷，健康出院。这次事故，为安全生产敲响了警钟。

在处理这次事故中，王永志也累病了，在招待所打了点滴；于龙淮、王德臣也相继病倒，住进了医院。消息传到北京，运载火箭技术研究院另两位副院长王庭、王若坚听说后，都感动得哭了。

航空航天工业部部长林宗棠事后深有感触地说："在'长二捆'的研制中，我真正感受到了什么叫可歌可泣!"

总结这次事故的教训时，王永志沉痛地说："因为外协的传感器的密封材料不合格，夺去了我们的一位好师傅，一位可敬的亲人。幸好发现及时，否则还会酿成更大的灾祸。发射火箭风险极大，火箭有上万个部件，他们出自上千家单位和数万人之手，如果有一个人打盹，造成一个小的故障，可能殃及整个工程，功亏一篑！因此我们要切实增强质量安全意识，每一个人必须兢兢业业、一丝不苟，以确保万无一失。航天事业是风险事业，是失败不起的事业，必须有严上加严、慎之又慎的科学作风。就是在有冗余设计的情况下，也绝不能带着疑点上天……"

高昂的龙头

"我们亚洲，山是高昂的头；我们亚洲……" 1990 年，亚运会将在北京举行，而亚运会的主题歌早已传遍了大江南北。这首高昂亢奋、催人奋进的歌曲，时时在研究院及各厂房中回荡着。

研制完成的"长二捆"火箭总长 50 米，以长征火箭家族中有着不败业绩的"长征二号 C"火箭为芯级，在一级箭体上并联 4 枚长 15. 3 米、直径 2. 25 米的液体助推器，卫星装在直径 4. 2 米、高 10. 5 米的整流罩内。火箭总起飞质量 462 吨，起飞推力 600 吨，能把 9. 2 吨的有效载荷送入近地轨道。在蓝色天穹下和青山的环抱中，4 枚小火箭环绕着中心直刺天宇的芯级火箭，构成了“长二捆”的协调整体，就像高昂的龙头，横空出世，显得分外挺拔。

7 月 14 日，国防科工委丁衡高主任带着中央领导的批示来了。起因是部内有人联名写信给党中央说这发火箭打不得，所以丁主任这次来主要研究发射与否的问题。围绕这个问题，当晚从七点半开始讨论直到翌日凌晨一点半。

丁主任直截了当地问：“已经出事了，能不能打？”王永志答道：“虽然出现意外，但问题已经解决，对火箭的检测结果都很正常，我认为能打。如果不打，是不是还有其他问题和原因？”

丁主任没有回答不打的原因。虽然当晚于龙淮副院长和王德臣总师因病未参加会，但参加会议的其他副总和专家们，都众口一词主张打，他们认为虽然可能存在风险，但从对火箭的测试检验结果来看确实挺好，未发现任何问题。

激烈的讨论之后，大家都坚持要打。丁衡高于是第二次问王永志：“到底打还是不打？”

王永志是火箭总指挥、试验队队长，又是院长，此时他的表态非常关键。

正确的决策往往来自于对情况的全面把握。这时，王永志站了起来，面对丁主任说：“能打，肯定能打。我已经参与打了 4 个新型火箭的第一发，那时的技术手段和测试时的技术状况远不如‘长二捆’，但那 4 种火箭都打成了，我相信‘长二捆’也能打成！”

丁主任看到王永志稳重的神色和决心，很受感动，于是他说：“你们打可以，确保它成功更好。我给你们一个最低限度要求，要确保能点着火、起飞，完成助推器分离。”

然后丁主任转头咨询屠守锷顾问。屠老总谦虚而委婉地说道：“今天在场开会的同志，要论实践经验，他们不比我少，他们最了解情况，要是不能打，他们不会说能打，只要他们有信心，有把握说能打，我们就应该同意他们的意见。”在座的林宗棠部长和刘纪原副部长也都支持实施发射。

7月15日上午，研制人员又做了些测试，情况良好。晚上7点左右，丁主任表态同意发射。他说，他向中央领导请示了，中央领导回答说一线的同志最了解技术状况，他们认为能打就打。听到此消息，参试人员万分高兴。当晚，火箭加注了推进剂。

与原航空航天工业部副部长刘纪原在“长征二号E”发射前合影

7月16日9时40分，随着“点火”“起飞”口令的下达，隆隆的巨响打破了山谷的沉寂，“长征二号E”大推力捆绑式火箭横空出世，腾起优美而年轻的身姿，顺利升空！

目送火箭潇洒地远去，王永志百感交集，18个月来的酸甜苦辣，一起涌上心头。一年半的时间，王永志没有正常休息过，从工作总体到具体技术细节，他事必躬亲，精力体力到了最大的承载负荷。

不久喜讯传来，助推火箭和一级、二级火箭正常分离，把一颗质量为7.4吨的模拟“澳星”和巴基斯坦科学实验卫星送入预定轨道。闻此喜讯，王永志如释重负，一反常态，原来操劳过度的他一吃饭就反胃，现在突然对秘书说：“我非常想吃点酱牛肉，或者红烧肉也行。”秘书见状，非常高兴，连声答道：“我马上去！”秘书随即给找来一盘酱牛肉，兴奋中的王永志吃得非常香。

发射前与王德臣、于龙淮合影

细心的人发现，王永志因厌食消瘦了许多，因为忙碌和紧张，什么也顾及不上。而此时火箭成功发射的佳讯，使作为试验队队长的王永志绷紧的弦稍一松弛，立马化作一种生理信号告诉他：太虚弱了。同事找来地秤，他一秤，体重减了5.5公斤！回京以后，在全家人高兴之余，王丹阳开玩笑说：“瘦点正好，比过去帅多了！”

这枚仅用18个月研制成功的大型运载火箭，创造了世界运载火箭研制史上的奇迹。

在事实面前，美国人不得不折服，史密斯先生在西昌卫星发射场主动向王永志、王德臣他们打招呼说："我要专门向你们表示道歉。一年前在中国考察时我说你们抽了鸦片，纯是幻想，怎么可能在这么短时间内研制出新型火箭？这次来西昌，我看到了奇迹。你们中国人真行！说成就成，我由衷地佩服你们。"

"长征二号 E" 火箭发射升空

那雷鸣般的呼啸声似乎在向世界宣告：中国人信守合同，敢于也善于创造奇迹。事后，航空航天工业部部长林宗棠对王永志说："在 1988 年 12 月 14 日的会上，国务院领导说，这枚火箭 18 个月不行，28 个月也可以。可这话的后半截我一直没告诉你。"

这次成功引来了世界的极大关注。法国《世界报》说：这是一枚令人生畏的火箭。它加强了中国运载火箭在世界市场上的竞争力。美国《基督教科学箴言报》评论说："长二捆" 首次飞行成功，预示中国在卫星发射业务方面将上升为大角色地位，中国有能力将航天员送入太空，布置太空站，达到其他长远的宇航目标。香港《文汇报》载文称：在重型运载火箭技术方面，中国仅次于美国、苏联，与法国并列第三，这是中国顶着巨大压力，在18个月内完成的一个伟大壮举。

“长二捆”采用的多项技术是自己独创的，在世界上也是先进的。有人说王永志是常胜将军，因为他先后参与和参与主持的6种新型火箭，首发炮炮走红；他经历的发射中，没有失败的记录。在他院长任期内，研究院负责发射的11颗卫星均发射成功。但王永志却反对“常胜”的提法，他解释说：“研制火箭，不是一个人能干得了的。特别是搞火箭这个东西，心中总是如履薄冰，不管什么时候，都不能大意。就我个人起的作用，主要是比较认真、细心，动员大家人人把关。但是要说这样子就能常胜，也不一定，我只是没碰上最坏的情况，就算幸运吧。”

18个月，500多个攻克技术堡垒的日日夜夜，在王永志心中留下了刻骨铭心的记忆，是研究院的每个人造就了“长二捆”。谁付出了生命，谁失去了爱人，谁病倒了，谁干活最不要命，王永志都记在心中，人们都记在心中。

未来的天梯

“长二捆”火箭的成功研制标志着我国运载火箭技术登上了一个新的高峰，为我国载人航天运载火箭的研制打下了坚实的基础。同时，其中掌握的关键技术也被其他型号所借鉴。“长征三号甲”采用捆绑等技术后形成的“长征三号乙”火箭，地球同步转移轨道运载能力由2.6吨提高到5.1吨。它的成功是中国航天人能力的积聚，是实力的显示，是信心的表现，是中国航天人写下的开拓天疆的新誓言。

与几位总师在火箭刚刚离开的发射台上合影
（左起分别为孙凝生、王德臣、王永志、李占奎、周载学）

“长二捆”发射成功后，王永志虽沉浸在喜悦中，但他非常清醒。在河北昌黎疗养院做总结讲话时，他意味深长地说：“‘长二捆’的发射成功，有我们大家的功劳，但我们的贡献是微不足道的。我们要正确理解和把握3个关系：一是领导决策与执行研制任务的关系，如果没有中央和部领导的正确决策和支持，咱们有再好的想法、再大的本事也难以完成任务；二是18个月与30年的关系，虽然我们的研制工作在短短的18个月内完成，但它完全依赖于研究院成立30年来的技术基础知识和经验积累；三是我们研究院与全国的关系，这次‘长二捆’的成功，得到全国很多部门和单位的大力援助和支持，解决了火箭研制和新建发射工位急需的物资和资金。否则，我们纵有三头六臂，也不能在18个月内创造如此的战绩啊！”

“长二捆”火箭的研制成功，具有重大的意义：

一是成功地攻克了火箭的捆绑技术、推进剂利用等一系列技术难关。高新技术是买不来的，经过航天科技专家的协作攻关，面临的所有困难迎刃而解，为后续火箭的研制在技术创新方面提供了借鉴，奠定了基础；

二是它的成功不仅是拿到一个发射卫星的合同，重要的是增强了中国运载火箭在国际商业市场上的竞争力，增强了中国航天在国际的影响力，是中国航天进军国际市场的里程碑；

三是实现了火箭运载能力突破性的跨越，为以后的中国载人航天工程奠定了坚实的基础。正如王永志所说：“由于火箭捆绑技术的突破，使火箭近地轨道的运载能力大大提升，比原来的‘长征二号’火箭的运载能力提高了近4倍，从原来的2.5吨一下子提高到9.2吨。这个运载能力正好发射飞船，别的火箭没有这个力量，当前只有它行。”

四是锻炼和培养了一大批年轻的航天骨干，中国航天事业顺利地完成了新老交替的历史使命！

这是王永志从事航天事业中生命的一次升华。这也许是一种巧意的安排，为即将到来的载人飞船的发射提供了运载工具，打下了基础，中华民族上天的梯子已经构建起来了。

“长二捆”火箭飞天以后，张爱萍将军怀着激动的心情，挥毫吟诵：

火箭排云上九重，
惊弦霹雳震长空。
卅年踏破关山路，
风霜雨雪数英雄。

这首诗生动地讴歌了中国航天人的英雄气概和迷人风采。

与张爱萍将军（左二）、孙家栋（左三）、王礼恒（右二）等合影

航空航天工业部决定成立宣讲团，到京外各航天单位宣传“奇迹是怎么产生的”，还决定制作电视连续剧《问鼎长天》，讲述研制“长二捆”的故事。主人公的原型便是运载火箭技术研究院院长王永志，扮演者为著名演员达式常。为了塑造好剧中人物形象，他与王永志朝夕相处了整整一周。

1992 年 8 月 14 日，“长二捆”火箭发射“澳星”一举成功，《人民日报》以“龙头永远是高昂的”为题详尽地报道了研制和发射过程中的感人事迹，并加了编者按。《工人日报》《北京科技报》等报刊也做了认真翔实的报道。

钱学森分别给总指挥王永志、总设计师王德臣、副总指挥于龙淮和工人师傅陆阿宏等人写信表示祝贺。这些信无不体现着钱学森对航天事业的依恋和关心。

原七机部老部长郑天翔为王永志、王德臣赋诗 4 首，以示祝贺。

时任国家科委主任的宋健同志也发来热情洋溢的贺信。

由于王永志为成功研制“长征二号E”火箭作出了突出贡献，在航空航天工业部重奖研制该型号和发射“澳星”有功人员的决定中，他名列第一。

1991年，考虑到任新民、屠守锷、黄伟禄、梁守槃等老总均年事已高，而王永志也58岁了，部领导找他谈话，想让他到部科技委工作，担任副主任暨航空航天工业部运载火箭系列总设计师、地地火箭系列总设计师，继续发挥他在火箭技术方面的造诣和组织指挥才能。5月，他便被国防科工委正式任命了。

履职新岗位，王永志开始着力思考两个系列火箭的后续发展问题。在议定“长征三号甲”发展规划和利用哪一种火箭向国际发射市场投标的会议上，他从长计议，决定采用“长征三号甲”加捆绑助推器的方式（即今天的“长征三号乙”火箭），而不用“长二捆”加氢氧三级的方式。“长二捆”队伍集中力量，搭建天梯（即今天的“长征二号F”火箭），准备迎接载人航天任务，从而使得两个系列各展所长、齐头并进。就这样，他踏上了履行系列总师职责的新征程。

第六章

酝酿蓝图

“飞天”是中华民族由来已久的梦想，它凝聚了华夏儿女千百年来对宇宙奥秘的无尽探索。然而，中华民族不只是梦想飞天的民族，而且是敢于尝试、勇于实践的民族！

“863 计划”开始后，王永志的生命和情感就与中国载人航天工程紧紧相连。1986 年 3 月开始，他作为全国 200 名专家之一，参与了国家“863”高技术发展计划的拟制工作。1987 年 4 月，他作为“863 计划”航天高技术领域专家委员会成员，开始了为期 5 年的中国载人航天工程的概念论证。在概念论证中，他与专家们一起拟制了以飞船起步的载人航天发展蓝图。他还提出了建立空间实验室的初步设想，为拉开中国载人航天工程的大幕谱写了新的序曲。

久远的梦想

宇宙是奥妙神奇的，夜空里的点点繁星，诱发古今中外无数人的遐想……千百年来，中华民族的飞天梦想从没有间断过。那些世代流传着的天上的美丽神话和祖先勇敢无畏的探索，便是中华民族飞天情结的真实反映。

飞天梦想在中国的民间传说和文学作品中一直有令人神往的美妙描述。相传中华民族的始祖黄帝是乘龙马上天的；伏羲看见黄河中腾起的龙马背负“八卦”，于是演绎出八卦；嫦娥奔月是流传最久和最广的美丽传说，但嫦

东汉壁画上的两翼人

娥是因为偷吃了仙药才能够飞天奔月的；汉代，人们从诗经中演绎出牛郎织女的爱情故事，织女被王母强行带上天后，牛郎是穿上用老牛牛皮制成的鞋上天追赶织女的；唐明皇梦游月宫，偷来神仙乐谱，可惜他也只是在梦游。宋代苏东坡的诗词："明月几时有，把酒问青天。不知天上宫阙，今昔是何年。我欲乘风归去，又恐琼楼玉宇，高处不胜寒。起舞弄清影，何似在人间……"把人们的思绪带到了天上和月宫，成为千古绝唱。但苏东坡畅想要飞到月宫去，方法过于简单率真，"乘风归去"，因为在他的想象中天上是仙境，只不过"高处不胜寒"，哪里知道天上其实真是地地道道的险境啊！

在中国的艺术作品中，飞人和飞天的形象处处皆是。长沙马王堆西汉墓出土的帛画上，有各种升天的天神，他们升天依靠的是云彩。东汉武氏祠堂有两翼和四翼的"羽人"形象，他们飞天用的是翅膀。而在我国敦煌莫高窟、天水麦积山等著名石窟中，绘有飞天形象，而飞天仙子用的是彩带。特别是著名的敦煌莫高窟中的600多幅飞天组成的画卷，述说了从十六国开始，千余年来中华民族祖先编织的飞天神话。那些魅力四射的飞天艺术形象，集中而又生动地体现了祖先千百年来希冀上天的种种想象：仙女在散花、在奏乐，奔马在长啸，火焰在飞升……一个个飞天梦想的故事，是人类探求自然、追求真理的真实描绘。

中华民族不仅是善于想象的民族，也是勇于探索和实践的民族。早在3000多年前，我国就发明了风筝，风筝是重于空气的飞行器，借助于空气升力飞行。据记载，早在春秋战国时期，鲁国巧匠鲁班首先研究并制造了能飞的"木鸢"。在汉代晚期的壁画中，就清晰地显示了当时风车的式样。东汉的张衡也是著名的木鸟制作家。东汉王莽时期，有猎人模仿鸟的飞行，用鸟翎编成一对大翅膀，绑在身上，从高处跃下，滑翔数百步之远。直到14世纪风筝才传入欧洲，可以说是现代飞机的鼻祖。

唐代的飞天

在长期的探索中，人们学会了利用风车，发明了热气球。晋代，我国发明了玩具竹蜻蜓，后来有“中国陀螺”之称的竹蜻蜓开始传入欧洲，晋代葛洪（公元283—363年）第一次指出了翱翔的原理实质。他经过长期观察鸟类飞行后指出，飞鸢舒展两翼，不扑不扇，而能盘旋升腾，是依靠上升气流的缘故。他当时把这种上升气流称为罡气。到了北宋初年，在灯会上出现了应用热力学原理制作的走马灯，其内的蜡烛点燃后，由于热空气上升，推动里面的纸马转起来，形成“转影骑纵横”的动景。北宋末年，开始出现了固体火箭。据传公元969年，冯继升和岳义方制造了世界上第一枚火药火箭。公元1000年，神卫水军队长唐福制造出竹筒火箭。他在竹筒里装满火药，竹筒背面扎有定向棒，点燃引火管上的石硝，使竹筒内火药剧烈燃烧，产生热气体向后喷射，利用反冲力使其向前飞行。公元1161年11月，金兵侵略中原时，南宋军队第一次使用了火箭武器——霹雳炮重挫金军，这是人类历史第一次在战场上使用火箭武器。元朝虽然在火箭技术的发展上没有大的进展，但是蒙古人西征时把中国的火箭技术传到了西方。火箭技术在明朝得到了较大发展，火箭推力大大增加，于是有了万户飞天的壮举。万户把当时收集到的47个最大的爆竹捆在一起，又在身上绑了两个大风筝，试图飞上天去。但在当时的技术条件下，其后果只能以失败而告终。然而，这次勇敢的尝试被全世界公认为是人类第一次利用火箭进行飞行的壮举。美国火箭学家萧伯特·基姆说："我们愿将万户看作试图利用火箭作为交通工具的第一人。"苏联火箭专家费奥多西耶夫赞赏万户时说："中国是火箭的发明者，也是首先试图利用固体燃料火箭把人送到空中去的幻想者。"国际天文联合会为纪念这位世界上第一位想用火箭作动力，飞上天空的中国古代探险家，将月球背面的一座环形山命名为"万户山"。1894年，清代江西的一位工人，独立研制新式火箭，试验时最远能射五里远。从风筝研制到万户飞天的壮举，说明中华民族不只是梦想飞天的民族，也是敢于尝试、勇于实践的民族！

明代茅元仪撰写的《武备志》中的火龙箭

从远古到近代的很长一段时间，面对着无垠的宇宙，人们对外部世界的认识是极其有限的。“天”给人们以极其神秘的感觉，它主宰着人间的万事万物，人们把现实世界里无法解释的事称之为天机，对不可抗拒的事就称之为天意。尽管如此，我们的先人却从未放弃过对未知世界的探索和对美好事物的不懈追求。人类对神秘宇宙的探索，随着社会生产力的发展和文明进步，在不断地进行着。随着近代科学技术在西方崛起，人类对空间的探索进入了一个全新的时代。1505 年，意大利达·芬奇完成了《论鸟的飞行》，提出了空气的升力原理，并设计出第一架扑翼机。1783 年 6 月，法国的蒙哥尔费发明了热气球，并成功升空到约 457 米的高空，降落到 1.6 千米以外。1784 年，法国军官芒斯纳埃设计出第一艘飞艇，迈出了从气球到飞艇的重要一步。1805 年，英国航空学家凯利在开展空气动力学研究的基础上设计出第一架滑翔机。1871 年，法国的佩诺制作出模型直升机。1881 年，俄国的莫扎伊斯基设计出巨型空中飞行器并被授予发明专利。1903 年 12 月 17 日，美国莱特兄弟研制的“飞行者一号”首飞成功，标志着飞机的正式诞生……

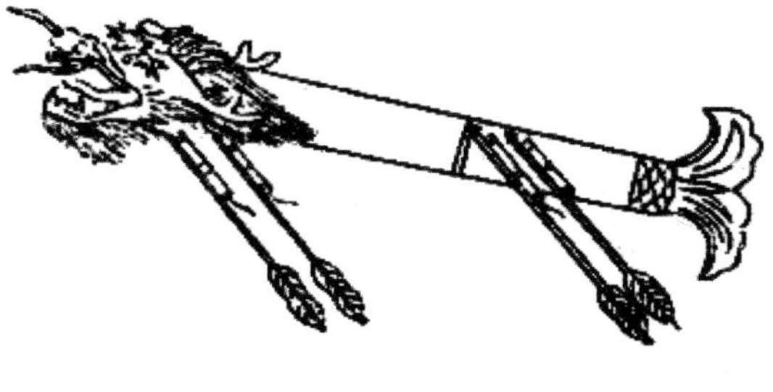

明代茅元仪撰写的《武备志》中的火龙出水

飞机的出现把人们的视野拓展到了深邃的太空。然而，从地球到太空、到月球，甚至到更远的星球去，用航空的手段是不行的，因为航空飞行需要空气，也就是说，航空活动只能局限在大气层内，但大气层的厚度只有 1000 千米左右，比较稠密的不过 20 多千米。而到最近的星球月球去，也有384000多千米，这么遥远的距离，利用空气动力显然是不行的，只能利用航天技术来实现。

“地球是人类的摇篮，但是人类不能永远生活在摇篮里……”俄罗斯火箭之父齐奥尔科夫斯基的一句名言，诱发了无数人的太空飞翔之梦！

20世纪初，航天学理论出现。1919年，齐奥尔科夫斯基发表了多级火箭的论文《宇宙火箭列车》；1926年，世界第一枚液体火箭发射成功；二战期间，德国研制并成功使用火箭武器V－2导弹；1957年10月4日，苏联成功发射世界第一颗人造卫星；1961年4月12日，苏联航天员加加林乘坐“东方号”宇宙飞船从起飞到落地仅用108分钟就绕地球飞行了一圈，标志着人类航天事业进入了一个崭新的时代。

绝不能得而复失

新中国刚成立时，在国际形势相当严峻、经济非常困难、技术十分落后的条件下，毛泽东和周恩来等老一辈革命家从中华民族和新中国的长远利益出发，高瞻远瞩，英明决策研制“两弹”（原子弹和导弹）。在聂荣臻、钱学森的带领下，新中国的广大科技工作者经过10多年的艰苦努力，实现了“两弹”的伟大构想。这些成就不仅在新中国科技发展史上发挥了重要的先导作用，而且已成为中华民族振兴的象征，极大地提高了新中国的国际地位，增强了国家的综合实力，中国航天科技队伍也逐渐成长壮大起来。

在“东方红一号”卫星上天后，中国领导人和科学家豪情万丈，也开始酝酿载人航天计划。

20世纪70年代，中国航天员服装设想图

1970年7月14日，中央同意载人飞船的研制，并着手开展选拔和训练航天员的工作。

在那一边朗读《毛主席语录》一边体检的年代，有20名飞行员最终被选定为我国首批待训航天员。1971年4月，全国400多名专家学者在北京京西宾馆的大会堂里研讨了中国的载人航天问题。会议结束前，他们高兴地品尝了我国自己研制的高热量巧克力、压缩饼干和美味的鸡汤等航天食品。人人兴奋激动，情绪高昂，期盼祖国的第一艘载人飞船早日上天。

经过充分酝酿，大家给未来的飞船取了一个动听而不失革命化的名称“曙光号”。

然而当时无论从技术上，还是从经济上条件都不成熟，再加上“文化大革命”的干扰，不久，这一先天不足的设想便被搁置下来。“曙光一号”最终尘封在一张张构思草图中。自此，中国暂时停止了对载人航天的探索，而把精力和重点放在了各种类型的应用卫星方面。

10 年浩劫带来的技术封闭和思想禁锢是灾难性的，对中国航天事业造成了极大的影响。改革开放，国门打开，凝冰解冻，春天来临，中国科学家以新的眼光看世界，他们惊醒地发现：中国的科学技术已经远远地落后于世界。中国科技如何发展，如何赶超世界，成为中国科学家心中考虑得最多的问题。

20 世纪 80 年代初，新的科技革命浪潮再度掀起。1983 年 3 月 23 日，当时的美国总统里根曾发表了著名的“星球大战”电视演讲。其实大家都明白美国要干什么，不外乎要在高科技领域独占鳌头。关于“星球大战”的话题立即在全世界炒得沸沸扬扬，到了 1985 年，整个世界几乎都行动起来了。

苏联与东欧集团制定了科技进步综合纲要。

西欧 17 国联合签署了“尤里卡”计划。

日本出台了科技振兴基本国策。

印度发表了新科技政策声明。

韩国、巴西、南斯拉夫等国也相继动了起来，制定了国家长远发展的构想。在这些高科技发展计划中，航天技术无一例外地被列为重中之重。

惊涛拍岸，美苏掀起的这场以航天科技为龙头的新技术革命浪潮，催生了中国科技发展新的活力。几百年来，中国曾经有过无数次的机遇，但是，机会女神与中国的振兴总是失之交臂，留下了苦涩的记忆。今天，中国能不能在“第三次技术革命的浪潮”中傲立潮头，所有龙的传人都翘首以盼。一些专家学者语出惊人：未来应该属于太平洋，而太平洋上的金冠，应戴在两岸中国人的头上。

然而，此时在国内却掀起了一场关于航天地位的争论。中国经济在迅速发展之时，社会上也流传着诸如“搞‘两弹一星’耗费太大，影响了国家经济建设”的言论。有些经济界知名人士也发表文章称“‘两弹一星’把中国搞穷了”，认为“航天不是国计民生所必需”等误解航天事业的片面之词。当时作为中国运载火箭技术研究院技术副院长的王永志焦虑地看到，研究院的研制任务出现了前所未有的滑坡，航天事业的发展遇到了空前的挑战。一种强烈的责任感和忧患意识震撼着他，使他更加执着地为中国航天事业的持续发展而奔走。

1985年，屠守锷、梁守槃、卢庆骏、张镰斧、陆元九、谢光选6位中国第一代航天人联名上书中央，呼吁继续发展航天技术，保持中国航天事业在世界的一席之地。

为了取得更多人的理解，航天部领导专门请来了国务院有关部门的负责同志及经济界的知名人士，进行参观和座谈。由于部领导不便直接与客人争论，于是便安排王永志、五院副院长韦德森和部机关的赵冠庭同志作为主谈，并要求部机关为他们收集和提供有关资料。

座谈会上，王永志作为主讲人之一，有备而来，他的发言逻辑严谨、动情入理：

“谁说‘两弹一星’把国家搞穷了？从1956年航天事业起步到1984年为止，我们28年的耗资总额，也不过是美国1984年一个年度在这方面投资的1/3，是苏联1984年一个年度投资的1/4。凭着这有限的经费，我们为‘两弹一星’工程研制出从中近程到洲际射程的火箭，研制出3种卫星运载火箭，发射了返回式卫星、地球同步通讯卫星……”他列举了大量实例有力地证明，我们不仅建立发展了航天事业，为新中国的国防建设作出了巨大的贡献，而且带动了国内很多高技术领域的发展，航天技术的不断进步，必然与其他技术相互促进，产生难以估量的效应和影响。

一阵沉默后，会场响起了各种惊叹声，他的发言显然感动了在场的每一位同志。

王永志乘势继续说道：“中国的航天事业，不仅出了成果，更重要的是出了人才，但我们遗憾地看到，这支队伍已到了‘知天命’的年龄，而‘文化大革命’造成的人才断层已经严重影响了中国航天事业的后续发展。”

“如果现在再不通过研制实践带出一支年轻的航天队伍，总有一天，会后悔莫及。那时再想发展航天事业，一切又得重新开始。其损失之大无法想象。我们不能让‘两弹一星’的成果得而复失啊！”王永志的语调充满了担忧。

王永志、韦德森等同志的发言和部领导简短有力的插话都有理有据，起到了消除误会争取支持的作用。国家经济技术社会发展研究中心一位负责同志十分感慨地说：“过去，我们对你们了解太少了，以为你们说不定花了多少钱呢？原来并非如此。”他由衷地赞叹道：“中国在工业方面有一个半领域达到世界水平，航天就是其中的一个。”

“863 计划”带来曙光

1986 年春天，王大珩、王淦昌、杨嘉墀、陈芳允 4 位科学家联名向中央上书《关于跟踪研究外国战略性高技术发展的建议》。3 月 5 日，邓小平同志在这封信上做了批示：“这个建议十分重要，请找专家和有关负责同志讨论提出意见，以凭决策。此事宜速作决断，不可拖延。”国务院马上召集全国各行各业的 200 名专家和有关大单位的领导，分为 10 个组，在北京进行了 26 天的集中论证。

其中完全由国防科工委负责的有两个组。一个组是航天技术组，论证内容是载人航天技术，屠善澄同志担任组长。另一个组是先进防御技术组，论证内容是战略武器的星球大战对策，王永志担任组长，成员有徐志磊、李幼平、王国雄等同志。这两个组在丁衡高、朱光亚、聂力的直接领导下，经过 20 多天的研究讨论，取得了卓有成效的结果。4 月下旬，代表们聚集中南海，10 个组的组长逐次向中央领导同志做汇报。

王永志代表先进防御技术组第一个走上讲台。他用生动的语言阐述了发展防御技术的必要性、可能性及其地位和作用。他说：“不错，当前国际形势趋于缓和，这是事实。但任何一个国家也没有麻痹大意到不设防的地步。美苏等主要国家不过是改变了战略方针，少生产，少装备，尽可能地把钱用于提高武器的技术性能上。如果我们把军转民理解为只搞民不搞军，而不致力于提高武器的技术性能。到时候，既无招架之功，更无还手之力，我们又怎么向人民交代呢？我们绝不能让‘两弹一星’来之不易的成果得而复失！”

稍作停顿，王永志又摆出了一个严峻的事实，“美国星球大战计划的实质就是要在太空布下一个防御大网，意欲使进攻的导弹变成废铜烂铁，在未来的核战争中，我们如果没有相应的防御体系，如果没有破网而出的防御手段，那不是只有被动挨打的份吗？导弹武器易攻难防，采取躲、藏、攻、骗等手段，破网而出不是不可能的，世界上没有攻不破的防线！”

“即使未来不发生核战争，我们也不是在做无用功，航天技术毕竟带动了我国科学技术的发展，这是不容置疑的。因此说，航天技术应该在国民经济中占有应有的位置。”

台下的老将军张爱萍带头鼓起了掌。稍后，他拄着拐杖走到了王永志的座位旁，语重心长地说：“如果没有‘两弹一星’，中国会是什么样子？我们可不能得而复失呀！你回去后，把这个意思告诉李绪鄂部长，不管这件事纳入国家高技术研究发展计划与否，航天部都要安排，这件事很重要。”

是呀，绝不能得而复失！王永志坚信要在世界火箭技术领域占有一席之地，就要把火箭技术作为研究院立院之本，保持中国火箭技术的发展势头。

1986 年 10 月，中央政治局会议正式批准了《国家高技术研究发展计划纲要》，也就是著名的“863 计划”。“863 计划”将 10 个组的论证内容归纳为 7 个领域，航天技术为第二领域，先进防御技术为第四领域。

1987 年初，在酝酿专家委员会组成及首席科学家人选时，时任中国科协副主席和国防科工委科技委主任的朱光亚同志对王永志说：“航天技术领域影响重大，投资也最大，知道你当院长后更忙了，但是你还得把精力转过来，你在关注火箭发展的同时，要把主要目标放在载人航天技术领域，我与丁主任研究后决定让你到航天技术领域专家委员会去当成员，先进防御技术领域的首席科学家你再推荐一个人担任。”朱光亚这位德高望重的科学家的一席话，深深打动了王永志，他高兴地点了点头。

神舟五号任务成功后，与“863－2”首席科学家屠善澄合影

谁知，这一安排竟成了他改变工作方向的起点。1987 年 4 月，在国防科工委的组织下，组建了首席科学家负责制的“863 计划”航天技术领域专家委员会，航天领域专家委员会由 7 人组成，屠善澄同志任首席科学家，成员有朱毅麟、顾诵芬、李志广、胡文瑞、黄志澄等，王永志也是其中一员。中国载人航天工程的概念论证工作从此开始了！概念论证分两个主题项目进行：一个是大型运载火箭及天地往返运输系统；另一个是载人空间站系统及其应用。两个

主题专家组的组长分别为钱振业和韦德森。专家委员会的主要任务是对发展我国载人航天进行概念论证，即对其必要性和可能的技术途径进行全面的论证，论证工作持续了5年。

从飞船起步

专家委员会首先对美国和苏联的载人航天成就和世界各国纷纷出台的高科技发展计划进行了深入细致的调研和分析，认真研究了其经验和教训。1981年4月12日，也就是在加加林上天后的20周年，美国第一架航天飞机“哥伦比亚号”首次试飞成功，1986年2月20日苏联“和平号”空间站发射上天，1987年11月欧洲宇航局部长会议决定建立独立的欧洲载人航天系统，发展“赫尔姆斯”小型航天飞机、“哥伦布”空间实验舱，并研制“阿里安-5”运载火箭。日本宇宙事业开发团提出了发展载人航天计划的设想，拟研制“希望号”小型航天飞机，参加美国的空间站计划，为此日本将“H-2”运载火箭和与空间站对接的日本实验舱列入型号研制。面对美苏等世界航天大国掀起的以经济、科技为重点，带动军事力量发展的新一轮竞争，中国航天发展将何去何从？

专家委员会经过对国内外情况的一番调研后，在内部进行了一场“百花齐放、百家争鸣”的航天科技大会战。当时的航空部和航天部所属的几个研究院所对天地往返运输系统提出了5种方案，后来科学家将5种方案俗称之为“五朵金花”。

第一种是水平起降、单级入轨、可全部重复使用的空天飞机方案。飞机采用吸气式涡喷发动机。

第二种是垂直起飞、水平着陆、两级入轨，全部重复使用的火箭飞机方案。飞行器由两架采用火箭发动机的飞机组成。大飞机载小飞机垂直起飞，小飞机依靠自身动力入轨。完成任务后，两架飞机各自水平着陆返回。

第三种是由运载火箭和带主动力的带翼飞行器组成的垂直起飞，水平着陆，可部分重复使用的小型航天飞机方案。

第四种与上述方案相似，同为可部分重复使用的小型航天飞机方案。只是带翼飞行器不带主动力，它由火箭送入轨道，完成任务后返回地面，水平着陆，经维修、保养后再次使用。欧盟的“赫尔姆斯”和日本的“希望号”方案同属此种类型。

第五种便为飞船方案。飞船由火箭发射入轨，执行任务后返回舱再入，经降落伞回收，返回地面。

经过一段时间的酝酿，最后专家委员会的论证较多地集中在后两种方案：一种是可部分重复使用的，用火箭发射的无动力小型航天飞机方案；另一种就是一次使用的飞船方案。

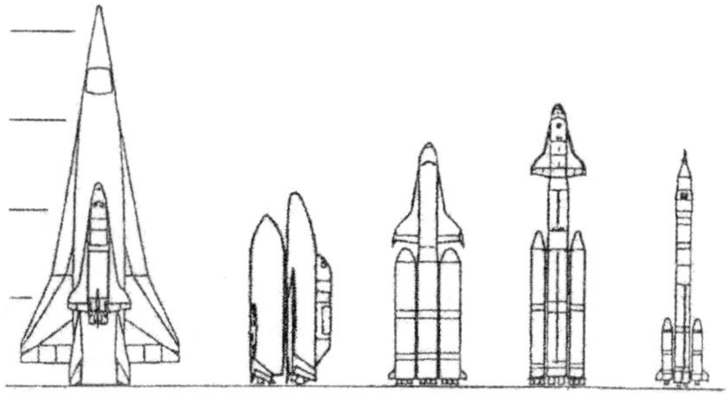

天地往返运输系统的5种方案

作为研究火箭出身的王永志，每次看到火箭起飞瞬间那“力拔山兮气盖世”的力量，那呼啸着划破长空直指天穹的气势都令他万分激动和无比振奋！然而，自己与同事的杰作在几百秒的壮美和辉煌之后，则是“壮士一去兮不复还”，消失在苍茫的天地之中，其结果让他不由自主地伤感。每一发火箭都是研究人员的心血和国家巨大的财富啊！在遗憾和伤感的同时，他脑海里始终在想着“重复使用”这美妙的理念，哪怕能部分重复使用也好啊！美国航天飞机的出现使他看到一种希望。他认为这可能是个出路，不要把运载器和航天器分得那么清楚，实现重复使用是技术发展的方向之一。

王永志的想法其实酝酿已久。早在1977年冬天，作为运载火箭技术研究院总体设计部副主任的王永志就曾大胆地在七机部计划会议上提出自己的建议，要组建班子，跟踪研究世界载人航天技术发展的前沿。该建议得到了当时主持会议的七机部芮杏文副部长的首肯，决定在研究院总体设计部成立航天飞机小组，开始进行跟踪研究工作。1978年，在王永志的倡导下，航天飞机小组成立了，第一任组长是黄作义，成员有邸乃庸、王丹阳等人。他们做了大量的调研，提出了许多建议和意见，整理出相关的专题研究报告，为载人航天工程的前期准备做了大量工作。

正是由于做了大量的技术准备工作，所以王永志在专家委员会论证初期曾明确主张采用火箭发射小型航天飞机的方案。他认为，中国航天技术落后国外多年，应该采取较高的起点，而不带主动力、起飞重量约20吨级的小型航天飞机符合当时世界航天技术的潮流。按照“863计划”先进行前瞻性的跟踪研究，到2000年只出实验室样机的安排，根据中国航天工业的技术现状，我们完全有可能实现这个方案。

经过一年多的论证，专家委员会于1988年7月在哈尔滨召开了评议会，专家委员会和主题专家组成员以及许多老专家参加了会议。各方案论证的代表经过一年多的论证，开始接受朱光亚、屠守锷、梁守槃、屠善澄、梁思礼等17位著名专家的评议。

专家们讨论的焦点集中在搞小型航天飞机还是搞载人飞船上。同意前者的认为，小型航天飞机可部分重复使用，代表了国际航天发展潮流，既然时间允许，又具备一定的技术条件，中国的载人航天应当有一个较高的起点，能使我国航天技术向国际先进水平跨进一步。赞成后者的认为，美苏用以起步的载人飞船经过20多年的使用，技术比较成熟，且技术难度较小，经费较低，更符合中国的国情。

大家畅所欲言，各抒己见，各谈各的主张。最后采用无记名投票的办法了解民意，投票结果：两种方案的得分几乎相同，仍难分上下。

1988 年 7 月下旬，哈尔滨会议后不久，航空航天工业部主管航天的刘纪原和孙家栋两位副部长一起找到王永志交换意见。

两位部长说，部领导准备在 8 月初到北戴河向中央领导汇报载人航天的有关问题，部领导研究认为，如果像“863 计划”初步安排的那样，时间周期太长，载人航天要早上快干，争取 20 世纪末、21 世纪初载人上天。基于这种考虑，我们认为采用难度稍低、起步较快、涉及领域少、便于组织实施的飞船方案更为有利。希望听听你的意见。

两位副部长一席话，使王永志陷入了深深的思考。载人航天“早上快干”的思路，是中国航天人的共同愿望，他坚决支持。如果要用 10 年左右的时间在 20 世纪末就实现载人飞行，那么只有飞船方案是来得及的。因此，他向部领导明确表示了支持的态度。随即他也在专家委员会的会议上表明了支持“早上快干”以及为了争取在 20 世纪末前后实现载人上天的目标而采用飞船方案的态度。此后，王永志便投入到对飞船方案的深入研究和完善工作中。越论越清楚，时至 1989 年，“从飞船起步”已达成普遍共识。

率团出访苏联

由于 20 世纪 60 年代中苏关系破裂，王永志 1961 年毕业回国后，就再没有机会踏上苏联那块美丽而广袤的土地。1989 年 5 月

15 日，苏联最高苏维埃主席团主席、苏共中央总书记戈尔巴乔夫到达北京进行友好访问，16 日上午，邓小平和戈尔巴乔夫共同宣布，中苏两国、两党关系实现正常化。

早在 5 月初，正值“长二捆”火箭研制的关键时期，王永志接到中苏友好协会的通知——委派他为团长，在戈尔巴乔夫访华后，率领中国宇航专家代表团访问苏联。想到时隔近 30 年后，有机会能再去那个久违的国度，去见多年未谋面的老师和学友，王永志心里非常高兴，更深感上级的信任和重视，因为这是中苏两国恢复邦交正常化后的第一个中方代表团啊！

5 月 25 日，中国宇航专家代表团一行 5 人出发了。代表团中除了国防科工委航天局局长舒昌廉，王永志、中国空间技术研究院院长闵桂荣、航空航天工业部科技委秘书长宣平和委员李树兹 4 人都曾在苏联留过学，精通俄语。当地时间下午 4 点半，代表团飞抵莫斯科。看着机场处处醒目的俄语标识，耳闻纯正的俄语，王永志感到既陌生又熟悉。在机场来迎接的是苏中友好协会秘书长库里科娃等人。库里科娃曾是莫斯科国际关系学院学生会干部，与莫航中国留学生学生会主席王永志原本就认识。时光流逝，一晃近 30 年，老朋友相见，异常亲切。握手寒暄后，王永志不由想起当年库里科娃曾去莫航宿舍，与他商量如何举办新中国成立十周年庆祝活动的情景，两人谈得十分愉快，之后王永志还送她到了索科尔地铁站。

苏联对此次访问格外重视，代表团成员被安排在苏共中央党校的一个公寓里，非常宁静，为了确保安全，还加派了岗哨。

第二天上午，代表团一行来到邀请方——苏中友好协会的“友好之家”拜访。友好协会副会长、著名汉学家齐赫文斯基出面接待。令王永志惊喜的是，与齐赫文斯基并肩而坐的竟是自己想念已久的莫航老师斯特拉日娃。致谢并介绍代表团成员后，王永志坦率地表明此行希望通过参观以及座谈等方式，探讨两国未来在航天方面的合作，具体地说就是看一次航天发射，同苏联宇航专家们进行一次交流座谈，参观火箭航天器总装厂这3个愿望。苏方发表了热情洋溢的讲话，讲述了在两国人民传统友谊、交往史中的闪光事迹和未来发展希望。“友好之家”充满了朋友情、师生情，以及两国人民希望和平友好的期望，欢声不断。

当天上午，代表团造访苏联航天总局。副局长杜纳耶夫出面接待，表示特别愿意与中国进行合作，如探索火星、发射卫星以及载人航天等诸多领域都可以。王永志正式提出了代表团此行的3个愿望。杜纳耶夫遗憾地表明，这14天内苏联没有发射计划，无法参观；访问单位也已经确定，所到之处都有人介绍情况，随时可以座谈，不必专门单独组织；火箭航天器总装厂属于保密单位，从未接待过外国人参观，即使能够参观也需要苏共中央批准，报告递上去没有两三个月甚至半年是批不回来的，所以这件事情不可能办到。同时，他还强调称，现在两国关系不像过去，双边合作必须有两国政府间的协议，互相提供的东西需要进行相应的补偿，不可能无私援助。对于非常渴望参观苏联宇航实体单位的王永志来说，不免感到失望。

回到住处后，王永志接到了斯特拉日娃的电话，询问有关情况。王永志告诉她，代表团特别想参观火箭和航天器总装厂，但遭到了航天总局的婉言拒绝，很失望。斯特拉日娃安慰王永志说：“你别着急，杜纳耶夫的话不是最后决定，我去找正在参加苏共中央全会的捷列什科娃（世界第一位女航天员），请她找总书记戈尔巴乔夫，设法安排参观活动。”老师出面相助，在王永志心中又燃起了新的希望。

接下来的访问，日程安排一环扣一环，紧张有序。代表团参观了苏联载人空间飞行控制中心，听取了“和平号”空间站和刚刚完成的“暴风雪号”航天飞机飞行试验情况介绍，还观看了“暴风雪号”发射控制和返回着陆的录像。中心一位副主任透露，为解决航天飞机的运输问题，安东诺夫设计局专门设计了安－225大型运输机，运输能力在原型机安－124基础上，提高了50%，它的存在并未对外公布。为突破航天飞机自主盲降技术，采取了图－154飞机上安装盲降设备反复地在跑道上试验的方法，试验过程中驾驶员不干预，有几架米格－25飞机伴飞。这种地面试验设计思路对中国代表团的启发很大。在齐奥尔科夫斯基的故乡，卡卢加市的宇航博物馆，王永志看到了“上升1号”“进步号”和“联盟号”宇宙飞船，液体火箭发动机、实验弹射座椅、飞船返回舱、航天食品和餐具、舱外航天服，多种卫星、月球车、星际探测器等实物，深感不虚此行。

访问的气氛是非常友好和坦诚的。加加林航天员训练中心表示如果中国要搞载人航天，他们愿意提供帮助培训航天员。在访问苏联航空航天局下属的国际宇航局时，该局一位副主席对开展两国航天合作表现出了极大的热情，说道：“过去我们就非常欢迎中国航天专家来，现在两国已经恢复了正常关系，更加有条件开展交流合作了。载人航天技术是苏联的强项，你们正在研制的‘长二捆’具有8吨以上的运载能力，成功后可用于载人航天，双方也就具备了合作的基础。”王永志听后非常高兴。

6月1—4日，代表团前往列宁格勒，先后参观了海军广场、冬宫、斯莫尔尼宫以及“阿芙乐尔号”巡洋舰等。引起大家强烈兴趣的是一个由彼得大帝建的天文台和喷气流体动力中心——世界上最早一台液体火箭发动机的发源地。4日晚，代表团返回莫斯科。库里科娃在火车站迎接，双方一见面，她就高兴地说：“报告给你们一个好消息，经戈尔巴乔夫总书记批准，中国宇航专家代表团获准参观赫鲁尼切夫航天中心。”大家听到这个消息后非常激动。自此，代表团的访苏行程也随之升级，双方的交流持续升温。

5日下午，按照库里科娃的安排，代表团来到斯特拉日娃的别墅。别墅坐落在森林之中，院落宽敞，种满了丁香等林木花草。宾主一起烧水、泡茶、做菜、烧烤，畅谈友情与梦想，其乐融融。傍晚斯特拉日娃在别致的餐厅里设家宴招待来自远方的中国朋友，深情地说："我的家也是中苏友好之家，希望你们以后常来！"

6日上午，中国代表团终于实现了此行的最大心愿——参观访问赫鲁尼切夫国家航天科研生产中心这一火箭航天器总装厂。该中心曾是世界上规模最大的运载火箭和航天器研制生产机构，苏联的多种战略导弹、运载火箭、上面级，"礼炮号"空间站、"和平号"空间站和"量子-1号""量子-2号""晶体号""光谱号"等舱段，钻石遥感卫星等多种航天器，以及后来的国际空间站"曙光号"核心舱、"星辰号"服务舱和对接舱等都产自这里。中国代表团受到了热烈欢迎，厂长及党委书记等人都来到大门口列队迎接。厂长亲自现场讲解，面对实物介绍了"质子号"运载火箭的许多技术与工艺细节，并多次强调"我厂从未接待过外国代表团，你们是破例的，希望在今后的合作中再见到你们"。

在扬格利、斯特拉日娃的别墅（左一为舒昌镰、右一为李树兹）

回国前两天，苏方又增加了一项活动，安排代表团到红场无名烈士墓献花和到列宁墓前敬献花圈。王永志整理好花圈上的缎带，率团瞻仰列宁遗容。此时的王永志心潮澎湃：1961 年春天，在离开莫斯科前，他一个人一早顶着冷风来到红场，排着长队来到列宁墓，以为再也不会到这里来了。他做梦也想不到，在时隔 28 年之后能够以这种方式庄严郑重地拜谒列宁墓，更使他深切地感到两国关系的恢复对两国人民是多么美好。随后，代表团再次造访航天总局。这次杜纳耶夫的态度来了一个 180 度大转变，合作成为会谈的主题，他饶有兴致地谈起帮助中国搞载人航天，按照比美国优惠的价格为中国培训航天员等具体事项，范围广泛，卫星、火箭、飞船、空间站方方面面的合作都涉及到了……中苏航天合作大门就这样悄然开启了。

6 月 9 日，代表团返回北京。中苏友好协会对王永志一行给予了高度评价，称赞代表团圆满完成了“广交朋友、增进友谊、交流探讨、推进合作”的使命。对王永志来说，这次访问，更使他增强了研制成功“长二捆”的决心和信心，他隐约感到，中国距离发展载人航天的日子已为期不远了。

构想空间实验室

1989 年 12 月，载人飞船工程概念论证已经接近完成，专家委员会的《航天技术领域论证工作综合报告》已经定稿，并申请向中央专委汇报。该报告提出，中国是个大国，像载人航天这样的高技术，中国不能不干；同时中国也是个发展中国家，也不能大干特干。据此，报告中提出了“以飞船起步，完成突破载人航

神舟五号发射前与任新民老总合影

天基本技术；进行空间对地观测、空间科学及技术实验；提供初期的天地往返运输器；为载人空间站工程大系统积累经验4项基本任务后，建设空间站，未来要研制单级入轨可完全重复使用的载人航天器”等规划建议和预先研究计划。这些开创性的工作为后续论证和研制工作奠定了基础。

1991年6月29日，中央专委第四次会议听取了航天技术领域专家委员会首席科学家屠善澄《关于发展我国载人航天的意见》和国防科工委《关于发展我国载人航天及其应用的意见》的汇报，会议原则同意专家委员会关于发展我国载人航天的目标设想，要求对发展我国载人航天的目的性做出进一步的详细说明。

中央专委第四次会议的决定，对中国航天界是一个巨大的震动。中央专委原则同意航天技术领域专家委员会的建议，就意味着载人航天工程将不再仅仅停留在论证阶段，而是准备实施了。一石激起千层浪，有些同志提出了对载人航天的反思，认为载人航天应该继续论证，而不是立项上马。有些同志则主张应该尽快立项上马，尽快实施。

宋健、任新民等中国航天界的许多老领导老专家，都主张载人航天工程应该尽快立项。他们积极组织大家进行讨论，征求意见，并积极联系向中央汇报，争取工程早日立项。

王永志是“早上快干”的支持者，他认为，既然要以飞船起步，就要抓紧时间立项上马，赶快干，不能拖。

既然主张干，要上工程，方案就得细化。原来讨论的方案是以飞船起步，接着就是空间站建设。在宏观规划中是可以这样安排的，但这么大的技术跨度，工程实施上难以衔接。原因在于飞船在轨飞行时间只有 5 ~ 7 天，而空间站在轨飞行时间是 5 ~ 7 年，甚至更长。短时间飞行与长期飞行技术上有较大的差异，长期在轨飞行对飞行器的电源、反复充放电的蓄电池、姿态控制方法，尤其是长期飞行的环境控制与生命保障技术，都提出了更高的要求。如果从飞船直接跨越到空间站，技术上的跨度太大。苏联就是在飞船技术过关后，发射实验型的单舱空间站，结果从“礼炮 1 号”，一直到“礼炮 7 号”，历时 15 年才发射了多舱段的“和平号”空间站，完成了这个技术上的跨越，付出了太大的代价。

在经过仔细的分析和研究后，王永志认为，为了降低应用成本和解决从短期飞行向长期飞行的跨越，有必要在飞船与空间站之间增加一个空间站的试验阶段——空间实验室阶段，即以飞船技术为基础改装出可用现有火箭发射的空间实验室。他说：“以最小的代价、最少的时间从飞船过渡到空间实验室（小型空间站），建成初步的，但却完整配套的空间工程系统，提早开展一定规模的空间科学实验和对地观测活动，保持中国航天强劲的发展势头。”

1991年10月10日，王永志与航天技术领域“载人空间站及其应用”主题专家组成员、空间技术研究院的范剑锋研究员一起参加了在加拿大蒙特利尔举行的国际宇航联大会。这一天给他留下了深刻的印象，因为来自台湾的代表在会场上挂出了台湾的旗帜，中国代表团向大会组委会提出了强烈的抗议。晚上，王永志与范剑锋彻夜长谈，深切体会到，作为中国人一定要为祖国的强大作出自己的贡献，责任重大。王永志将自己对中国载人航天的上述设想和盘托出，范剑锋非常赞同他的想法。

1991年11月，王永志写的一份《以飞船为基础组建空间实验室的构想》的建议报告送到了首席科学家屠善澄和几位航天老总手上。

第七章

历史决策

1992年是王永志最难忘的一年。年初，他担任了载人飞船工程技术、经济可行性论证组组长。在论证中，他与同事们脚踏实地，放眼未来，以强烈的事业心和责任感提出了一个个富有创新性的战略构想。在他参与主持下完成的技术、经济可行性论证报告，变概念上的可能为工程上的可行，变系统层次的可行为总体层次的可行。国防科工委组织的这次证论被中央专委评价为“有深度，是比较可信的”，为中国载人航天工程的实施奠定了重要的理论和技术基础。同年9月21日，中央决定实施我国载人航天工程。11月，刚迈入花甲之年的王永志被任命为中国载人航天工程的总设计师，成为中国载人航天工程的技术领军人物。

新的使命

“1992年，那是一个春天。有一位老人站在中国的南海边……”与中国的改革开放事业一样，中国的载人航天事业这年也真正看到了希望的春天。

1992年1月8日，中央专委召开第五次会议，专门研究发展我国载人航天的必要性问题。经过“863计划”航天领域专家委员会5年的论证，载人航天工程的立项工作终于摆到了中央专委的正式决策日程上。在听取首席科学家屠善澄等的汇报后，会议认为，从政治、经济、科技等诸方面考虑，立即发展我国载人航天工程是必要的。并且同意，我国发展载人航天要从飞船起步。会议决定，在“863计划”航天领域专家委员会和各部门过去论证的基础上，由国防科工委组织各方面专家，进一步对载人飞船工程研制问题进行技术、经济可行性论证，并提出：进行可行性论证，目标要明确。在做法上要实事求是：一是技术上要论证清楚，方案是否可行；二是经费要考虑周全，精打细算，使经费估算尽量接近实际。

航空航天工业部党组即刻召开动员会，传达《关于落实中央决策进一步搞好载人飞船工程论证工作的决定》这一激动人心的文件。

时任航空航天工业部部长的林宗棠庄重而诙谐地说："今年是1992 年，这一年，在已经记满了五千年方块字的史册上，将另起一行，庄严书写：仙女散花，不再是年画上的；飞天弄琴，不再是石窟里的；嫦娥奔月，也不再是神话中的！中国，不会永远被地球引力捆绑住。因为我们中国人，已经准备造船了。"他的讲话，如同一阵和煦的春风，吹进了与会人员的心坎，大家兴奋不已，顿时掌声一片，掌声是王永志等无数航天人蕴藏在心中多年来的一种能量的释放。

1992 年 1 月 17 日中午，王永志突然接到刘纪原副部长的电话，通知他下午 3 点到国防科工委丁衡高主任的办公室，不带秘书。

下午他准时到达丁衡高主任的办公室，丁衡高首先传达了 1 月 8 日中央专委第五次会议的决定，并说可行性论证即是立项论证，这意味着不出意外的话，载人航天工程就要上马了，这次论证意义重大，影响深远。

丁衡高继续说道："按要求，这次论证由国防科工委组织实施，经与航空航天工业部领导反复研究，决定让你出任论证组组长。"

王永志一听，心中既高兴又略感不安。他高兴的是载人航天工程终于要启动了，自己与同仁们多年的呼吁和努力即将有了结果；不安的是组织上要自己出任论证组组长，责任重大……于是，他委婉地推辞说："这是整个航天战线都非常关注的大事，我怕干不好，还是让德高望重的老专家牵头，我任副职做具体工作吧！"

丁衡高注视着王永志说："你也知道，老专家们都年事已高，我们怎么好意思再让他们过分操劳呢？既然大家都推荐你，你就勇敢地担起来吧！遇到困难可直接找我解决，我一定全力以赴支持你的工作。”

看着丁衡高期望和坚毅的神情，王永志感受到组织对自己的高度信任，这种信任中透射出一种崇高的责任，还有什么话可说呢？他郑重地点了点头，表示同意。

丁衡高站起来踱了几步，回头对王永志说：“你明天就到国防科工委上班，做第一次动员大会的各项准备工作。”

王永志没有想到，自己从运载火箭技术研究院院长任上刚调到部里担任运载火箭系列总设计师、地地火箭系列总设计师和科技委副主任等职务仅半年，新的更重的任务又压在了身上，他只好先放下手中的工作，迎接新的使命。

可行性论证

1992年2月9日，载人飞船工程技术、经济可行性论证召开了第一次动员大会，丁衡高主任宣布了论证工作的要求和计划。成立以丁衡高为组长，沈荣骏、刘纪原为副组长的论证领导小组；以任新民为组长，王大珩、陈芳允、屠善澄为副组长的论证评审组和以王永志为组长，赵起增、詹文山为副组长的论证组。论证组由200名技术专家和管理专家组成，下设总体组、航天员系统组、飞船应用系统组、载人飞船系统组、运载火箭系统组、测控通信系统组、发射场系统组和着陆场系统组共8个专题组。总体组是论证组组长的办事机构，负责综合协调，提出决策建议，组长由王永志兼任。要求论证组成员脱产集中，全力以赴，务必在6个月内完成论证任务。

这次论证工作是在领导小组的直接领导下，在评审组的指导和把关下，在“863”航天领域专家委论证和各部门过去论证的基础上进行的。

论证工作采取总体与系统、系统与专题交叉进行、相互结合的方法。8 个专题组在组长的具体组织下，按照总体组协调的计划，进行分阶段论证，并向论证组组长汇报，总体组进行综合协调。论证组按阶段向论证领导小组汇报并按指示开展下一阶段的工作。

论证内容主要包括：载人飞船工程的任务、工程主要技术指标和技术要求、工程研制指导思想、工程总体技术方案、后续任务衔接设想、工程各系统主要技术方案、可靠性与安全性、关键技术及解决途径、工程所需保障条件、工程计划进度安排和工程投资概算 10 个方面的内容。

论证工作首先从明确工程研制的基本任务和主要要求入手，几经讨论后，领导小组正式明确了对工程的基本要求：“在确保安全可靠的前提下，从总体上体现中国特色和科技进步，确保完成突破载人航天基本技术；进行空间对地观测、空间科学及技术实验；提供初期的天地往返运输器；为载人空间站工程大系统积累经验共 4 项基本任务。”

任务与要求明确后，作为组长，王永志认为必须首先统一思想认识，他与论证组的研究人员提出了工程研制的指导思想，其梗概为：

一是全面正确理解工程研制的基本任务，特别要从中国国情出发，全面辩证地处理好安全可靠、两个体现、四项基本任务、研制经费和研制进度之间的关系；必须把安全性、可靠性放在首位。二是力求总体性能优化。既要使载人飞船工程及其主要系统的总体技术指标与性能体现中国特色与技术进步，又不片面地追求单项技术的先进。三是坚持独立自主、自力更生的方针，同时也要特别注意吸取和借鉴国外的经验教训，力求少走或不走弯路。四是在确定技术方案时，要充分采用成熟技术和成熟技术的延伸技术，运用新技术要充分论证，要防止出现某种技术关键久攻不下而影响整个工程的局面。五是要贯彻大力协同、勤俭节约的原则。充分考虑利用现有设施、设备，积极挖潜改造；对研制的新技术，要进行技术经济可行性论证。六是注意兼顾后续任务。在确定载人飞船工程及其各系统技术方案时，在确定技术基础建设、技术改造与更新项目时，要为今后发展留有余地。

这些指导思想在今天看来，是非常有预见性的，也是科学合理的。实践证明，这些重要的思想对保证载人航天工程的设计、建设、研制、生产和试验的质量，对确保载人航天工程"可靠第一、安全至上"的设计原则，能够从设计的源头就得到彻底的贯彻落实，是至关重要的，为工程的顺利健康发展提供了非常有力的指导。

思想认识统一后，按照统一规划，各系统的论证组结合会外论证支援力量，在过去论证的基础上进行了深化和细化论证，主要任务是：变概念上的可能为工程上的可行；变系统层次的可行为总体层次的可行。各系统论证组经反复分析研究逐步明确了各自的主要技术方案。在这一过程中，各组不断提出有待明确的新构想和问题。其中带有全局性、总体性的问题有飞船的三舱构型、"三垂一远"模式、海上救生方案和后续任务衔接方案等。

飞船的三舱构型

飞船的构型是论证的重点。

论证中首先明确了根据"长二捆"火箭的运载能力确定飞船

规模的原则。“长二捆”火箭是我国当时近地轨道运载能力最大的火箭，要在“长二捆”火箭的基础上进行改进，提高可靠性，并增设航天员救生措施，使之适应载人航天的发射，是需要损失一部分运载能力的。此外，考虑到安全性设计，还要在火箭的运载能力与飞船最大质量之间留有一定的余量，因此将飞船质量定为不大于7.5吨。

飞船是载人航天工程的核心组成部分，王永志提出，飞船的构型和功能必须体现中国特色和技术进步的要求，要有所创新，实现跨越式发展。我们飞船不仅要能实现载人上天，还要考虑第二步、第三步天地往返运输的要求。

要载人上天并返回地球，飞船至少要有推进舱和返回舱这两个舱段，这是俄罗斯等国当初普遍采用的两舱结构。我们是采用两舱还是三舱结构呢？即是不是再增加一个轨道舱？飞船的构型问题在概念论证阶段，就一直是讨论的热点和争论的焦点，进入可行性论证阶段后这个问题又被重新提了出来。

王永志认为飞船是载人航天系统的核心组成部分，飞船的构型和功能必须首先体现中国特色和技术进步，满足论证领导小组所提出的要求。鉴于我国载人航天工程是在苏联和美国之后40年才开始的，所以必须在起点高、效益好的方面下工夫，在技术上有所创新，实现跨越式发展，使之在我国飞船问世时增强全国人民的自信心和凝聚力。

因此，几经讨论他都力主跨越两舱，直接以俄罗斯的第三代飞船并经二次改型的最新型号——“联盟-TM”为目标设计飞船，并力争在此基础上有所创新。

俄罗斯的飞船在执行任务后轨道舱便废弃了，而我们则采用了将第三个舱段——轨道舱（相当于“联盟-TM”的生活舱）留在轨道上继续飞行的方案，以进行对地观察、科学实验和空间应用等研究。也就是说这个舱段相当于一颗应用卫星。这样就大大地提高了飞船的使用效益。

轨道舱留轨利用是论证会之前航天老总们就提出的建议。

对轨道舱留轨利用，王永志则想到了更为新颖独到的创意，他打算将留轨的轨道舱作为第二阶段进行空间交会对接试验的目标飞行器用。这样既可缩短研制周期，又可节省大量的经费。

飞船三舱方案

美苏当初在进行交会对接试验时，都要在两个发射工位，各发射一艘飞船，用这两艘飞船进行交会对接试验，即每次试验要用两艘飞船，而我们只需用前一发的留轨轨道舱作为目标飞行器，等待后面发射的飞船（作为追踪飞行器）与其对接。美苏的交会对接试验各进行了5次，各发射了10艘飞船。如果我们也进行5次试验的话则仅需6艘飞船便可以了。这样既节省了飞船的发射费用，也节省了昂贵的发射工位建设费用，代价显然要低得多。

在可行性论证期间，王永志请运载火箭技术研究院第一设计部的郝希凡同志绘制了一张这种对接方案的示意图，并由邸乃庸同志在总体论证组做了方案设想报告，得到了大家的赞同。论证中，经大家分析和讨论，取得了对方案的共识。这一建议也得到了老专家们的赞许，在评审组的评审结论中写道："留轨舱作为交会对接的被动目标，从而减少了试验飞船或对接目标的数目。因为这种不用两艘载人飞船进行对接试验的模式避免了用两艘飞船进行对接而引起一系列的问题，如发射间隔短，航天员上天人数多，发射场需要两个工位等，这是此方案的重大优点。此方案给工程带来了很大的节约。留轨舱带来了相当大的经济效益。"

此方案经领导小组同意后，纳入可行性论证报告。

"三垂"模式

飞船从哪个发射场发射？要不要新建发射场区？是采用传统的上架模式，还是采用"垂直组装、垂直测试、垂直整体转运"的"三垂"模式？

载人航天发射场的场址选择，要考虑地理位置、地形地貌、气象条件、火箭航区测量、安全救生、火箭助推器及一级落点以及交通运输、通信保障、社会依托等因素，同时还要考虑经济性（如移民征地）、环境保护、后续任务发展等，这个问题在概念论证阶段已做了大量工作，取得了共识。可行性论证中再次进行了论证比较，结论仍认为选择酒泉卫星发射基地作为载人航天发射场是适宜的。

关于火箭转运和上架方式，发射场论证组认为，发射场采用垂直组装、垂直测试、垂直整体转运上架方式（即"三垂"模式），

火箭垂直运输中

与我国当时采用的方式相比具有比较明显的优点。采用垂直整体转运上架方式，可使我国的发射场建设达到当前国际航天技术先进国家的水平，在规模和技术措施上又有我国自己的特色。王永志在听取发射场论证组的第一次汇报时便表示支持这一方案，并安排继续论深、论透。他认为“三垂”方案更符合载人航天的需求，符合技术发展方向。在有空调的垂直厂房内总装和测试比在无法密封的发射塔架上更容易保证环境条件，从根本上保证了总装测试操作质量和有利于提高地面勤务系统的可靠性，从而有利于发射成功率的提高。另外，火箭在发射工位停放时间短（约3～4天），不仅受气候环境影响小，更重要的是发射准备时间短，可在短期内连续两次发射。这对未来的空间交会对接试验和进行空间紧急救援的应急发射是完全必要的。此外，建设一个新发射场区，至少要使用三四十年，必须着眼未来的技术进步。现有的分段运输至发射区，在外场分段吊装、对接、装配、测试，耗时10～15天的上架模式必将落后于时代的发展，而难以支撑三四十年。但有的专家认为，不能轻易改变已经成熟的技术和模式；有的专家还担心船箭组合体竖立在运输车上，可能会呈现“倒摆”状态。运输过程中遇有干扰就可能出现“倒摆谐振”，而导致意外，因而垂直整体转运从理论上讲就难以行通。由于一时难以统一认识，在上报的论证报告中虽然报的是“三垂”方案，但加了“暂定”的说明。

海上救生

海上救生的论证也是一个难点。其主要问题是：如果火箭在上升阶段出现故障，逃逸后的航天员落在海上如何实施救生？

由于我国国土面积和形状的限制，火箭上升段的中后期发生故障需要逃逸时，返回舱就有可能落入浩瀚的太平洋，可能溅落的海区长达5200多千米，找它如同大海捞针，按照要求必须在规定时间内把返回舱打捞回来，否则航天员有性命之忧。而船舶在海上的航行速度只有几十海里，要在茫茫的大海上及时营救航天员，这得部署多少条船啊？这是困扰大家很久的一个重大问题。论证中各种主张都有，意见难以统一。

为完成航天员海上搜救任务，如不另辟蹊径就势必动用庞大的海空力量。美国首次载人飞行时曾在16个海上落区布设了3艘航空母舰、21艘舰船和126架飞机，动用了2.6万人；尽管苏联飞船海上可能落区只有3500千米长，但为了实施海上救生，最初仍布置了7艘舰船、110架飞机和4000多人。照此标准，我国将无法开展载人飞船工程的研制，因为我们没有那么强大的海上力量。有些同志甚至提出，如果采取海上搜救措施代价太大，干脆不救了，把有限的财力、物力集中在提高火箭可靠性上，最大限度地减少出现这种危险的可能性，但世界上最可靠的火箭故障概率仍大于1%，这与航天员的安全性要求相比，仍有数量级的差距。

王永志认为，放弃海上搜救航天员，不符合确保航天员生命安全的基本要求，是不可行的。若在广阔的海域中布置大量的海空力量，既不符合国情也难以实现，是否另有两全其美的办法呢？

灵感往往也来自思维的碰撞。一天，508 所李颐黎研究员在搭车同王永志一起上班的路上，谈到搜救工作的难处时，李颐黎说："搜救船去找人可以说是大海捞针，太难了，我想找人计算一下，可否利用逃逸飞船的动力系统，控制飞船就近飞向预先设定的海上应急搜救圈，在附近等候的舰船可能很快就会找到目标。……"

王永志一听，情不自禁地说："啊，好极了，这可能就是海上救生的出路！"他立即抓住这一思路的闪光点，拍板决定把力量集中在完善和落实这一方案上。经过轨道计算和认真研究讨论，一个没有先例的"飞船选点再入"的海上救生方案诞生了。

经过反复核算证明，这一方案完全可行，而且采取这一方案后，飞船可能降落的海上落区缩小为 3 个预先设定的海区，一下子从 5200 多千米减小到 2000 千米左右。既减少了搜救力量配置，节省了大量经费，又提高了搜救的效率和航天员海上救生的可靠性。论证组的意见很快统一了，并得到各方的赞许。"飞船选点再入"的海上救生方案是充分考虑国情的产物，在国际上绝无仅有，是中国航天人的创举，是具有鲜明中国特色的技术创新。

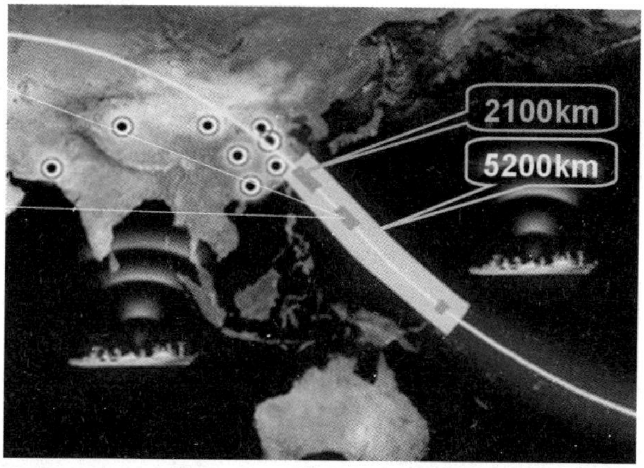

海上救生方案示意图

“三步走”方案

可行性论证任务中有一条叫做后续任务衔接设想，即要回答飞船发射成功后还干些什么，也即中国载人航天的发展规划问题。早在可行性论证前王永志就在思考中国载人航天的发展步骤。1991年11月26日，王永志撰写完成了《以飞船为基础组建空间实验室的构想》一文，文中建议在取得载人飞行历史性突破之后，接着突破空间交会对接和空间行走等关键技术，并发射一个利用飞船技术改装的8吨级长期在轨运行、短期有人照料、有一定空间应用规模的空间实验室，并以飞船作为天地往返运输工具，尽早建成我国空间工程大系统，取得运营经验后，可视需要建立长期有人照料的永久性空间站，形成空间基地，扩大应用规模。

他在结语中说：“以最小的代价、最少的时间从飞船过渡到空间实验室（小型空间站），建成初步配套的空间工程系统，提早开展一定规模的空间科学实验和对地观测活动，保持中国航天强劲的发展势头。”他又说：“按本建议，不仅可提早开展空间利用，也有利于实现概念论证总体蓝图中的第二步——发射空间站，发射空间站亦应循序而行，最好有这样一个试验阶段，美苏发射空间站前都有天空实验室类型的前奏，均未一步登天。”

1992年2月26日，王永志将《以飞船为基础组建空间实验室的构想》一文呈送丁衡高阅示，并写道：

丁主任：这是我去年写的，再加以完善后，可否作为后续任务衔接设想的一种思路提出，供大家研究，请示。

王永志

1992年2月26日

经丁衡高圈阅后，为把工作做深、做实，王永志提出成立以范剑锋为组长的空间实验室专题论证组。该组经一段集中论证和初步方案设计后提出报告，认为8吨级空间实验室技术上可行，可搭载一定质量的应用有效载荷。总体论证组在全体会议上进行了讨论研究，认为可行。王永志也在航天领域专家委和主题专家组会议上向各位专家征求了意见。经评审组评审，也同意设立空间实验室这样一个过渡性的发展阶段。于是空间实验室就被列入后续任务，形成飞船—空间实验室—空间站三步走的后续任务衔接规划。

工程总体和各系统论证组相互结合，经过分析、计算、讨论研究，几个重大问题逐步明确，时至1992年6月初，总体和各大系统提出的基本技术方案是：

（1）航天员系统补充完善航天员选拔、培训和医学监督、医务保障的基础设施，组成航天员选训中心，选拔和培训我国第一批航天员；

（2）飞船应用系统以对地观测、空间生命科学与生物技术实验、空间材料科学与材料加工实验为重点，力争有所突破，并组成有效载荷应用中心；

（3）采用三舱（轨道舱、返回舱、推进舱）两对太阳电池帆板构型和降落伞回收的飞船方案。其轨道舱可留轨利用，并可作为交会对接试验的目标；

（4）改进“长征二号E”火箭为适用于载人飞行的高可靠火箭；

（5）充分利用原有公用设施，在酒泉卫星发射中心新建一个相对集中的测试、发射区，进行远距离测试发射；

（6）建立S波段的统一陆海基测控通信网，将飞行控制的指挥中心设在北京。陆海基测控通信网包括若干个地面固定站和活动站及4艘海上测控船；

（7）选择一个主着陆场，一个气象备份用副着陆场及若干个陆上和海上应急着陆区。

经过5个月的论证，在多次向领导小组汇报后，长达8.8万字的技术经济可行性论证报告终于截稿。王永志对报告全文进行了逐字逐句的修改审核后，经评审组审定、领导小组审批，最终上报中央专委。

中央专委的首肯

1992年8月1日上午，国务院总理李鹏同志主持召开中央专委第七次会议，审议载人飞船工程技术经济可行性论证结论。国防科工委主任丁衡高首先汇报了总的论证情况和工程立项后组织实施的建议。然后由王永志用飞船、火箭模型和各种图表详细地汇报了工程各大系统的基本方案以及后续任务“三步走”的发展规划。

他汇报的主要内容包括：载人飞船工程的七大系统组成；载人航天工程的任务、指导思想；载人飞船工程的总体方案。王永志还特别对航天员的选拔、培训和医疗保障，飞船应用系统的对地观测和各种空间科学实验，三舱两翼构型和降落伞回收的飞船方案，改进“长二捆”作为载人飞行的高可靠火箭，在酒泉卫星发射中心新建一座载人航天发射场区，建设S波段的统一陆海基测控通信网和北京指挥控制中心，设立陆上和海上应急救生区，选开封至驻马店以东地区为主着陆场等做了详细的汇报。

最后，王永志汇报了我国载人航天工程计划“三步走”的建议：

第一步，在2002年前发射两艘无人飞船和一艘载人飞船，建成初步配套的试验性载人飞船工程，开展空间应用实验。

第二步，在第一艘载人飞船发射成功后，在2007年左右，继续突破载人飞船和空间飞行器（如轨道舱）的交会对接技术，并利用载人飞船技术改装、发射一个8吨级的空间实验室，解决有一定规模的、短期有人照料的空间应用问题。

第三步，建造20吨级的空间站，解决有较大规模的、长期有人照料的空间站应用问题。

讲到这里时，主持会议的李鹏总理插话说："这个'三步走'好！"

汇报结束后，专委委员们进一步提问，并进行了讨论，认为：

载人航天是航天技术的重要组成部分，也是当今世界高科技的一个重要发展领域。为了增强综合国力，促进科技进步，培养壮大科技队伍，提高国家威望，增强民族的自豪感和凝聚力，我们必须在这一领域占有一席之地。我国发展载人航天按"三步走"的设想是可行的。载人飞船工程的研制是第一步，这是迄今为止我国航天史上规模最大、系统最复杂、技术难度最高的工程项目。国防科工委组织的可行性论证有深度，是比较可信的。

载人飞船工程是国家重点工程，由中央专委直接领导，国防科工委（现解放军总装备部）负责统一组织实施。国防科工委、航空航天工业部要有一位领导专门负责这项工作，实行责任制，要立军令状。

载人飞船工程的组织实施，必须充分发挥社会主义制度的优越性，全国一盘棋，各方面大力协同，齐心协力完成这项任务。

在载人飞船工程研制中，要大胆使用和培养人才。为了保证航天科技队伍的稳定和后继有人，保证工程的顺利实施，要采取一些特殊的措施。

会议原则同意发展我国载人飞船工程的研制意见及载人飞船总体技术方案。

最后李鹏总理说，大家都同意，我本人也同意立项开始研制，但载人航天事关重大，影响深远，须报党中央审查批准。由于事关重大，请每位专委委员都要在报告上签字，以示对历史负责。

这次会议《纪要》的最后一段这样写道：

载人飞船工程是一项跨世纪的大型工程，其意义十分重大，影响十分深远，为表示对党、国家、人民的高度负责，请每个专委委员和航天领导小组成员，都要对本次会议纪要表示意见并郑重签字。

中央专委委员和航天领导小组成员都郑重地在报告上签了字。

如此郑重的决定，表明了这一决定对于中华民族的意义之重大，同时也意味着中国载人航天工程即将拉开序幕。一本厚厚的已经发旧的《载人飞船工程技术、经济可行性论证报告》，至今仍被王永志等人好好地保存着，论证报告是一段难忘的历史，记载着他们把中国航天员送上太空的决心和信心。

历史性决策

1992 年 9 月 21 日早晨，王永志同丁衡高、林宗棠、刘纪原、王盛涛等领导同志再次来到中南海，准备向中央政治局常委汇报载人飞船工程立项论证情况。

上午 9 时 30 分，中共中央总书记江泽民宣布会议开始，他说，载人航天是大事，请常委等同志审议一下。

丁衡高首先汇报了国防科工委《关于开展我国载人飞船工程研制的意见》。他说，从 1986 年定这个项目开始，经过这么多年的多次讨论，今年 1 月 8 日中央专委决定进行技术、经济可行性论证。丁衡高着重谈了发展载人航天的意义，他说，载人航天是当今世界高新科技的一个重要发展领域。他列举了载人航天的几个方面的作用之后说，就是对人才的培养也是需要搞的。搞载人航天意义重大，论证比较充分，当然也有不同认识，集中在“风险”方面。但从发展方向来看，这符合人们认识客观世界的规律，所以我国搞载人航天是有条件的。丁衡高同志汇报了我国发展载人航天分“三步走”的设想后，他说，这项工程技术复杂，是空前的大工程。接着王永志详细汇报了论证工作的主要情况、工程的组成和各大系统的主要技术方案及“三步走”发展规划的说明等。

此后，会议进行了审议。

江泽民提了不少问题，像当时苏联和美国的航天技术哪一个水平更高，他们载人航天出过什么事故，有没有伤亡等，王永志一一做了回答。

江泽民同志说：“汇报完了，你们几位还有补充吗？”

航空航天工业部部长林宗棠说：“航空航天工业部完全赞成、拥护中央专委的决定。”

江泽民说：“你们几位都签字了？”并一一点了签字的人名。

李鹏：“对历史负责，都签字了。”

江泽民：“请几位常委说说吧。”

这时李鹏说，我先谈一点，因为是我主持办的。载人航天我们应当占有一席之地。不搞，很难再前进一步，这是增强综合国力的一个项目，航天是众多领域的强项……还有现在50多岁的这一代，不集中到这个强项，没有任务带上去，航天工业就不能得到很好的发展。根据这些情况，开了三次专委会，第一次作必要性汇报，说还要进一步讲清楚意义；第二次专委会认为必要，但还要搞技术经济可行性论证；第三次专委会意见一致，认为论证有深度比较可信，同意立项。为对历史负责，每位委员都郑重地在建议上签了字。李鹏接着向与会领导展示了签过字的建议报告。此时，杨尚昆同志插话："这个名单是个光荣榜，应肯定下来这是光荣，我赞成。"王永志等同志听了之后心里都非常高兴。

有的领导同志问美国载人航天是什么样的组织形式，苏联是什么组织形式等，王永志都做了回答。

有的常委强调了以大工程培养新人的意见。他们认为，老一辈搞了"两弹一星"，现在的航天科技队伍骨干大部分接近60岁了，如果没有新的任务，我们的队伍无法完成新老交替，就会断档。要培养出一支年轻队伍，靠读书是不行的，必须有一个大工程带动，现在二三十岁的人，到2000年才顶用，要大量培养人。这是保持航天技术发展势头的重大战略问题。

有的常委在发言中表示了对载人航天工程的坚决支持。他们说，要在世界上站住脚，还得有高科技，如飞船，宁肯别的省一点。这件事真正实行，要有个连续性，要不断地进行下去。同时要发挥社会主义制度的优势，集中兵力攻坚。

常委们认为，如果当年我们不搞"两弹一星"，我们能进联合国吗？我们能有今天这样的国际地位吗？假如不在载人航天这样举世瞩目的高技术领域占有一席之地，我们还能保持现在这样的国际地位吗？常委们希望定下来后集中力量按预定目标做到。一定要搞上去，应有决心，有信心。早一两年、晚一两年，关系不大。

当讨论到经费问题时，更显示出中央领导集体的坚强决心，常委们认为，如果当前经费紧张，宁可不申办2000年奥运会也要干这件事，有的常委再次重申自己的观点，钱不够，动用国库里的黄金储备也要干。

当时任中共中央办公厅领导的温家宝同志表示完全赞成。他认为发展载人航天对政治、经济、军事、科技都有非常重大的意义，可扬国威、振民心，在高科技领域占有一席之地，且能带动并提高科技水平。

在大家发言之后，江泽民说，这是个大事，大家同意，我也完全同意。要下决心搞这个东西。搞这个在政治、经济、科技上都有意义，也是综合国力的标志。这里有个很重要的因素，我们搞“两弹一星”吸收了相当多的科技人员，许多同志现在都五六十岁了，没有实际东西培养不了接班人，要培养人才，使之后继有人。

江泽民最后说，要静静地、坚持不懈地、锲而不舍地去搞。除中央专委外，具体的要有个班子，经常研究些大问题。要抓紧，抓而不紧等于不抓。多方面综合些实力，静悄悄地搞，不登报，不上电视。今天我们就做这样一个决定，发展我们自己的载人航天。同时要求要像当年抓“两弹一星”一样抓载人航天工程，有事可以直接向中央报告。

因汇报列席这次重要的会议，给王永志留下了深刻的印象。中央领导同志高瞻远瞩，站在国家发展战略的高度上看待载人航天的意义和实施载人航天的决心让他激动不已，这给了王永志莫大的鼓舞教育，二十几年来音犹在耳，时刻激励着他谦虚谨慎、一丝不苟、奋力向前。绝不能让党中央和全国人民失望，这一神圣的责任感，让他倍感肩上的责任重大，更让他为肩负的使命感到骄傲和自豪！

1992 年 9 月 21 日，是个值得永久纪念的日子，这一天，中国航天事业掀开了新的篇章！以“921”为代号的中国载人航天工程诞生了。

执掌技术帅旗

中央批准载人航天工程立项的喜讯传来，全体航天科技队伍无不欢欣鼓舞，更令他们兴奋的是，中央不仅批准了飞船工程的立项，而且还确定了我国载人航天“三步走”的发展战略！载人航天，此其时也！

载人航天是尖端科技的集成，是集众多高新科技于一身的战略性高技术领域，需要众多学科的科技人员和各行各业的共同奋斗。复杂的系统、高难度的技术和艰巨的任务不仅是对技术水平和能力的挑战，也是对组织管理能力的考验。因此，中央专委决定对工程实行专项管理，由中央专委直接领导，国防科工委负责工程的统一组织实施。为加强对工程的集中统一领导，成立了工程的行政和技术两条指挥线，并设立了工程总指挥和总设计师。在国防科工委设立了专项工程管理办公室，作为总指挥和总设计师的办事机构，并对工程的技术、计划、经费、基本建设和技术改造实施集中统一管理，形成工程总体的顶层管理机构。同时，建立了总指挥、总设计师联席会议决策重大问题的制度。

从技术上要指挥千军万马，打一场只能赢不能输的战争，选择总设计师事关大局，谁来执掌技术的帅旗呢？

神舟五号发射成功后，与载人航天工程首任总指挥丁衡高上将合影

千军易得，一将难求。的确，选择总设计师，不仅要求他有一颗对祖国赤诚的心，有一种顽强执着的事业心，更要求其具有较高的学术造诣和水平，有科学严谨、坚持原则、协调处理问题的能力。综合各方面的情况，王永志无疑具备了担此重任的条件。当物色总设计师时，王永志立即进入各级领导的视野。

1992 年 11 月，中央专委任命了工程的 4 位负责人，他们是：

工 程 总 指 挥：丁衡高

副 总 指 挥：沈荣骏 刘纪原

工程总设计师：王永志

中央专委为了加强载人航天工程的集中统一管理，一改惯例，将以往设在产品设计部门的工程总设计师设在了国防科工委，将以往由国防科工委任命改为由中央专委任命。这样做，使得工程的技术负责人能够超出部门和系统的局限，从工程全局的高度更加公正客观地研究、协调、处理事关工程全局的重大技术方案和重大技术问题。

总设计师是设计师队伍的核心和灵魂，是工程技术指挥线的领头雁。在中国载人航天工程总设计师工作条例中规定的主要职责是：

工程总设计师是整个工程的技术总负责人，即整个工程技术工作的组织者、指挥者以及重大技术问题的决策者。

工程总设计师在工程总指挥领导下工作，是工程技术指挥系统的总负责人，在技术上对国防科工委负责。

各系统总师在工程总设计师领导下进行系统研制建设的技术工作。

工程总设计师负责确定各系统的设计任务、审定各系统的技术方案和协调解决系统之间的技术问题。

工程总设计师可根据需要召开（各系统）总师联席会议，部署工作，交流研制、建设情况，协调各系统间的技术问题。

工程总设计师的办事机构设在国防科工委机关。

王永志清醒地认识到工程总设计师的责任绝不轻松。不仅仅是开头难，其后也必将面临急流险滩。他深切地感到，担任总设计师，是信任，更是重托！他义无反顾地再次承担起新的历史使命！

12年后的2004年春天，当神舟五号首次载人飞行任务圆满成功后，在中央电视台举办的国家最高科学技术奖论坛上，总装备部李安东副部长谈到选择王永志担任载人航天总设计师时说："载人航天是一项非常庞大、十分复杂的系统工程。选择王永志担任这项工程的总设计师是很不容易的。王永志有三个特点：第一，他有一颗赤诚之心，有一种顽强执着的精神。第二，他的学术、技术水平很高。从莫斯科航空学院毕业回国后一直在祖国航天事业的第一线工作，是'两弹一星'的技术骨干之一，曾经先后参与担负了许多重大系统工程的研制工作，积累了非常丰富的工程实践经验。第三，他能坚持原则，大局意识非常强，在载人航天的科技队伍中有很高的威信。实践证明，当时选择王永志同志担任总设计师是完全正确的。王永志同志劳苦功高！"

1992年这一年，王永志刚好踏入60岁的门槛。

从中国古代沿袭到今天的崇拜中，最普遍的莫过于生肖崇拜。王永志属猴，这一年是他的本命年，同时也是他生命中辉煌的一年。他当选为国际宇航科学院院士、俄罗斯宇航科学院外籍院士，一顶顶耀眼的桂冠戴到他的头上。谁也没有想到，12年后的2004年，又是王永志的本命年，他获得了中国科技界的最高荣誉——国家最高科学技术奖。

难得的一个休息日，他破例抽出时间和妻子去了天坛公园。天坛公园过去曾经是皇帝祭天的地方。到北京几十年，夫妻俩很少去公园。走进西门，沿着林荫下的石板路，好像乘着天梯，漫步云海，这是当年设计者们精心创造的"登天"的环境，他俩登上了位于三层洁白圆台上的祈年殿。站在这座祭天圣殿的下面，宛如置身于奥秘的天穹之中。环顾四周，高楼与绿树掩映，蓝天与白云竞美！

“丹阳，我已经60岁了，搞火箭30多年，一直紧紧张张，提心吊胆。本来想退休后好好休息一下，陪你到处走走，挽回过去常常不在你身边的‘不良影响’。现在组织上这样信任我，要我承担载人航天总设计师的重任，看来，我只有再次向你道歉了！”王永志说道。

国际宇航科学院院士证书

“永志，你带我来天坛，原来是有想法的呀。几十年的风风雨雨，多少困难我们都闯过来了。现在孩子们都工作了，家里也没有后顾之忧了。”王丹阳说。

“丹阳，谢谢你！多年来，你一直理解我、支持我，相信你会继续支持我。”王永志高兴地看着王丹阳。

60岁，一万个人会有一万种不同的人生打算。有的人准备继续发挥余热，为社会作贡献；有的人却享受躺在功劳簿上带来的尊严和愉悦；有的人在子孙绕膝中安享晚年的天伦之乐。

而对王永志来说，60岁却是他人生第二个青春的开始。能够参加载人航天的伟大事业，这是多么难得的机遇啊！搞了30多年航天的王永志和他的同伴们早就盼着这一天了。这是为实现千百年来中华民族的飞天梦，这是中华民族又一个史无前例的伟大创举！他心中充满了万丈豪情！

重任在肩，他心中非常冷静。把中国人送上天去，前无古人，这是条充满艰辛的道路，责任重大。肩负如此重任，并不意味着自己才高艺精，而是意味着自己要在新的征程上带头冲锋陷阵。

千里之行，始于足下。从担任载人航天工程总设计师伊始，他就认识到作为技术领军人，要带领和协调全体载人航天技术队伍为中华民族谱写这样一幅鸿篇巨制绝不是一件轻而易举的事，不仅万事开头难，其后也是关山重重、征途漫漫！

第八章

创新之路

王永志认识到，要实现中国载人航天工程的宏伟蓝图必须坚持高起点、高效益，通过技术创新，实现跨越式发展；必须调动各方面的积极性，发挥中国航天人的集体智慧，齐心协力，集智攻关。

奋起斩关夺隘，展翅九天揽月。1993 年初，工程各系统陆续全面转入方案研制阶段。工程总体及时决策了不上大动物试验、发射场系统提出的“三垂一远”模式、主着陆场由河南黄泛区改址为内蒙古草原等重大问题，提出了飞行轨道设计要求，为七大系统尽早开展方案设计工作铺平了道路。在工程总体的组织下，各系统制订了体现自主创新又切实可行的技术方案，完成了具有自主故障诊断和逃逸控制能力的“长征二号 F”火箭的研制方案，开始研制三舱飞船，制订了陆海基 S 波段统一测控通信网方案，确定了多学科多用途的空间科学应用项目等。一系列的自主创新成果为中国的载人航天铺就了成功之路。王永志在做好顶层设计的同时，经常到一线与科研人员商讨解决问题的办法，攻克技术难关。就像七大系统的老总们说的：“一线经常闪现着他的身影。”

工程总体和七大系统

时不我待，“921 工程”一上马，使命和责任立即推动着各项工作有条不紊地迅速展开。

首先是组织和动员研制队伍，并按专业和功能把工程划分为航天员系统、飞船应用系统、载人飞船系统、运载火箭系统、发射场系统、测控通信系统和着陆场系统，这七大系统相互关联，形成整体。航天员系统负责航天员的选拔训练和医学监督与医务保障任务；飞船应用系统研制安装在飞船上的各项空间科学与技术实验装置，以具备空间科学技术实验的能力；载人飞船系统负责安全运送航天员进入太空并返回地面，提供航天员在太空的生活和工作条件；运载火箭系统负责将飞船安全可靠地送入预定轨道；发射场系统负责载人航天发射场的设计、建设以及火箭和飞船测试发射的任务；测控通信系统负责载人飞船进入太空后与地面的联系，传输各种任务指令，观测飞船的运行状况；着陆场系统负责飞船完成任务后返回地面时执行搜寻和救援任务。

各系统也按照行政、技术两条指挥线开展工作，国防科工委随即任命了七大系统的总指挥和总设计师（简称两总），系统两总在工程两总的领导下开展工作。

由于七大系统隶属于不同的行政部门，按照隶属关系将各系统归口于三大部门管理，即载人飞船系统和运载火箭系统归航空航天工业部管理，飞船应用系统归中国科学院管理，其余 4 个系统归国防科工委司令部管理。

工程七大系统在工程总体的统一组织和协调下，各司其职、各负其责迅速展开了工程研制工作。按照《工程总设计师工作条例》的规定，工程总设计师的首要任务就是提出工程总体技术方案，确定各系统的设计任务书和主要技术指标，审定各系统的技术方案。

作为各级设计师来说，这是最紧张、最辛苦的阶段，是对各级设计师要求最高的阶段，也是对设计师队伍的技术水平、工程经验、掌握全局及组织管理能力等综合素质的全面考验。

载人航天工程涉及众多的科学和工程领域。为全面了解和把握整个载人航天工程的大局和技术内涵，王永志博览群书，除了火箭方面外，他阅读了有关航天员的选拔和训练、医学监督与医学保障，太空环境、飞船研制中的环境控制和生命保障，飞船的测控，返回舱的搜救与回收等方面的书籍，仅搜集整理的各种资料就多达数百万字。

工程研制的第一道程序就是方案设计阶段，也称为模样研制阶段。王永志总结我国航天几十年的实践经验，把方案设计阶段的主要任务用简练的语言概括为："攻关键，定方案，抓短线，建立协作配套网，创建研制条件。"不难看出方案阶段的中心任务是攻克道道技术难关，从而最终确定各系统乃至整个工程的设计技术方案。这也是工程研制中最基础、最带有根本性的工作，这个阶段工作完成的好坏，直接决定整个工程的指标甚至命运。因为方案的正确性是决定工程先天素质的根本因素，如果方案带有隐患，工程研制中就势必出现反复，就会影响整个工程的实施！

为了将方案阶段的工作做得踏实可靠，工程两总决定先用3个月时间对可行性论证时提出的各系统方案进行复议确认。王永志在解释这一安排时说，主要考虑到各系统新任命的两总中有些人并没有参加可行性论证，更何况可行性论证过程中还有些问题没有最终确定，还有些影响最终方案确定的因素没有来得及最后落实。

为保证工程各系统能尽早开展方案设计工作，作为龙头的工程总体必须及早做出顶层技术决策，明确对各系统的设计技术要求。

例如，在可行性论证期间，航天员系统提出的实施载人航天飞行前应安排动物搭载试验的建议，尚未达成共识；发射场系统上报了"三垂"方案，在报告中仍然是"暂定"；着陆场系统提出的河南黄泛区作为主着陆场的方案，还没来得及实地勘察；飞行轨道设计尚未完成等。这些问题都事关工程全局，容不得半点含糊。

作为工程总设计师，王永志必须做出明确的回答。他带领工程总体和各系统两总解放思想、开拓进取，通过一系列具有中国特色的技术创新，叩开了中国载人航天的大门！

不上动物试验

由于有了航天员的参与，保障航天员的生命安全就成为载人航天飞行的首要任务。飞船在载人上天之前要经过大量的地面试验和无人飞行试验来考核飞船的安全性和可靠性。苏联在首次载人飞行前发射了 7 艘试验飞船，美国的“水星计划”在载人飞行前进行了 8 次无人飞行试验，在上人之前都进行了动物搭载试验，其目的是考验和验证飞船的环境控制与生命保障能力，进而判断载人太空飞行的可行性和安全性。我们怎么办？这是王永志一直在思考的一个问题。

在技术方案论证会上，航天员系统的技术负责人都认为送大动物上天试验比较保险，到时候领导要我们表态可否上人了，我们回答时就有了根据。会上，主管这一工作的同志谈了他的想法：“按照国外的经验，我看最好还是进行大动物试验。动物试验成功后，才能证明可以载人飞行。1957 年 11 月 2 日，第一个遨游宇宙的小狗‘莱依卡’登上了苏联‘宇宙二号’飞船，说明了动物试验的重要性。如果上动物，我们准备用猕猴，我国云南的猕猴最聪明，好训练。”

王永志认真地听着，然后问道：“从购买猕猴到训练成功，你们估计要多少天，预算要多少经费？”

主管同志答道“估计要一年时间，约需人民币 3000 万元左右。”他接着说：“猴子的代谢能力较低，消耗氧气挺慢，在相同的时间内它的氧消耗量相当于人的 1/6，也就是说，6 只猴子的氧消耗量才相当于一个人的消耗量。”

王永志接过话题说道："苏联和美国曾经在人上天之前做过动物试验，现在已有很多人上过天了。你们应该调研一下，做下分析，能否独辟蹊径，从其他方向入手，想出一些办法来。训练猕猴要专人研究、饲养和训练，光建一个动物研究实验室就要上千万元，而且飞船内还要研制一套猴子的生命保障系统。经费和时间代价暂且不说，最主要的问题是能否达到目的。猴子行了不见得人就行，猴子不行不见得人就不行。关键是 3 个人的代谢量，需要 18 只猴来模拟。如果上天带着 18 只猴，那飞船就变成花果山了！"王永志开了个玩笑，顿时使会议活跃起来。大家围绕这个问题，你一言，我一语，各种观点，各述缘由。

大家讨论一段时间后，王永志接着说："当然，上动物也有一定的道理。但上动物，除了上述问题之外，还有其他方面的困难。猴子上天以后，一旦出了意外，将很难分清是飞船环境满足不了猴子的生存要求还是猴子本身的问题。据说国外曾经发生过黑猩猩上天后，由于受到惊吓在几天的飞行时间里不吃不喝，饥饿导致它的胳膊和腿都瘦了一圈，结果它竟然从束缚带中溜了出来，'大闹天宫'，差点出了问题，使地面人员虚惊一场。"

"人能不能上天，实践已经证明了，航天员在天上停留时间已长达几百天。难道还要从猴、从狗试验开始吗？上动物所能起到的作用，一是可以测定耐受失重、超重的能力；二是依靠动物不断地消耗氧气，排出二氧化碳，以此来考核飞船自动补充氧气和消除二氧化碳的能力。我们如果采用一个模拟装置代替人，它的耗氧、排出的二氧化碳、放热等能力与上天的航天员一样，岂不更方便省事嘛！"王永志停顿一会，接着说："我认为，根据当前的科技发展水平，要实现连续地消耗氧气，产生二氧化碳和热量，完全可以做得到，不用非上动物不可。我们可以做一个模拟人代谢的装置来代替动物试验。这样不仅可以节省经费，更重要的是可以节省时间，以实现跨越式赶超。我的意思大动物试验就不做了。"

听了王永志的一番分析，大家都觉得深受启发。航天员系统的总指挥魏金河所长和总师杨天德也都同意了这一意见。最后达成了不做动物试验的共识，利用拟人代谢装置，直接跨越动物搭乘试验阶段的一致意见。这一意见也得到了工程总指挥的有力支持。

在进一步组织相关人员进行调研和论证的基础上，最终确定由中国科学院大连化学物理研究所研制拟人代谢装置。这个装置利用物理和化学原理，可以模拟 3 个人的代谢规律，不断地消耗氧气，并释放出二氧化碳。这样在无人飞行试验中，就可以比较全面地在轨考核飞船的环境控制能力。中国科学院大连化学物理研究所研究人员经过刻苦攻关，仅花费约 600 万元人民币，在较短的时间内就成功地研制出了拟人代谢装置，既节省了时间，又节约了经费。

赋形配重假人

拟人代谢装置经多次无人飞行试验表明，完全达到了在轨考核飞船环境的目的，证明了“神舟”飞船的环境控制和生命保障能力满足载人飞行要求。中国载人航天工程跨越大动物试验阶段，从无人飞行试验阶段直接跨入到载人飞行阶段，稳妥、可靠、安全，不仅节约了研制经费，而且大大缩短了研制周期。

“做这个决定，不踩着前人的脚印走，是给自己提出了一个挑战，责任很大，压力很大，但很有意义。”王永志事后说。

决意“三垂”

发射场是火箭和飞船的起飞平台。发射场系统包括总装测试厂房、发射塔架、发射指挥控制中心、加注系统等基础发射设施。多年来，我国运载火箭的测试发射，一直都采用“水平测试、分段水平转运外场、分段垂直组装和测试”的方式，这种模式，存在测试项目重复、发射工位占位时间长等缺点。

早在可行性论证时，国防科工委机关和发射场系统的许多同志都坚决主张新建的载人航天发射工位应采取“三垂一远”方案。在论证会上，发射场的专家们认为：七大系统不论是哪个系统，都要体现目前国际发展趋势，要有创新观念，发射场也不能例外。

当时的发射场系统副总设计师邢春圃说：“如果发射场还是原来的情况，就谈不上有新的东西。现在应该乘势而上，搞‘垂直总装、垂直测试、整体垂直转运’的‘三垂’模式，才能从整体上体现创新。美国发射阿波罗飞船时建了最早具有‘三垂’特征的39A发射场；日本只是火箭垂直准备，卫星则单独转运，到发射区再进行组装，叫‘日本模式’；目前法国阿里安发射场也在搞称为‘垂直准备的模式’，即垂直组装、垂直测试、垂直整体转运。‘三垂’模式确实代表了一种世界发展的潮流，是很先进的。”邢春圃还说，“早在可行性论证阶段，发射场论证组第一次汇报提出‘三垂’方案时就得到了王永志的支持，他认为这种方式更适合载人航天。”

“三垂”模式

对于专家们担心的在火箭垂直运输过程中会出现“倒摆谐振”问题，王永志非常重视。就此他多次与运载火箭系统总设计师王德臣，副总设计师张庆伟、周载学、孙凝生等仔细研究火箭究竟能不能适应垂直整体运输的问题，并同王德臣商量成立由火箭技术研究院总体设计部和702所专家组成的动力学研究小组，开展专题研究。

在王德臣组织领导下，经过专题研究小组的分析和计算，结果表明，船箭组合体完全能够适应垂直运输要求，不会产生火箭运输车与运输轨道的三体谐振。这个意见对于载人航天发射场最终采用“三垂一远”方案，起到了关键作用，是至关重要的支持。

为了更多地借鉴国外的经验，王永志还与发射场系统、火箭系统以及国防科工委机关的同志一道专程去日本种子岛发射场进行了考察，增加了实感，增强了信心。

至此，大家的意见已趋于一致，“三垂一远”模式被最终确定下来。

时至1998年3月，载人航天发射场区已基本建成。来此验收的专家很有感触地说，载人航天发射场厂房，无论在建筑方面，还是自动化程度方面，都有创新，堪称亚洲第一。随后，重达700多吨的活动发射平台运抵发射场，并调试完毕。合练（飞）船、合练（火）箭也先后到达，合练按预定计划开始了。关注这次合练的人很多，大批专家齐聚合练现场。王永志是这次合练的主持人之一。他早早来到现场，盼望着预期的结果能得到验证。这时，在大家关注的目光下，活动发射平台载着高达58.3米的船箭组合体启动了，它缓缓驶向发射区，在十几米/秒的风速下，但见竖立在发射台上的火箭稳稳当当不见任何大幅摆动，垂直运载实验成功了，一个长时间争论的问题终于有了结论。

“三垂一远”的新模式，使我国进入了国际航天发射技术的前沿。运用此模式，保证了在技术区经过充分测试的火箭状态可以平稳过渡到发射状态，火箭发射工位占位时间也由以前的10~15天缩短到3~4天，为载人航天工程的顺利实施，为今后开展空间交会对接、空间救援等应急航天发射，奠定了坚实的基础。

选址主着陆场

在中国960万平方公里[①]的陆地疆域中，寻找区区一块2000平

① 1公里=1千米。

方公里的平坦区域并不难，但要找到一块既能够满足着陆场的要求又能够满足飞船轨道要求的区域却不是一件简单的事。从1993年2月—1996年10月，为了飞船主、副着陆场的选址，工程指挥部先后组织人员对河南、四川、辽宁、内蒙古、甘肃和新疆等所有理论上适宜做着陆场的地方，进行了7次大规模的实地勘察，直升机勘察17架次，车辆勘察行程23500千米，勘察面积18万多平方公里，相当于两个浙江省的面积。

在可行性论证阶段，根据图上作业和空中勘察的结果，初步拟定主着陆场选在河南省开封至驻马店以东长约200千米、宽约100千米的地区内，具体中心点拟经陆上详细勘察后再定。

1993年2月初，王永志与时任国防科工委司令部副参谋长的赵起增同志率队开始对该地区进行地面详细勘察。他们乘汽车向预定地区进发，一路上看着窗外的景象，王永志的眉头越锁越紧。该地区尽管在黄泛区里，但是人口密度却不小，村庄的规模都很大，而且房前屋后种满了树木，堆满了柴草。眼前的情况让他十分担心：一是树木和建筑太多，影响飞船的降落安全；其次是人口密度太大，每平方公里达到600人，飞船降落前势必要疏散群众，而初期的着陆场面积要求是2160平方公里，那么每次飞行任务着陆的那一天就要疏散将近130万人，实在太扰民了。

带着这些问题，王永志想了一路，也与大家商量了一路。他心里反复掂量着该怎么办。选址方案已经向中央报告了，也得到了批准，再提出来要改，这个“马后炮”要不要放？从技术上考虑，要改的话，往哪里改？着陆场位置的变化会带来一系列技术上的变化，轨道倾角、搜索救援回收的设施和设备配置、测控通信系统的布局都要变，长春站用不上了，原放在塔城的机动站改到和田还好说，青岛要建站，“远望号”测量船的位置也得变，变化是不是太大了？有没有别的解决办法？一路上他一直在冥思苦想，最后终于下了决心。“看来咱们要到北边的内蒙古大草原去了。”他对同行的邱乃庸说："这块地方不行。你要考虑重新设计飞船轨道倾角等问题，咱们另做打算吧。"

邱乃庸是与他一起工作了多年的老同事，"921 工程"启动后也调到国防科工委并担任了载人航天办公室工程总体室的第一任负责人。他非常赞同王永志的建议。

勘察组回到开封开会总结时，王永志提出主着陆场要改址。他说："这一路大家都看到了真实的情况，从确保航天员安全出发，主着陆场设在这里看来不合适。我们不能因为中央已经批准了，就不改了。中央批准的原方案是基于我们以前的工作，既然现在我们勘察发现了新的问题，要实事求是地拿出我们的观点，不能文过饰非。从不扰民出发也要改。我们既要确保航天员安全，也要保证群众生命财产的安全。改变着陆场位置带来的变化，要重新从技术上找出解决途径。"

着陆场选址

对改变主着陆场选址，也有不同看法。有人认为，原来的着陆场也不是绝对不能用，尽管降落到预定区域里的机会小一些，但飞船降落时撞到建筑物和树木的概率很小，有必要对方案做这么大的改动吗？

对此王永志都做了耐心细致的解释工作。他说："如果造成的后果是人命关天的，小概率事件也不能放过。我们干载人航天不是打几艘飞船就完了，飞船降落一两次也很可能不会出问题，但如果方案留有隐患，迟早会出事，而且是大事。表面上看就是着陆场变个位置，没有必要大动干戈。实际上，如果从全局出发，把着陆场调整与飞行轨道优化设计联系到一起考虑，不仅可以解决着陆的安全性问题，更主要的收获是飞船返回主着陆场的机会增大了，航天员的安全性更高了，这样的收获花再大的代价都是值得的。”

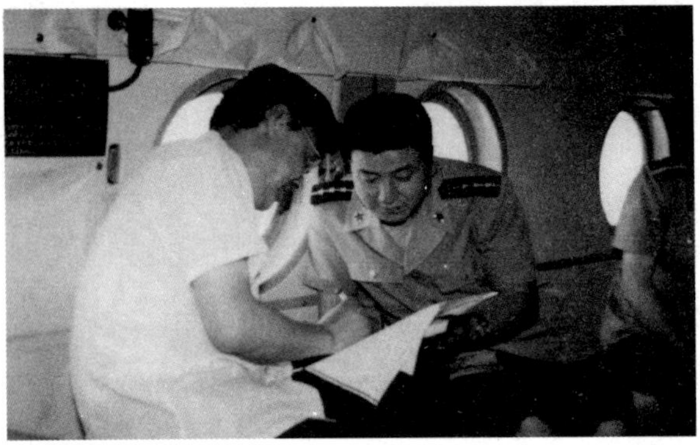

在直升机上研究着陆场选址方案

经过讨论，最后大家的意见统一了。他马上电告北京，重新进行图上作业，向内蒙古方向找点。

回到北京后，王永志把主着陆场实地勘察的情况向有关领导做了汇报，副总指挥沈荣骏和总指挥丁衡高都支持他的意见，决定主着陆场改址。

1993 年 4 月 27 日，王永志主持召开了航天员系统、飞船系统、火箭系统、测控通信系统和着陆场系统总设计师联席会议，讨论着陆场的改址问题，各系统的总设计师都发表了意见。最后他总结说：着陆场重新选址先在图上作业，以呼和浩特为驻地勘察四子王旗阿木古郎牧场地区，以银川为驻地勘察苏米图（鄂尔多斯高原西部）地区以及通辽地区，调整轨道倾角时要考虑上升段避开日本岛屿。最后，他对参加会的各系统布置了几个要深入研究、要量化的问题：飞船着陆时返回舱不能大滚动，其地势允许多大的坡度为好？初期的着陆场扩大范围，应扩大多少？弹道式返回落点是一条带，离国境线要多远？人口、房屋占着陆场面积的百分比应小于多少？计算正常着陆点的散布只考虑了平均风，要不要考虑随机风的影响？

1993 年 6 月，在各有关系统做好充分的技术准备后，王永志与赵起增又率队出发了，一行 14 人直奔内蒙古大草原。他们先乘直升机对四子王旗阿木古郎牧场地区和鄂尔多斯西部地区的大草原和戈壁沙漠进行空中勘察，选定空旷平坦的地区后，再乘汽车进行地面勘察。

汽车沿着戈壁沙漠行驶是异常艰难的。有时，车轮在沙窝里空转，人不是坐在车里，而是都在后面推车，大家都灰头土脸的。有时，烈日炎炎，大家满怀希望地把车推上了沙梁，再往远处一看，全都傻眼了，连绵的沙丘，一望无际，沙浪翻腾，四面八方都是一个样，只有他们小小的车队像几片绿叶漂浮在沙海上……平时很有知识分子风度的王永志，此时也只穿着白色的背心，拿着矿泉水瓶使劲喝水，随队的一位摄影师记录下了当时的情景。

经过实地勘察，王永志心中有数了，最后相中了四子王旗阿木古郎牧场地区。

四子王旗阿木古郎牧场地区，南连阴山山脉，处在大青山北麓内蒙古高原，地形南高北低，逐渐向西北倾斜，海拔 1000 ~ 1200 米。地势平坦、开阔，是著名的乌兰察布草原优良的天然牧场。丘陵坡度平缓，一般都不超过 15 度。这里人烟稀少，平均每千米^{2}只有 7.9 人，其他条件也都符合主着陆场要求。更为有利的是，由此往西将近 1000 千米均为人烟稀少、地势平坦的平原地区，为飞船弹道式返回提供了极为难得的安全走廊。主着陆场初选成功了，为进一步摸清场区内详细情况和周边环境，以便做场区建设准备，同年 9 月，原班人马再次开进该地区进行详勘，结果大家都比较满意，确认了主着陆场的位置。

此后不久，王永志随丁衡高等领导同志，向中央专委汇报飞船主着陆场的更改方案。当王永志汇报更改着陆场的原因和拟改在内蒙古阿木古郎地区时，李鹏高兴地插话说：“改得好！”当他汇报完毕，稍事讨论后，李鹏说：“就这样定了，批准实施这一方案。”

这样，飞船的飞行方案有了重大变化，每次发射的飞船按计划返回内蒙古四子王旗主着陆场；并将原定52度左右轨道倾角减低到42～44度，使主着陆场能够位于船下点轨迹的弧顶，增加了飞船正常返回的机会。如果主着陆场不具备气象条件，飞船还可以返回位于酒泉卫星发射中心南边的副着陆场。另外，为了保证飞船在任何故障情况下应急着陆时，都能够迅速地找到返回舱并且保证航天员的生命安全，还在国内外布设了多个陆上应急救生区和海上应急溅落区。因此，中央专委会议后，地面勘察工作仍在进行中。

主、副着陆场场址的确定，给轨道设计，着陆场建设，测控站、船配置和布局及海上救生方案及时开展工作创造了条件。

飞行轨道设计

主着陆场决定改址后，与其相关的以提高航天员安全为主要目标的飞行轨道设计优化工作也开始了。为指导轨道优化设计，王永志组织工程总体和轨道设计复核专家组进行了多次深入的研究和讨论，在此基础上他提出了飞行轨道设计要求，即：

轨道高度避开地球内辐射带；保证航区安全，这包括上升段火箭一级、助推器和整流罩落区安全，火箭航迹避开大城市，以及返回着陆区的安全；轨道倾角由50～52度改为42～44度，主着陆场设在船下点轨迹的弧顶，增加飞船正常返回的机会；2天或3天回归，增加飞船正常返回的机会；同一条返回轨道既可返回主着陆场也可返回副着陆场，且返回机会多；变轨和制动段测控共用同一位置的海上测控船；主返回轨道为升轨返回；飞船返回走廊既不出国又避开阴山山脉，主着陆场近1000千米内基本可安全着陆，以便飞船采用弹道式返回；飞船无论返回主着陆场还是副着陆场，制动点位置基本不变，飞船升力控制参数和返回时的过载控制在规定范围之内；飞行轨道要有相似性，确保载人飞行轨道能够通过无人飞行得到充分保障。

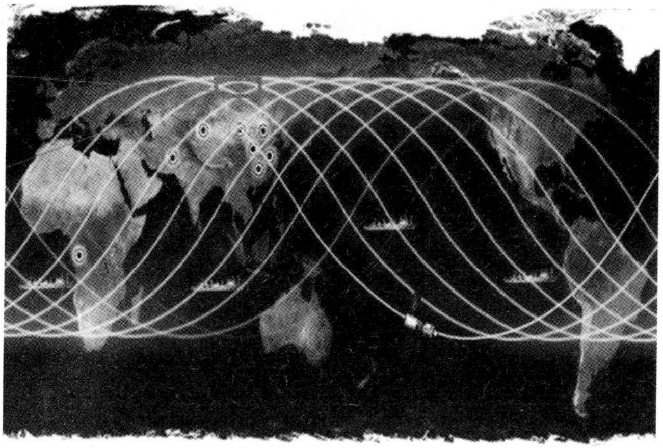

飞行轨道设计

这样的轨道设计要求既考虑了我国地理条件、测控通信设备布局和现有航天设施地理位置等条件的限制，又最大限度地提高了航天员在正常和应急情况下返回预设的着陆场的机会，从而确保航天员的安全。这一飞行轨道设计思想，反映出王永志作为总设计师的良苦用心和严格要求，也折射出他认真细致、追求完美的个性。可以说我国的飞船轨道设计是具有世界水平的。在轨道专家们的精心设计和艰苦努力下，在一年半的时间内终于圆满地完成了满足这十大约束条件的轨道设计。时至今日，许多参加轨道设计的专家们提起这件事，还都感到非常自豪。

飞行轨道设计是牵一发而动全身，需要工程总体随时关注的大事，不可能一蹴而就。在神舟一号飞船安全返回后，王永志又将飞船飞行中的变轨问题提到了议事日程。

变轨就是把飞船入轨时的椭圆轨道变为近似圆形的轨道。飞船在发射升空与火箭分离后，被送入一个椭圆轨道，其入轨轨道近地点高度约200千米，远地点高度347千米。如果飞船在远地点变轨后，把近地点抬起来，就变成圆轨道了。圆轨道各个点特征参数变化很小，有利测控，有助于科学实验，对应急救生也特别有利。地面人员可以用一组控制数据，控制飞船制动返回。

在神舟一号试验飞船的方案中，飞行轨道是一条一天返回的应急椭圆轨道，其变轨的时机选在第十四圈。神舟一号安全返回后，王永志与大家一样沉浸在无比的喜悦中，因为从1992年开始的七年间，所有的心血和汗水都从神舟一号试验飞船的圆满成功中得到了回报。但是他的思绪马上又回到了思考已久的一个问题上来，根据原来的设想，首次载人飞行的飞行时间为1～2天，而我们现在的设计轨道是第十四圈变轨，回归周期为2天。意味第一天（第十五圈）和第二天（第三十一圈）都不能按正常返回轨道返回主着陆场，只有第三天（第四十六圈）才能正常返回。如果首次载人飞行时间为1～2天，就只能采取应急返回方式。而应急返回属于一种故障对策，不可能在无人飞行阶段得到充分考核。首次载人飞行通过应急轨道返回，这在王永志内心里是无法接受的，那么解决的办法在哪里呢？

“是否有利于航天员的安全”是王永志在载人航天工程中坚持的首要原则。王永志想：“如果提前变轨，使航天员从第一天开始就可以从多次考验过的圆轨道返回地面，航天员的安全就更有保障。”

要提前变轨，那么在第几圈调整合适呢？王永志前思后想，考虑了方方面面的因素。之后，又找个别同志核对，心中有了答案。他于是找来轨道设计专家和测控专家，提出了提前变轨的设想。他说：“飞船入轨后第一圈就完成了飞船姿态调整、太阳帆板展开并正常发电等任务，首飞数据说明，地面测控系统经 3 圈飞行基本可以定轨。之后就可实施变轨，据此我认为在第五圈实施变轨是可行的。”

一位轨道设计专家不无担心地说“第五圈变轨有难度，要同时满足测控条件，我看很难行得通。”

飞船总设计师戚发轫说：“为什么行不通？王总已经考虑过了，肯定可以，没把握他不会说的，你们好好计算一下吧。”

张启平、周晓东和轨道复核专家组的周义克等同志分别与有关系统进行了详细研究，精确计算的结果表明，第五圈实施变轨是完全可行的。

于是王永志拍板决定，将飞船变轨时间从原设计的第十四圈提前到第五圈，并从神舟二号无人飞行时开始实施。采用第五圈变轨，可将返回舱返回主着陆场的机会提前 2 天，再加上应急轨道的设计，做到了飞船每天都有返回主着陆场的机会。如果发生紧急情况，航天员还可以启动应急程序返回地面，大大提高航天员的安全性。同时在首次载人飞行时既可飞 1 天也可飞 3 天，增加了飞行天数选择的余地，有利于航天员的安全。而且无论是飞行 1 天还是 3 天，均可采用经过无人飞行试验充分考核过的正常返回轨道返回，增加成功的把握性。这一重大改变得到总指挥曹刚川同志的赞许。

2001 年 2 月，神舟二号飞船发射升空，并在运行到第五圈首次成功完成变轨任务。其后神舟三号、神舟四号发射升空后都相继在第五圈完成变轨任务，为后续载人飞行实施变轨和航天员的应急安全返回提供了保障，为决策神舟五号飞行 1 天返回成为可能。

这些顶层决策明确后，各大系统的设计和研制工作随即全面展开，走上了一条艰辛的创新之路。

倚天铸长箭

1992 年 8 月 14 日，“长二捆”发射“澳星”成功，这是中国航天走向世界的一个里程碑，不仅证实了我们有能力进入国际市场，也为日后的发展攒足了后劲儿。在载人航天工程立项时，“长征二号 E”火箭这位大力士没有争议地被推举承担发射飞船的任务。

火箭系统是飞船进入太空的运输工具，是登天的天梯。但“长征二号 E”要载人上天，必须要进一步解决可靠性和安全性的问题。

“长征二号 F”火箭——金牌火箭

载人航天工程正式立项后，当时运载火箭技术研究院的设计师们还在四川西昌发射场，得知这一任务后，在回京列车上就召集各主任设计师开会，研究怎样来实现载人飞行要求的高可靠性。

为架起安全登天的梯子，王永志对运载火箭的研制提出了严格的技术和质量要求。

他多次来到中国运载火箭技术研究院，与运载火箭系统的两总等有关负责同志，商讨载人火箭的设计问题。他对老搭档、火箭总设计师王德臣说："咱们在一起搞火箭二三十年，虽然熟悉火箭的研制，但航天工业发展很快，现在工程决定用'长二捆'作为载人飞船的天梯，从运载能力看已经足够，但要载人上天，可靠性要求更高了。还有，指挥部决定把上升段逃逸救生的任务也交给火箭系统。这意味着火箭不能出问题，万一出问题必须把航天员救出来。任务空前艰巨呀！我们应在'长二捆'的基础上加以改进，使之成为能满足载人航天需要的新型火箭。"

王德臣告诉他："为保证载人飞行的安全，必须在'长二捆'的基础上专门研制故障检测处理系统和逃逸系统。如果这两个系统研制成功，就可以使火箭在待发段和上升段发生故障时，自行检测，自行诊断，发出故障信息给逃逸系统，逃逸系统随即带飞船返回舱离开箭体，从而保障航天员的安全。"

王永志听后，高兴地对王德臣说："研制故障检测处理系统和逃逸系统是火箭保证航天员生命安全最重要的一环，是完全必要的。我想起了苏联航天员斯特列卡洛夫对我讲的一个故事：一次，在他执行飞行任务的前一天，母亲对他说，孩子，明天你就别乘飞船上天了，我今天老感觉有一种不踏实感，请假行吗？这位航天员对母亲说，妈，这是国家任务，哪儿能不去呢？何况，现在火箭和飞船技术安全性很好，你放心吧！结果火箭即将发射时，这位航天员感觉到飞船突然被弹起，落到数千米之外。他惊魂刚定，回头一看，发射架一片大火，火箭在熊熊燃烧。这次事件说明，如果没有逃逸救生系统，航天员的生命不保啊！"

听了王永志讲述的故事，王德臣说："载人航天，航天员的安全第一，我们火箭系统一定会保质保量完成研制任务。"说完，这对老战友相视一笑。

1992 年底，在总指挥黄春平等领导的组织下，命名为“长征二号 F”的运载火箭开始了研制工作。

在七大系统中，运载火箭和飞船系统的技术含量最高，研制难度最大。王永志提出，载人火箭必须有很高的可靠性、完善的逃逸救生功能，其可靠性必须达到甚至超过世界上最好的火箭。不久由王永志签署的工程总体设计要求下发了，其中对火箭可靠性指标要求是 0.97，航天员安全性指标为 0.997，并要求逃逸系统在事故发生后 2 秒内将航天员带离危险区。这一要求之高在中国航天史上是空前的，世界上也只有个别火箭可以达到。这就肯定了火箭必须增加故障检测系统和逃逸系统。故障检测系统包括火箭上自动诊断和地面诊断两个方面。它可以在飞船待发射段和上升段自动进行故障检测，一旦有问题它会自动报警并发出逃逸指令。逃逸系统是为保证航天员的安全专门研制的。逃逸系统的逃逸塔在飞船的顶部，从远处看像是火箭上的避雷针。它的任务是在火箭起飞前 1800 秒到起飞后一段时间，万一火箭发生故障，拽着轨道舱和返回舱与火箭分离，脱离故障火箭，达到安全距离后，按程序将返回舱释放出来并降落在安全地带，使航天员脱险。

逃逸塔

逃逸塔固定在整流罩上。整流罩简单地说就是火箭上部的外包装，它由两瓣组成，合拢后形成一个头部呈钝圆的圆柱体。载人飞船的整流罩既要具备卫星整流罩的功能，还要成为逃逸救生时的承载结构，也就是说，这个外包装还要能承受逃逸飞行载荷。由于它具有双重功能，使其设计难度相当大，相关联的许多部件的设计和加工都成为难啃的硬骨头。

折叠在火箭整流罩上的4块栅格翼是一种像筛子一样呈长方形的构件，是一种保证逃逸飞行器稳定性的特殊装置。在火箭飞到高空一旦出现紧急情况需要启动逃逸系统时，栅格翼打开，以实现逃逸的稳定飞行。在火箭设计人员和生产工艺人员的努力下，栅格翼这个逃逸系统里最难的技术终于被攻克了。

折叠在整流罩上的栅格翼

1998年10月19日，王永志在酒泉卫星发射中心主持了“长征二号F”运载火箭零高度逃逸救生试验。上午9时，随着一阵巨大的轰鸣，火箭逃逸飞行器腾空而起，逃逸主发动机与分离发动机的喷管喷出耀眼的光焰。当逃逸飞行器飞行到将近2000米的高度时，飞船返回舱与逃逸飞行器分离，降落伞徐徐张开最后飘然落地，试验获得了圆满成功。

科学坦途有志竟成，英雄豪杰天高可攀。经过近7年的努力，1999年6月，“长征二号F”火箭第一次露出容颜：高58.3米，最大包络直径达8米，起飞总质量近500吨。宏伟壮观、明亮呈乳白色的箭体，与绘在上面的五星红旗，构成了一幅完美雄壮的图画，堪称中国火箭家族中的大力神。

在“长征二号F”的研制中，多项技术成为中国航天史上的“第一”。第一次提出了安全性要求，第一次设计故障检测系统和逃逸系统，第一次实现“三垂”模式，第一次实现远距离测试发射，第一次设计了两套控制装置，第一次研制和采用弯喷管逃逸固体发动机，遥测系统第一次参与控制，第一次实施可靠性工程化，第一次实现软件工程化，等等。特别是增加的故障检测系统，共有310种故障检测模式。此外，“长征二号F”火箭采用了大量先进的冗余设计技术，假如一套系统出现问题，可以立即切换到另一套系统，极大地提高了可靠性。众多的创新体现了对技术进步的要求。

王永志与火箭总指挥黄春平和总设计师刘竹生合影

“长征二号F”火箭的成功研制不仅是火箭系统专家们的骄傲，更使王永志这位搞了30多年火箭研制的专家感到自豪。他非常欣赏第二任火箭总设计师刘竹生赞美“长征二号F”的一句话：“什么是金牌火箭，这就是金牌火箭。”

众志造神舟

在思考中国的航天风帆该怎样起航时，王永志立足当前，谋划未来，把目标瞄准了俄罗斯最先进的飞船“联盟TM号”。他知道，实现中国载人航天工程的关键是飞船的成功，而飞船的先进性体现着当代中国的科技进步。同时，载人飞船不仅要保证航天员顺利进入太空，而且要保证他们在太空工作并安全返回地面。这就对飞船研制提出了比卫星研制高得多的要求。

在进入飞船方案设计阶段时，王永志对飞船系统总设计师戚发轫说：“飞船是整个工程的核心组成部分，难度最大，又没有基础和经验，你们的担子最重。特别是飞船搞三舱构型，要体现中国特色，体现技术进步，就必须要创新，实现跨越式发展才能赶上国外的先进水平。这给你们的研制带来了更大的难度。”

飞船总设计师戚发轫是中国工程院院士、著名的航天专家，曾是我国第一颗卫星研制的主要技术负责人之一。他说：“飞船采用三舱构型，系统复杂，难度较大。但飞船系统的同志们都有信心、有能力研制出一个高档次的现代飞船。我们飞船一旦问世，就要和国外在用的飞船不相上下。”

但飞船的研制面临着重重难关，飞船的推进舱、返回舱和轨道舱三舱之间的连接和分离、飞船与火箭间的连接和分离、飞船的安

测试中的三舱“神舟”飞船

全着陆等都涉及很多关键技术。飞船研制过程中，王永志与工程总体科研人员多次到飞船研制单位了解情况，协助解决具体问题。

与飞船系统总设计师和总指挥合影（左起分别为袁家军、戚发轫、王永志、王壮）

在全体研制人员艰苦卓绝的努力下，在短短几年时间内，迅速突破了飞船三舱的分离解锁、调姿制动、升力控制、防热、回收等5项关键技术难关。飞船的主要分系统结构与机构、制导导航和控制、数据管理、推进、热控、无线电测控、电源、返回着陆、环境控制与生命保障、仪表照明、应急救生系统等都攻克了很多难关，取得了一系列创新成果，进展顺利。

1996年，飞船进入初样研制阶段。1998年3月，王永志作为技术总负责人参与主持完成了火箭—飞船—发射场—着陆场合练，以及零高度状态下的逃逸救生飞行试验。在这两次重大活动中飞船系统都圆满地完成了任务。1999年，完成了电气性能测试飞船的研制。2001年，飞船已达到正样技术状态，设计基本定型。

据设计师们介绍，推进舱是飞船在空间运行及返回地面时的动力装置；返回舱是飞船起飞、飞行和返回过程中航天员乘坐的座舱，也是整个飞船的控制中心；轨道舱是航天员在太空中工作和生活的场所，装有各种实验仪器和设备。飞船执行任务后返回舱再入返回地面，轨道舱则可留轨继续飞行半年左右，执行对地观察或空间科学与技术实验等任务。为此在轨道舱外加设一对太阳能帆板，以提供在轨飞行实验所需的能源。俄罗斯的“联盟”号系列均未这样做，这是我们的创新点。

飞船返回舱

返回舱的外形像中国古代的大钟，呈大钝头倒锥体，位于飞船的中部，为密闭结构，其上部有舱门与轨道舱相通，供航天员进出轨道舱使用，这个舱门的最大直径仅65厘米。飞船上一左一右有两个舷窗，航天员脚下位置上还有一个被称作“光学瞄准镜”的窗口，设计难度之高超出常人的想象，被特别列入了飞船需要重点突破的18个难关之一。透过用特殊材料制成的舷窗，航天员可以了解飞船的运行姿态，一旦飞船自动再入控制失效，航天员可以通过观察这个舷窗人工控制飞船制动返回地面。飞船起飞到返回地面的整个过程中，能承受严峻的冷热环境的急剧变化和太阳光、红外辐射及空间高能粒子辐射的综合作用，保证航天员生活在一个舒适的舱内温度环境（22～23摄氏度）中。返回舱返回地面时，万一未被及时发现，飞船的环境控制、生保系统能保障航天员在陆地和海上生存足够的时间。返回舱的设计能保证其在落水后漂在水面，等待救援。

为了保证高可靠性，载人飞船的各系统和设备均进行了可靠性设计，关键部件采用备份系统（双备份或三备份），飞船在严格的环境条件下进行了充分的地面测试和试验验证，各项创新设计均得到了充分考验。

即使如此，一些蛛丝马迹仍能激起王永志创新式思维的闪耀。在一次检测中，王永志联想到一次我国一颗返回式卫星发射升空后失控，没返回地面的事件，他立即意识到，必须强化飞船手控返回地面的功能。他随即组织召开了航天员手动控制专题会议，逐项研究落实手动控制方案和手控设备研制。王永志对飞船系统的专家们说："虽然你们的担子很重，但我还要给你们出难题。过去，我们总是习惯把航天员当作受保护的对象，大量任务靠地面完成。实际上我们更应该让航天员成为驾驶员，如果出现船上自动控制装置失灵和地面都难以控制的情况，航天员可以发挥主观能动性，自行解决意外问题。国外因自动控制系统失灵而靠手动方式返回地面已有先例，为航天员增添手动控制手段是提高航天员安全性的重要措施。"此后他对这项工作一直抓住不放，一抓到底。

这无疑给飞船的研制增加了许多难度，但为了航天员的安全和飞船的更加完善，飞船系统的研制人员并没有打半点折扣，在船箭分离、舱段分离、分离密封板分离、太阳帆板展开、回收着陆主电源接通、座椅提升、着陆后切伞、自主应急返回等关键环节上，均设置人工控制装置，顺利地完成了任务。

中国飞船的研制严格、精细，它的先进性和创新特点，也得到了国外同行权威专家的肯定和赞赏。2001 年 4 月，王永志应邀参加在莫斯科举行的庆祝世界上第一位航天员加加林太空飞行 40 周年纪念活动。在其中的一个学术报告会上，当王永志向与会专家谈到“神舟”飞船的构造和技术特点时，俄罗斯著名航天专家、“联盟号”飞船总设计师米申院士按捺不住自己的激动心情，当众大声说道：“你们听到了吗？中国飞船就是中国飞船，不是俄罗斯‘联盟号’！”米申院士对我国飞船的各项创新都十分赞赏。

“神舟”号飞船整装待发

精心布置测控通信网

测控系统首先要解决的就是测控体制问题。此前，我国原有的航天测控网的超短波网和 C 波段网体制已运行多年，不符合国际电信联合会关于航天调控业务使用频段的划分，无法实现与国际标准的兼容。更重要的是各类设备功能单一，配置复杂。显然，无论是超短波还是 C 波段测控网都无法满足载人航天的需要，必须建立一个新的测控网。

可行性论证伊始，王永志就提出测控通信系统的重要性：“飞船点火发射上天后，在自主飞行过程中，将进行一系列调姿、变轨，然后返回地面，整个过程的测量通信和遥控是由测控系统来完成的。测控通信系统是飞船和地面唯一的联系纽带，它们的工作将直接影响到飞船的命运！同时对在轨运行控制、轨道维持等都需要用它来进行。载人航天的测控网一用就是几十年，必须采用新技术手段，以适应发展的需要，另外，我国的测控站、测量船不会太多，必须考虑国际联网的可能性。”

他对载人航天工程的副总设计师陈炳忠说：“我们的国力有限，测控系统你要多考虑，实现最优测控，确保载人航天工程的成功。”

陈炳忠是资深测控专家，在制订方案和实施飞行控制中都发挥了重大作用。他回答道：“王总，测控波段的选择和测控网的布局对载人航天工程十分关键，新一代的航天测控通信系统必须立足我国国情，走一条低投入高效益的设计思路，我希望在原有卫星测控网的基础上，规划、设计与国际标准接轨的新一代 S 波段统一测控通信系统。”

论证会上，专家们几乎一致排除了使用 C 波段雷达，其中大多数老专家和测控一线的技术权威赞同用超短波测控网进行载人航天的测控，理由非常充分：超短波技术我国已完全掌握，安全可靠，把握性大，很多设备经过维修、改造后还可以充分利用；有的专家提出全面应用新技术，发展中继卫星测控通信系统……

载人航天测控通信系统

北京测控与通信技术研究所原所长罗海银是S波段的提议者之一，他将S波段与国外情况做了对比，把国外S波段中存在的问题和我们设想中的S波段的特点进行解读，一口气说出了S波段的五大优点：

一是功能全。我国要建的S波段测控网具有精密跟踪、测距、测速、对飞行器遥控、遥测、双向话音及下行图像传输的功能。

二是体制新。我国把测控和天地通信综合为一体，国外的S波段功能单一，这是设计上的一大创新。一体两用，化繁为简，省了设备，又自然消除了测控与通信之间的矛盾。

三是一网多用。我国的S波段不仅可以满足载人航天的要求，同时也可完成对近地卫星以及同步卫星的测控，并且采用新的设计标准，为将来与国际联网创造先决条件。

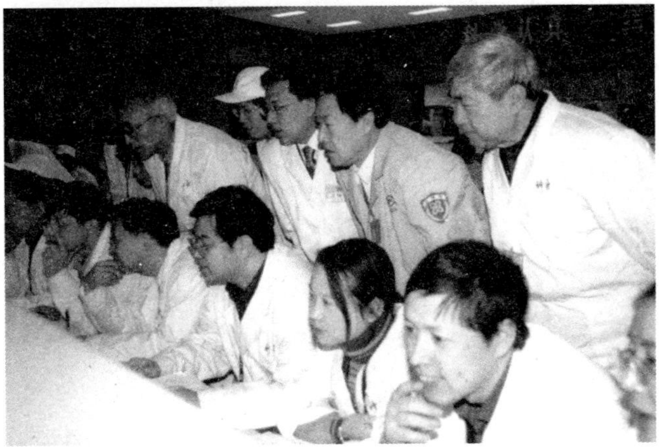

王永志与飞船两总监测飞船飞行实时数据

四是规模大。我国S波段测控网统一建成后，将由陆基测控站、测量船以及车载测控站和三大中心共同组成的遍布全国和可航行于三大洋的庞大的S波段测控网。

五是经济效益高。在设备的设计上采用多功能、多用途，如共用天线、共用通信信道等。仅此一项便可节省上亿元的经费……

新一代S波段统一测控通信系统，得到了王永志、副总设计师陈炳忠的赞同，得到了测控通信专家、工程副总指挥沈荣骏的坚定支持。

5个月后，当一幅浓缩的S波段航天测控网示意图清晰地摆在面前时，大家折服了，论证组的专家们均投了赞成票。

决定采用S波段测量后，我国航天科技工作者先后攻破了多项关键技术难关，开发研制出卫星测控辅助专家系统和符合国际标准的S波段统一测控通信系统，自主开发了遥控透明工作模式，大大强化了测控系统对载人飞船的集中监控能力。通过国内外的地面测控站和遍布三大洋的四艘远洋测量船，保证了地面指挥员及时与飞船取得联系。新建立的载人航天测控通信系统，使用符合国际电信联合会要求的频率标准，具备天地话音、电视图像和高速数据传输等满足载人航天测控要求的能力。自动化的航天测控网通信能力完全能够满足数字电视图像和话音传输的要求，使地面可以通过电视画面了解航天员在天上的身体健康状况和心理情绪变化，并向航天员和飞船下达各项指令。

不仅如此，新型S波段航天测控网，使得我国的测控系统仅用“四船九站”，即设4艘远洋测量船，6个陆地测量站和3个活动测量站便覆盖了飞船的运行范围；迄今的11次飞行都准确无误地圆满完成任务；还能为紧急状态下航天员逃生时溅落在海域救生时发挥快捷的作用，大大减少了测控和搜救力量，提高了时效，体现了中国特色。同时，还能为20颗以上卫星提供测控通信支持，标志着我国自主发展的航天测控通信技术达到了世界先进水平。

空间科学与技术的创新平台

飞船轨道舱在飞船返回后继续留轨飞行，为开展探索性、前瞻性和体制验证性的空间科学与技术试验提供了独特的空间试验平台。我国载人航天工程把开展空间科学与技术试验作为工程的一项基本任务，动员和组织了上千名科学家成立了飞船应用系统。这是经过长期论证、缜密思考做出的具有远见卓识的决定。

应用系统是我国空间任务中规模最大、涉及领域最广的空间科学与应用工程。飞船应用系统的主要任务是开展空间对地观测、空间科学研究和技术实验支持系统研制。对于一直在地面上搞研究的科学家们来说，这是一个全新的课题。正如应用系统的研究人员所说："怎么搞，我们没有经验，开始时连实施细则都不知道该如何编写。"

工程开始阶段，王永志确实对具有浓厚实验室作风的科学家们能否做好工程研制工作有点担心。他多次到应用系统宣讲航天工程的管理制度和质量管理标准，指出航天的成功经验就是做好充分的地面试验。他多次说"充分的地面试验是天上成功的诀窍"。希望应用系统的研制人员能够理解和执行，迅速地步入工程研制的轨道。在深入飞船应用系统调研和解决研制中的问题时，王永志深为应用系统科研人员谦虚、认真的态度所感动。不会就从零学起，很多科学家几乎是从头起步。通过不懈的努力和刻苦攻关，应用系统的研制工作很快进入了角色，科研人员根据载人航天工程的要求突破了许多关键技术，完成了我国迄今为止最全面、最系统的空间科学任务。

飞船应用系统是一个实用性的系统，它与人们的生活、环境息息相关。科学家们利用载人飞船，开展了对地观测、环境监测，进行材料科学、生命科学、空间天文、流体科学等空间试验，取得了累累硕果：微重力液滴热毛细迁移的空间试验和理论研究达到国际领先水平；空间细胞培养、细胞电融合、蛋白质结晶、空间生物效应和空间连续自由流电泳，以及空间金属合金、氧化物晶体、半导体光电子材料的生长试验也取得了丰硕的科学成果；首次对宇宙及太阳的高能暴发现象进行了空间观测，取得对 γ 射线暴发探测研究的重要成果；空间环境监测及预报研究，获得了大量有价值的飞船轨道空间环境参数，有力保障了飞船和航天员的安全。

在技术设备的研制方面，应用系统的研制人员也成就斐然。中分辨率成像光谱仪是继美国1999年发射的MODIS之后进入空间的第二台同类设备。该设备图像质量清晰、光谱分辨率好，获得了大量资料，被评价为：标志着我国可见光和近红外遥感上了一个新的台阶，已跨入国际先进行列。多模态微波遥感器在轨取得了大量具有应用价值的科学数据，一举试验成功微波辐射计、微波高度计和微波散射计，是我国空间遥感技术的重要突破。高精度光学系统把我国相关领域的技术水平提高了一大步，首次大面积探测了卷云和薄卷云，并对太阳紫外线、太阳常数和地球辐射收支状态等进行系统监测，用户用“重大突破”和“跨越发展”等词汇高度评价了这一成果。这些新一代对地观测有效载荷及相关技术都将在我国后续的业务卫星上得到应用，直接为国民经济和社会发展作贡献。

在十几年的载人航天工程实践中，飞船应用系统的科学家和工程技术人员不仅出色地完成了各项任务，而且所有的飞行产品都是一次研制成功。从神舟一号到神舟五号飞船，应用系统研制完成了188台全新的有效载荷装置，建成了系统集成测试系统、有效载荷应用中心和空间环境预报中心，开展了67个课题的科学研究，攻克了70余项关键技术，创造了100多项具有自主知识产权的新技术、新方法，为今后进一步开展有人参与的空间科学与技术试验奠定了良好的基础。王永志非常感慨地对飞船应用系统总设计师顾逸东院士说，应用系统有上千名参研人员和40多个参研单位，科学家们团结一心，干得如此出色，我看主要是两个原因：一是谦虚，二是认真。他们虚心地学习航天研制的方法和经验，严格按照航天产品研制的质量标准，认认真真地完成每一项工作。在每一次“神舟”飞船成功发射和返回后，由于飞船轨道舱还要在太空进行持续半年左右的空间科学试验，应用系统的科学家们没有丝毫松懈，每次都认真完成了任务。

顾逸东也深有感触地说，通过载人航天工程的带动，我们除了在科学技术上取得了大批具有世界先进水平的成果外，更重要的是在科学院培养了一支能够干工程的科学家队伍。我国的载人航天工程为空间科学及其应用带来了广阔的前景，空间的微重力、高真空、超洁净以及强辐射环境，为研究生命科学的一些基本问题，为空间生物技术和新材料研究与开发提供了无与伦比的条件。目前大量空间科学技术研究成果已转化为产业，如空间通信、导航以及相关制造业、服务业等，其发展不可限量。随着空间科学与应用研究成果的推广，空间应用将成为经济和社会发展的重要推动力之一。

应用系统两总顾逸东（后中）、高铭（右）、赵光恒（后左）

中国载人航天队伍的自主创新成果远远不止这些。作为总设计师的王永志，他的创新思维不仅体现在制订各种重大技术方案上，还闪亮在工程实践里发现和处理重大技术问题中。这种集体智慧的凝聚，使中国载人航天工程一步步走向成功之路。

第九章

安全至上

载人航天“可靠第一、安全至上”，是王永志始终坚持的总体设计理念。他把安全可靠作为载人航天的头等大事，作为制定工程总体方案和各系统方案的基本出发点。他千方百计将载人航天高可靠性高、安全性的要求切实落实到每个设计师的观念中，切实落实到设计规范中，切实落实到每个设计员的设计实践中，切实落实到每个在岗人员的自觉行动中。

他深入研制工作一线，了解情况，发现问题。在可靠性和安全性设计的各个环节，严格把关、决不留情，直到可靠性、安全性措施在设计方案中得到贯彻落实。对工程研制、试验中出现的问题，他坚持标准、铁面无私，按照故障归零的要求一查到底，直到彻底解决，与广大航天人一起为我国载人航天工程的顺利实施和航天员的安全构筑起坚固的屏障。

强化顶层设计队伍

“没有一流的队伍，就没有一流的工程。”中国航天事业几十年的发展经验证明，强有力的技术总体是确保工程顺利实施的关键因素。但限于编制，从事工程总体设计工作的尽管抽调的都是精兵强将，但仅有十余人，这是远远不够的。为了加强工程总体设计技术力量，提高工程总体对各系统的指导、技术把关和技术协调能力，王永志向工程总指挥丁衡高主任建议，外聘专家，按专业组成若干设计复核专家组，建立专家设计复核制度。充分发挥同行业内具有较高技术水平和丰富工程经验的技术专家和管理专家的作用，加强工程总体设计力量，形成“小核心、大外围”的工程顶层设计队伍，以提高设计质量和设计水平，确保工程的顺利研制。

建议被批准后，面对十分繁重的方案设计工作，他决定针对影响工程设计质量、影响工程全局方案、影响系统之间协调性的若干关键技术领域，成立相应的设计复核专家组。此后随着任务的需要工程总体先后成立了结构机构设计复核专家组、指令时序设计复核专家组、电磁兼容设计复核专家组、轨道设计复核专家组、质量控制专家组、可靠性和安全性专家组、信息流程专家组、逃逸与应急救生专家组、载人环境专家组、返回着陆专家组、软件设计复核专家组等。专家组的成员都是在相应技术领域长期工作、技术精湛、工程经验丰富的老专家。

与中国载人航天工程副总设计师陈炳忠、罗海银及沈力平合影

工程总体第一批专家组成员有：冉隆燧、孙全性、杨震明、程家培、李宝授、李焕林、余三民、金烽、陈国华、陆友人、孙秀亮、史瑾文、李玉兰、孙琉芳、晏振乾、陆振麟、余梦伦、周义克、崔鑫水、张荣保、耿祥弟、鲍百容、周炽九、何新贵、王纬、绍兴方、崔宗学、王方德等。

实践证明，专家们的真知灼见极大地促进了设计质量的提高，这些专家是无名英雄，他们为工程的顺利实施作出了突出的贡献。许多老专家都是退休以后再次出山，他们中有许多人推辞了社会上的高薪聘请，重返祖国载人航天的战场；也有许多人克服了家庭和身体的重重困难，不图名利，认真细致，任劳任怨；还有许多人在完成本职工作的同时，挤出时间，不计报酬，尽心尽力。在十几年的研制过程中，工程总体专家组一直坚持工作，尽管先后换了许多人，但这些老同志都十分怀念在专家组工作的日子，他们为有生之年能够为祖国的载人航天事业作出贡献感到十分的骄傲和自豪。王永志也一直对他们念念不忘，神舟五号任务圆满成功后，王永志专门将专家组的许多老专家请到北京航天城座谈，向他们介绍任务情况，并做了热情洋溢的讲话。他在讲话中回顾了工程研制十几年的艰苦历程，回顾了与专家组共同奋斗的经历，回顾了专家组为工程作出的巨大贡献，并对老专家们表示了衷心的感谢，还为他们颁发了荣誉状和感谢信。与会的专家们都十分激动，他们纷纷表态，为自己有机会参加载人航天工程并做出一些成绩感到幸运，为工程领导们还记着他们这些老同志作出的贡献感到由衷的欣慰。

按工程总体要求，各系统随后也都建立了同行专家设计复核复算制度。

为推动学术交流、提高技术水平，他提出并创办了内部发行的《载人航天》杂志，并亲自担任编委会主任。杂志在宣传党和国家在载人航天方面的方针政策，介绍国内外载人航天技术进展和动态，交流我国载人航天及相关领域的学术技术成果以及组织管理等方面的情况和经验等发挥了积极的作用，成为研制人员交流沟通的园地。他还与行政系统共同组织人力编制工程手册，在完成繁重研制任务的同时，经过近一年的努力，厚厚的八大本、数百万字的《载人飞船工程手册》问世了。这套书的问世，极大地促进了系统之间的交流、技术交底，对搞好技术协调、提高工程研制质量起到了很好的作用。

为设计建章立制

质量是安全的保障，质量是永恒的话题，方案确定之后，质量决定一切！大局初定，王永志的精力即刻集中到工程设计规范和质量保证的建章立制上来。

王永志常想，载人飞船与送卫星上天大不相同，载人飞船工程是我国载人航天工程的第一步，对我国的载人航天事业起着继往开来的作用，其成功与否，直接关系到航天员的安全，影响国家的声誉和航天事业的发展。因而确保安全可靠是工程的头等大事。在载人航天事业中，风险贯穿于过程的始终，因此在设计、生产、试验各个环节和研制的各个阶段，都要认真贯彻“严肃认真，周到细致，稳妥可靠，万无一失”的十六字方针，确保质量，确保安全，圆满完成工程的基本任务。但怎样才能将载人航天高可靠性和高安全性的要求切实落实到每个设计师的观念中，切实落实到设计规范中，切实落实到每个设计员的设计实践中，切实落实到每个在岗人员的自觉行动中去呢？

王永志认为，必须从顶层建章立制，统一标准，制定设计守则开始。他结合自己几十年的工作经验教训，逐渐酝酿形成了 10 条设计基本要求。1994 年，在航空航天工业部组织召开的运载火箭和飞船系统设计师队伍集训班上，他做了一个重要的讲话，提出了加强载人飞船工程可靠性、安全性工作的十条要求，反应很好。会后，他组织质量专家组组长耿祥弟和工程总体室对这十条要求进一步细化，形成了《关于加强载人飞船工程可靠性、安全性工作的若干规定》，这是工程总体的第一本质量管理文件，是我国载人航天工程质量管理的顶层纲领性文件。它从工程设计的顶层，对工程的质量管理工作提出了系统和全面的要求，并提出了具体管理措施。

文件中强调质量必须是可控的，并明确提出：各系统必须建立以可靠性、安全性为重点的质量保障体系；要求各级质量管理部门和各级设计师系统必须制定工程质量保证基本文件，包括质量保障大纲、安全性保障大纲、可靠性保障大纲、可靠性和安全性设计准则、软件工程化实施要求、大型地面试验技术安全管理规定等16套各类管理规范。此后根据任务需要，工程总体又制定了许多质量管理方面的规定。

随着研制工作的深入，王永志发现工程总体只提要求是不够的，还应提供科学可行的方法，以指导各系统进行航天员安全性设计。于是他要求工程总体组织精兵强将编写航天员安全性工作指南。经过鲍贤栋等近20位专家的艰苦工作，广泛征求并吸纳了工程各系统以及其他航天型号设计人员的意见后，《航天员安全性工作指南》（简称《指南》）终于面世。其中明确指出："做好航天员安全性工作，要依靠科学的方法，不能以直觉或经验作决策。工程的管理者、设计者、生产者和试验者，特别是负责航天员安全性设计工作的管理和技术人员，都要熟悉《指南》的内容、方法和工作要求，并在工程实践中切实贯彻执行。"

《指南》总结了工程研制以来在保证航天员安全方面已经完成的大量工作和取得的成果，借鉴了国内外相关的安全性标准，提出了保证航天员安全的工作项目要求以及实施方法，提供了制定和实施安全性大纲的基本要求，配套提供了相应的航天员安全性设计、分析和验证方法以及实施程序。为工程全系统做好航天员安全性设计工作提供了统一的认识、标准和方法，是载人飞船工程航天员安全性工作的指导性文件，对指导工程各系统开展航天员安全性设计起到了重要作用。

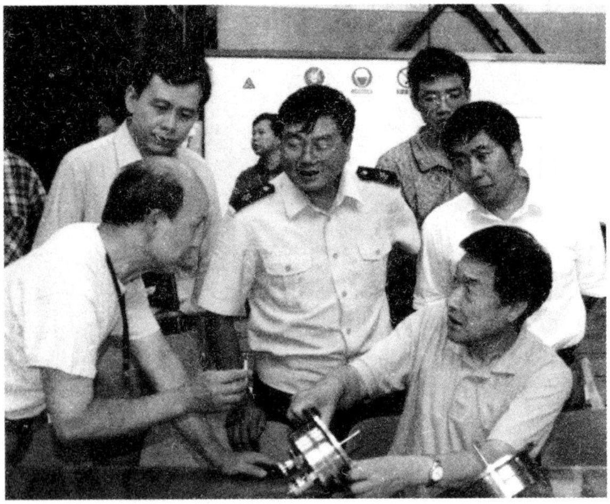

到运载火箭技术研究院702所检查工作

随着研制工作的进展，王永志敏锐地发现，参加工程研制的各系统和各主要单位的质量管理标准、规范、方法和管理水平有很大的差异。于是他决定正式发出通知，要求工程各系统和所有的外协单位一律采用航空航天工业部的质量标准和管理要求，为此他亲自到工程经验相对较少的航天医学工程研究所和中国科学院空间应用总体部宣讲质量控制要求、管理规范和质量控制措施。这些单位经过十几年的时间，在质量管理工作上都有非常大的提高和进步，中国科学院空间应用总体部的同志深有感触地说："参加载人航天工程的研制工作，不仅取得了技术成果，而且积累了宝贵的工程研制经验和质量管理经验。"

软件工程化管理

软件工程化管理在今天已经是各航天型号的普遍规定，但在当时，却是载人航天工程的一项创举。之所以下如此大的决心实行软件工程化管理，源于王永志在担任运载火箭技术研究院院长时对当时软件管理的深刻体验。

1988年6月，他担任总设计师的地地战术火箭已经基本完成了发射前的各项测试检查，预定当天发射。国防科工委的主要领导和刚成立的航空航天工业部全部5位正副部长已乘专机齐聚现场。谁也没想到，在领导的众目睽睽之下，却出现了意料不到的问题。火箭最后一次加电检查过程中，突然发现了不明干扰，引起制导系统异常，直到凌晨1点还没有解决。在场的各级领导压力都非常大，所有硬件系统负责人都说，硬件经过反复测试没有问题，这时的软件研制人员的压力更大，因为只有他自己知道软件是怎么编的，谁也帮不上忙，大家都围着他一个人看，把抱怨的目光都投射在他的身上。王永志找到航空航天工业部刘纪原副部长商量，干脆今天就不打了吧，刘副部长表示同意，领导们暂时回到招待所休息。凌晨4点多，地面设备研制人员再次在现场检查时发现，用胶带固定在地面设备上的测试设备，由于反复摩擦机壳，绝缘胶带出现破损，导致测试设备与地面设备接通了。问题终于搞清楚了，尽管故障不是软件引起的，但是软件研制人员却承受了非常大的压力，认为这种做法非改不可。

实际上在火箭研制过程中，软件管理问题就很突出了。上述型号在我国火箭研制中首次采用了全数字化方案，包括地面测试在内，完全由计算机控制。软件的地位显得极为重要，但却只掌握在一两个人手中。当时，软件研制人员认为软件是有知识产权的，尤其是源程序，谁也不给。程序到底是怎么编的只有设计人员自己清楚，每次都是在安装软件时，才把软盘拿出来，用完就收走了。作为运载火箭技术研究院院长和总设计师的王永志为此多次到研制单位进行协调，甚至宣布了“不管什么人对软件提出多大改进意见，软件成果都是你们的”等4项政策，也还是无法彻底改变这种管理状态。从发射场回来后，负责软件研制的同志深有感触，主动找到领导说，这么干不行，责任太大了。大家也都感到软件研制人员“自编、自审、自用、一包到底”这种“三自一包”的软件管理方式非改不可，而且时机也成熟了。但究竟怎么改大家都在思考。

随着载人航天工程开始研制，软件的研制和管理问题显得更加突出。在航空航天工业部的一次会议上，梁思礼同志介绍了美国航天飞机和波音飞机公司实行软件工程化管理的经验，并提出我国的载人航天工程可否参照进行。王永志对此非常赞同，下定决心从工程一开始就坚决实施软件工程化管理，并把它纳入十条设计基本要求中，后来他委托陈炳忠副总师全面负责软件工程化工作，并成立了以何新贵为组长的软件专家组。经过多方调研和征求意见，终于制定了我国航天工程第一套全面、系统的软件工程化管理规定和软件工程化技术规范。经过十多年的艰苦实践，载人航天工程的软件工程化工作成为我国航天软件工程化的开路先锋。

深入实际解决问题

作为总设计师，王永志还是研制和试验第一线的常客。他常对各系统的研制人员说，我们到现场来，除了调查研究抓落实外，就是挑毛病。老挑毛病，大家可能不太高兴，也不太欢迎，但不高兴是一时的，从长远看应该是高兴的。上海航天技术研究院一位总设计师讲得特别好：“你挑毛病我立功，最终还是对我好。”为了切实提高航天员的安全性，王永志付出了大量心血。在工程一线调研和检查工作中，他发现并主持消除了不少较大的安全隐患。例如，为航天员提供手动供氧开关，更换航天员座椅提升装置，单独设置轨道舱与返回舱分离电源，落实航天员手动控制返回功能，改变火箭抛逃逸塔方案，提高活动发射平台设计运行速度，火箭逃逸固体发动机增加安全保险机构等。

上海八院

天津18所

长春光机所

下基层掌握第一手资料

在飞船环境控制与生命保障分系统的最初设计方案中，采用了很多现代化控制技术，原理图上到处都是密密麻麻的电动控制开关。王永志仔细看后发现，该方案的设计思想完全依靠自动控制。但如果飞船的电源出了问题，系统就会瘫痪，即使气瓶里有充足的氧气，航天员也用不了，这是设计上的疏漏。他立刻通知设计者必须加上旁通的手动开关。他说，既然飞船中有航天员，就要发挥航天员的主观能动作用。因此，必须给航天员提供手动供氧开关，使航天员的生命安全多一道保障。

还有一次，飞船在进行综合试验时，工作人员发现舱内有害气体超标，问题最后定位在航天员座椅提升机构泄漏，导致一氧化碳气体进入返回舱。为了充分吸收飞船着陆瞬间的冲击能量，着陆前要将航天员座椅提升到一定高度，一旦落地冲击较大，航天员座椅可以向下运动，进一步吸收落地冲击能量，确保航天员不会受伤。而原设计中座椅提升机构的动力源是火工作动筒，通过火工品动作后产生的高温高压气体推动作动筒动作，实现座椅提升。然而，这些气体一旦泄漏，就将对航天员的安全造成不良影响。王永志非常重视这个问题，不仅直接找一线设计人员了解情况，还仔细地研究了提升机构的密封设计情况并亲自到试验现场调研。深思熟虑后他提出，这种方案有缺陷，上天前无法检验其高温高压下的密封性能。尽管可以采用局部弥补措施解决问题，但从长远看，只有改用压缩空气作为座椅提升机构的动力源，才能从根本上消除危险源。

在审查火箭技术方案过程中，王永志发现，当火箭正常飞出大气层，需要抛掉逃逸塔时，火箭系统设计方案中的抛塔指令由故障检测系统发出。他当即提出了疑问，如果这么做，只要控制系统和故障检测系统这两个系统中有一个出现问题，就会导致任务失败，火箭发射成功率不就降低了吗？而按照常理，即使故障检测系统本身出现问题，也不应该影响任务成败。他找到火箭系统的分管副总设计师和总体主任设计师详细了解情况后，果断地指示，不管什么原因，必须改。抛塔指令要由控制系统发出。

在运载火箭技术研究院检查工作（左一为赵宇棋副总师）

活动发射平台是将船箭组合体从技术区垂直运往发射区的关键大型设备，王永志在审阅设计报告时敏锐地意识到，活动发射平台的设计运行速度只有4～8米/分，如果按照这个速度行进的话，短短1500米的距离，船箭组合体的垂直转运最少也要花费三个多小时才能完成，转运的时间拖得越长，遇到大风等恶劣气候的可能性就越大，转运过程的安全性就会降低。他找到火箭系统主管副总师了解情况，原来这是火箭总体提的要求，主要考虑保证活动发射平台运行的平稳性以免产生共振。王永志指出，是否产生共振与发射平台运行速度关系不大，重要的是在转运过程中要尽量避免遭遇大风等恶劣天气，以确保火箭的安全，因此活动发射平台的运行速度必须提高到30米/分左右，即一小时之内转运完毕。火箭系统分析计算后，提出在设备改动不大的情况下，活动发射平台的最大运行速度可以达到28米/分，这样1500米的转运距离可以在一小时内走完，于是活动发射平台的运行速度指标最终将4米/分更改为28米/分。1998年进行发射场合练时，专门对垂直转运进行了多次现场测试，测试结果令人十分满意，不仅运行非常平稳，而且在一个小时内完全可以完成垂直转运工作，显著提高了垂直转运过程的安全性。

在审查神舟二号任务逃逸与应急救生技术状态时，发现设计中忽略了一处至关重要的细节。按设计程序，火箭飞出大气层时，一旦火箭出了故障就要实施应急船箭分离，使飞船尽快脱离故障火箭，保证航天员尽快脱离危险区。但由于火箭中还剩余很多推进剂，质量比正常分离时大许多，分离火箭的反推力就显得不够了，造成故障火箭的速度降不下来，船箭之间也拉不开距离。形象地说，快速而“失去理智”的火箭就会一路“追杀”飞船，一旦火箭爆炸，飞船也得跟着遭殃。即使火箭追不上飞船，当飞船与火箭一起再次重返大气层时，受气动加热影响，火箭也会爆炸，飞船也可能遭殃。这样看来，航天员并没有脱离危险。经过讨论，王永志提出，既然火箭无法减速，就只能让飞船加速。他果断要求飞船修改工作程序，飞船的推进系统要提前“放气”“充填”，提前准备好，一旦需要逃逸时，飞船就可以及时启动发动机，自行加速，把故障火箭甩掉。在常人看来，王永志的建议似乎不甚合理。这就像你驾驶汽车时，发现快被后面的车追尾了，怎么办？应该是后面的汽车尽快刹车，别撞上呀！但王总的逻辑却是，尽管追尾是后面汽车的责任，但当后面的车刹车失灵时，你谁也别埋怨，还是赶紧加速快点跑吧！

与第二任总指挥曹刚川上将共贺发射成功

这次是火箭的问题由飞船解决，还有一件事是飞船有困难，王永志却“判”给火箭解决，那就是航天员手控船箭分离的设计。同志们反映说：“王大总师处理问题合情合理，总能找到最好的解决办法。”

在深处一线处理、协调技术和安全问题中，王永志总是技高一筹，以理服人。尽管在后来漫长的研制过程中，七大系统的总指挥和总设计师人选不断变化，但王永志始终与七大系统的总设计师和专家们保持了良好和睦的关系。在协同各大系统过程中，当争论双方的意见不同时，王永志总是等双方把意见陈述完了以后，再谈自己的观点和倾向性意见，最后做出决定。同事们对王永志的协调能力和艺术，深感佩服。他们说，王总是一个知识面广、非常严谨的人，他威望很高，但决不感情用事，毫无半点虚假和私心，善于听取各方意见，从中选出最好的技术路线；他求真务实，认准的东西，会冲破各种阻力，达到最佳目标。

海纳百川，有容乃大。“王总善于从不同意见中汲取精华，他是一个成熟的技术领头人，是一个虚怀若谷的大专家。”冉隆燧研究员由衷地说。他还讲述了这样一件事：在一次技术协调会上，意见分歧严重，双方言辞激烈，甚至有不礼貌话语。身边的同事们都有些愤愤不平，但是王永志却很平静地说，不管人家态度如何，关键要看他的意见有无可取之处，是否对事业有益。正因为王永志善于听取他人的意见，才能够集中集体的智慧，不断充实和完善自己的思路，从而做出正确的决策。“工程上不是自古华山一条路，不同的途径往往可能殊途同归，关键是要选择一条最好走的路。”这是王永志常说的一句话。

令王永志感到欣慰的是，虽然有时大家因一个小的技术问题吵得脸红脖子粗，但是决策以后，都能自觉地心往一处想、劲儿往一处使，总是尽量把问题解决彻底，不留遗憾，他为这支队伍感到骄傲和自豪。

在紧张繁忙的一线，王永志总是以认真细致的工作作风和严谨求实的态度，从庞大的研制厂房到设计图样和报告的字里行间，去查找问题、发现疑点。一旦发现安全隐患，他始终严格把关、铁面无私，运用自己丰富的学识和多年积累的工程经验，站在工程全局高度，公正客观地做出技术决策，使人心悦诚服。

不带问题出厂，不留隐患上天

“不带问题出厂，不留隐患上天，”这是王永志经常讲的一句口头禅，也是他身体力行的准则。凡是涉及航天员安全性的原则问题，他的铁面无私是出了名的。

逃逸救生试验

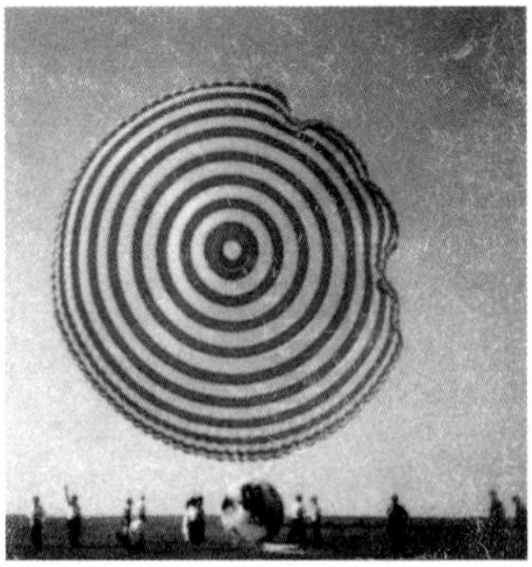

返回舱空投试验

海上救生试验

确保航天员安全的几种试验

在他的主持下，确定了首次无人飞行试验前必须完成的15项跨系统的大型联合地面试验，如船箭联合振动试验、零高度逃逸救生飞行试验、人船海上漂浮和打捞试验，以及在发射前必须完成的人船箭地综合测试等，再加上各系统按要求进行的各项地面试验，这样就基本具备了首次无人飞行试验的放行条件。

2001年10月，神舟三号飞船在发射场完成了三舱对接后，进行测试检查时，意外发现贯穿飞船两舱的穿舱插座中有一个点没导通。而此前，飞船单舱状态分别做导通测试时都是好的，但飞船对接后，就有一个点不导通，测试了好几遍，结果都一样。工作人员经过仔细回忆，想起飞船出厂之前测试时，也出现过类似的情况，但操作人员当时认为是插座的匹配性不好，换了一个新的插座后，故障现象消失了，也就没有引起过多注意。

让大家意想不到的是，这个问题在发射场又出现了。

情况被迅速反映到王永志和在场的其他领导那里，大家对这个重复出现的故障现象都非常重视。王永志要求对这个问题决不能再轻易放过去，一定要彻底查清。出问题的插座被拆下来并迅速送到北京进行失效分析，中国航天科技集团公司元器件专家组立即在失效分析现场将另一个同类插座解剖开来，研究分析这种结构的插座出现不导通的问题是个别现象，还是普遍现象。但由于解剖的产品太少，专家组只能谨慎地给出“很难排除是批次性问题”的结论。如果是批次性问题，就说明已经装在飞船上的77个插座都有可能存在问题，只不过是现在还没有暴露出来，是有隐患的，这下问题严重了。

王永志迅速从发射场回到北京并马上来到失效分析实验室，一看解剖件，心里有数了。问题确实不小，而且不是简单的生产质量问题，是更深层次的设计问题。

为了查明究竟是不是批次性问题，王永志同胡世祥、张庆伟、戚发轫、袁家军等人，连夜赶往外省的穿舱插座生产厂了解情况。

他们看了生产过程并与插座的设计、工艺人员一交谈，彻底明白了，是设计上有缺陷，这种由三段连接在一起的插针，只要插拔力大于连接力就会断线，改进办法就是把三段结构的插针设计成一个整体而不是“三接头”。

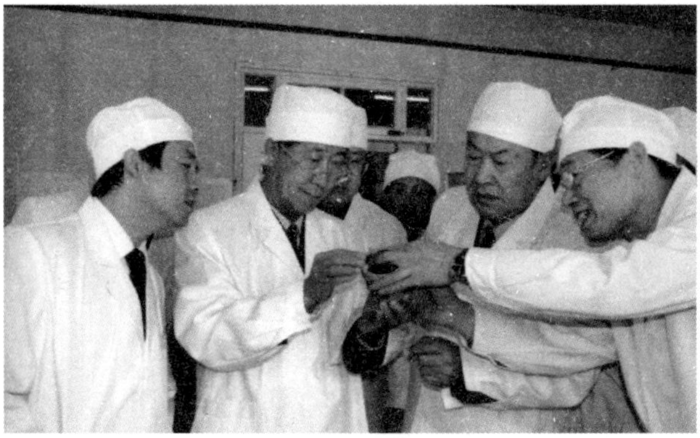

与胡世祥副总指挥一起到外地厂家解决插座问题

接下来怎么办？要知道如果将已经装船的所有插座都拆下来的话，前一阶段所有的工作都白干了，要彻底返工。更要命的是，当时还没有可以替代这种插座的同类产品，如果改进设计重新生产的话，起码要3个月时间，而全部试验队都已经齐聚发射场，试验队要不要撤场？如果撤场，队伍的士气将受到不小的挫折。这个决心不好下呀，几位领导同志都感到了巨大的压力。

这时有的同志提出，既然将插座全部换掉的决心难下，能不能不换了呢？这种穿舱插座在神舟一号和神舟二号飞船上都用过了，经受了飞行的考验。况且每一个信号都是双点双线连接，即使有一个点不通，也可以保证信号的传输，而已经装船的77个插座、1000多个节点中，也仅有一个点不通。如果要更换插座，最快还要等上3个月，这就意味着已经干了好长一段时间的神舟三号飞船发射准备工作要全部中止，大队人马就要撤离发射场。

王永志十分理解这些同志的苦衷，但他认为采取双点双线设计措施是为了确保飞船在天上工作的可靠性，如果在地面就存在冗余功能失效的隐患，飞船上天之后的可靠性就没有保证，上天前允许不允许冗余功能丧失，这是个原则问题。

他耐心地问了一个问题："神舟四号、五号飞船还用不用这种插座？"大家回答："不用。"

"那好了，既然神舟四号、五号飞船都不用，神舟三号飞船也不能用，因为神舟三号也不能失败，这才符合逻辑。"王永志说。

胡世祥副总指挥完全同意这一认识，明确表态，下决心改！

经过调研，大家都认为这种插座若改就要从神舟三号改起。至此情况就十分明朗了，从生产厂家回来后，在北京召开了工程总指挥总设计师联席会，专门研究穿舱插座质量问题。王永志等与会同志都坦率地谈了自己的意见："为了确保神舟三号任务的成功，花再大的代价也值得，一定要把工作做彻底，飞船绝不能带隐患上天。"主持会议的工程总指挥、总装备部曹刚川部长完全同意这个意见，当场拍板，并形象地说："如果为了不耽误进度，非要发射的话，一旦失败了，就是零分，如果为了确保质量，哪怕耽误一点时间，但只要成功了，还是100分。成功是硬道理。"会议最后决定，推迟发射，彻底解决问题。

由于更换全部穿舱插座涉及试验队撤离发射场，神舟三号飞船发射需要推迟3个月，势必影响到载人航天工程的总体进程，事关重大。载人航天工程总指挥部向中央打报告，请求推迟发射，彻底解决问题。2001年11月1日，江泽民在报告上批示：要绝对保证安全，既然发现了问题，就要彻底解决，切勿抢时间。

这次悲壮的行动，极大地震动和教育了全体研制队伍。撤场后，各系统都进行了全面的质量整顿和复查工作，“可靠第一、安全至上”的理念得以深入人心。王永志说，这件事成为载人航天工程队伍全面增强载人意识的里程碑，成为竖起载人航天质量标准的一个标杆。“不带问题出厂，不带隐患上天”也成为全体研制队伍的共识和自觉的行动。

（34 + X）个问题

何谓（34 + X）个问题？谈及此事，可以追溯到2002年11月底，神舟四号飞船就要在万众瞩目中一鸣惊人进行发射前。前3次发射时王永志总是对飞船这个“宝贝”呵护有加，每次都必在现场，当然这次也不例外。11月9日，党的十六大胜利召开，作为这次代表大会的代表，王永志倍感这是党和国家给自己的荣誉，同时也更加坚定了把中国的航天员送上太空的信心。十六大闭幕的第三天，他就赶赴发射场。整整一个星期他几乎连轴转，听汇报、处理问题，很少休息。

11月30日下午1点左右，王永志再次乘飞机抵达发射场，随即赶到厂房了解现场情况。两个小时后，又接着召集现场工作组会议听取情况汇报。晚上 7 点多钟，他感到右上腹开始隐隐作痛，本以为是因为劳累带来的不适，休息一下就会挺过去，没想到疼痛不断加剧。这个历经风雨没被任何困难难倒的硬汉子这回真的挺不住了。他被迅速送入了医院，当晚 10 点多，被确诊为高危的急性胰腺炎。由于发射场医疗条件有限，发射中心张建启主任（后任总装备部副部长、载人航天工程副总指挥）亲自在医院坐镇指挥，连夜从几百千米以外的酒泉市调来特效药，使他的病情趋于稳定。与此同时，此事被迅速报告了总装备部李继耐部长，并在北京成立了医疗组，与现场的医务人员直接沟通，随时掌握情况指导现场治疗。在他的病情得到初步控制后，李部长立即指示派飞机接王永志回北京诊疗抢救。身边工作人员要把他的随身物品整理好带回北京，他却坚持说："东西先不要动，我还回来呢。"但王永志没想到的是，这一病，居然让他住了半年医院。

在北京的病床上，他心急如焚，"关键时刻，却住进了医院，这一躺下，不知什么时候才能回到一线？"神舟四号发射任务在即，他却躺在医院里，这成了王永志最大的憾事和心病。

虽不能在发射现场，但他时刻盯着前方的一举一动。病房里的电话成了他与前方的临时热线，病房成了他的临时办公室。

医生劝他安心养病，争取早日康复，他却乐观地说到："我脑子里思考的事情越多，就越能缓解病痛，这不挺好吗？"说得医生也笑了。

在病床上，他一边打着吊针一边认真听取各方面的汇报，提出自己的见解。他不断地打电话，关注、了解发射现场的进展情况。领导和同事们来探望他，要他好好休息，但不出两句话，探望问候的主题马上被他变成了发射场情况的研究分析会。

预定的发射时间快到了，但天公不作美，一场不期而至的大雪，给戈壁荒原裹上了银装，气温一降再降。这是戈壁滩少有的严寒，空气都似乎结了一层霜。12 月 27 日，酒泉卫星发射中心的最低温度降到了零下 27 摄氏度，差不多是该地区 20 年来的最低温度。而这一天距离神舟四号飞船的预定发射时间只有 3 天。严寒改变了人们的生活节奏，很多人冻得说话都无法发出正确的音。据说有一个司机，下车检查车况，检查完毕上车，发现耳朵已经冻硬了。

王永志深知低温对火箭发射的不利影响，如容易导致密封件失效、影响电缆插头接触效果等意想不到的问题。1986 年 1 月 28 日，美国“挑战者”号航天飞机发射时，就是因为一个密封圈低温失效，酿成爆炸的惨剧。在这样的低温下飞船能不能发射？这又是一个严峻的考验。在现场的总指挥李继耐部长和其他几位副总设计师多次在电话中征求他的意见，他都明确地表达了自己的看法：“按照工程总体对各系统的技术要求和各系统低温环境试验的情况，零下 20 摄氏度是最低发射条件，如果气温低于零下 20 摄氏度就不能发射！”围绕低温发射问题，王永志与两总和各系统的专家们开了不少“电话会”。他也多次在电话中对几位副总师说：“你们把握住一点，现在谁拍胸脯保证都不算数，必须让他拿出低温环境试验数据来，只有数据证明没问题才行。”最后现场指挥部根据气象预报，果断决定发射日期推后一天。2002 年 12 月 30 日凌晨 0 时 40 分，神舟四号飞船从酒泉卫星发射中心成功发射。7 天后，当飞船即将返回时，王永志硬撑着病体来到北京指挥控制大厅。在看到飞船成功返回时，他才安心地返回病房。

神舟四号的圆满成功，意味着神舟五号即将实施首次载人飞行了，也意味着应对各项准备工作提出更加严格的要求。工作千头万绪，王永志躺在病床上头脑也丝毫安静不下来。既然出不了院，他索性利用这难得的“空闲”时间，对载人航天工程实施 10 年来的经验教训进行了一次全面的梳理和思考。在此基础上，他结合自己几十年的工作经验提出了需要工程总体重点检查和督促解决的问题，一共有 34 个，并逐一指出了解决问题的方向。在治疗的空隙，他把这些问题亲自整理并分类记录在笔记本上，交给工程总体室，要求他们派专人负责，一一检查落实给出结论。

后来专家们在王永志提出的问题上又陆续补充了一些问题，因没统计是多少个，大家都说叫 X 个吧。后来有人风趣地说："现在高考科目叫（$3+X$）。我们也不妨把王总的 34 个问题加上大家所提的问题，叫做（$34+X$）个问题吧。"后来大家一碰到王永志，就开玩笑说："王总，您在病床上还给我们出了（$34+X$）个难题。"

其中一个很重要的问题就是"一度故障情况下的落地冲击控制措施"。

确保着陆安全

飞船着陆是载人航天飞行中最后一个非常关键的环节。为了确保飞船着陆过程中航天员的安全，飞船着陆方案中设计了双重缓冲措施。首先是安装在返回舱底部的反推发动机，在距离地面一定高度同时点火，降低返回舱着陆速度，从而实现软着陆。其次，着陆前还要将航天员座椅提升到一定高度，一旦反推发动机点火不正常，落地冲击较大，座椅缓冲装置就可以起作用，消耗飞船着陆瞬间的冲击能量，可以确保航天员的生命安全。

此前飞船上安装的座椅缓冲装置称为拉刀式座椅缓冲装置，参加了前几次无人飞行任务。其原理是：通过航天员座椅向下运动，带动环形刀具切削金属棒的方式来消耗落地冲击能量。在将近 7 年的研制过程中，科研人员做了大量的工作，采取了各种措施，性

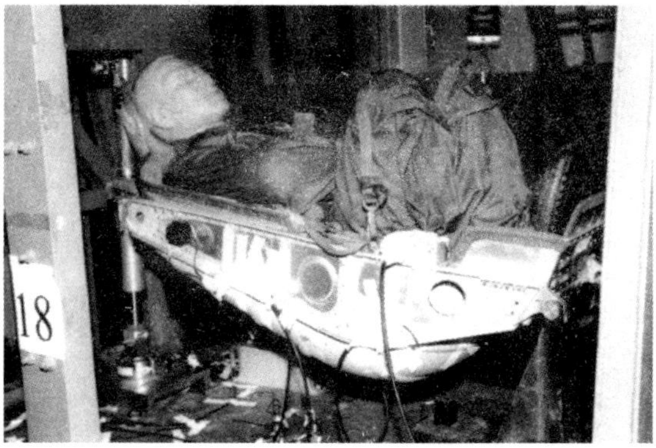

模拟航天员与座椅联合冲击试验

能有所改善，但仍满足不了要求。但研制人员认为，现在性能不够好是因为工作没有做到家，所以只要工作做到位，其性能应该没问题。因此，2003年初以来大家一直在加班加点做返回舱落地冲击试验，以验证这种缓冲装置的性能究竟怎么样。王永志对这件事始终放心不下，时刻关注着研制进展和地面试验情况。

2003年5月16日，王永志经过手术后，结束了5个多月的医院生活，高兴地回到家继续休养。次日，一份厚厚的试验报告送到他的家中，这是刚刚结束的返回舱落地冲击试验结果分析报告。报告中列举了大量试验数据和分析结果，最后结论中却有一条：拉刀式缓冲装置在某些方向上的缓冲效果不理想，如果反推发动机不点火，航天员有伤亡的危险。王永志看到这个结论后，深感还没有尽到对航天员的责任，“航天员有伤亡的危险”这显然是无法接受的。

怎么办？既然拉刀式缓冲装置未能满足要求，就应该另寻出路，不到山穷水尽决不放弃。王永志想到了以前议论过的胀环式缓冲装置。他随即打电话与沈力平副总师商量，沈副总说，他以前研究过胀环式缓冲装置，还有设计草图。王永志拿到设计草图，仔细研究后，他的心里有了底。他认为胀环式缓冲装置采用的“座椅压迫支撑椎杆下降并逐个胀开金属环，利用金属环的塑性变形吸收冲击能量”的原理简单可靠，制造难度小，吸收冲击能量效能高，而且只需在拉刀式缓冲装置的基础上，进行局部修改即可，改动量很小，性能也容易验证。同时，他根据自己几十年的工程经验判断，只要抓紧时间，在两个半月内完成胀环式缓冲机构的设计、研制和试验，并在神舟五号飞船出厂前提供新产品是有把握的。此后他又与几位有丰富生产经验的专家交换了意见，专家们也认为胀环式缓冲装置的性能肯定会好些，而且国外已经使用过这种装置，从未出过问题，只要领导下了决心，在两个半月时间内完成研制任务是可行的。

于是5月21—23日，王永志分别与沈力平副总师，飞船系统、中国航天科技集团公司和载人航天工程办公室负责同志谈了“尽快研制胀环式缓冲装置，在条件成熟时代替拉刀式缓冲装置执行神舟五号飞行任务”的意见，并报告给工程副总指挥胡世祥。

王永志提出尽快研制胀环式座椅缓冲装置的意见后，有关单位的专家对反推发动机的点火可靠性进行了复核，并组织估算了研制胀环式缓冲机构需要的时间。其结论是反推发动机点火可靠性很高，不点火的概率非常小，如果还不放心，应该想方设法尽量提高反推发动机的点火可靠性。另一结论是距离神舟五号飞船出厂只有两个多月，研制胀环式缓冲装置来不及。

但王永志认为这是确保航天员安全的原则问题，既然座椅缓冲装置是反推发动机的备份措施，其性能就必须满足要求。尽管反推发动机不点火是小概率事件，但可导致航天员伤亡的小概率事件也不能放过，必须具备有效的备份措施。上天前备份措施失效与冗余措施失效一样是不允许的，这又是一个设计原则问题。我们既然已经认识到了问题的严重性，又有解决办法，就没有理由不解决。

由于思想不统一，再加上正值神舟五号飞船出厂前的工作千头万绪，时间一天天过去，转眼就到了7月。

原定7月28日召开工程总指挥总设计师联席会，讨论飞船和火箭进发射场的问题。在一次预备会上，围绕座椅缓冲装置改与不改的问题又展开了讨论。王永志再次强调了更改座椅缓冲装置的意见，工程副总设计师陈炳忠、罗海银也相继发言支持这一意见，认为缓冲装置的问题不能不解决。次日清晨，工程总指挥李继耐部长直接来到王永志家中，王永志对李部长说："你来得正好，前些时候关于改用胀环式缓冲装置的必要性和可能性，我已经汇报过了，昨天又讨论了这个问题，我还是那个意见，要改，而且我认为两个月可以改出来。"他打开笔记本，铺开设计图，向李部长详细介绍了胀环式缓冲装置的原理以及加工工作量，并阐述了自己主张尽快研制胀环式缓冲装置的理由以及自己认为两个月左右可以完成新产品研制的根据。前后不到半个小时，李继耐部长已经完全理解了总设计师的意见，当场就下了决心："改！有办法解决为什么不办，时间也不是来不及，立即开始胀环式缓冲装置研制，按两个月算。飞船出厂等工作照常进行，新产品出来后在发射场更换，不换不发射！"

神舟五号发射前与载人航天工程第三任总指挥李继耐上将交谈

工程总指挥在关键时刻做出了关键性的决定！

工程副总指挥张庆伟当即做出安排：航天五院成立研制攻关小组，昼夜不停，加紧研制新的缓冲装置。新产品试验件出来后，一系列地面试验表明，胀环式缓冲装置的缓冲效能变好，性能明显改善，而且非常稳定，加工、装配和调试也不复杂。

2003 年 9 月 16 日，上天用的胀环式缓冲装置终于按时送到了酒泉卫星发射中心，飞船系统安排了周密的操作程序，顺利替换拉刀式缓冲装置，将胀环式缓冲装置安装到神舟五号飞船中。从下决心开始研制到任务顺利完成只用了 49 天。

“神舟”飞船的每一次飞翔，王永志都付出了巨大的心血。在载人航天这个伟大工程中，为了确保航天员的安全，所有航天人都细致入微、精益求精，能想到的“万一”都有了应对的手段。火箭、飞船的可靠性和安全性已被“锻造”得越来越高。“神舟”4 次升空出巡，已为神舟五号载人飞行做好了充分的准备，中国人化千古之梦为现实的一天很快就要水到渠成了。

第十章

飞天梦圆

花开花落十一载，呕心沥血闯难关。作为总设计师，从确定方案到神舟一号，最后到神舟五号的研制试验中，王永志与中国航天人闯过了无数技术难关，攻克了环境控制与生命保障、人工运动控制、逃逸应急救生、升力控制返回、着陆缓冲、湿度控制等载人航天必需的关键技术，创新性地改进了载人航天器的制导导航与控制（GNC）、回收着陆、热控等技术。2003年10月15日，中国首次进行了载人飞行，做到了准确入轨、正常运行、航天员安全返回，实现了中华民族的千年飞天梦想。

飞天梦想的实现表明，中国载人航天工程的方案合理、总体优化、系统协调，并兼顾后续任务发展，一步跨越了我国与国外40年的发展差距，走出了具有中国特色的载人航天发展道路。

“神舟”巡天

火箭和飞船是载人航天工程中的重要成员。王永志非常赞赏火箭总指挥黄春平曾打的一个比喻：火箭和飞船就像一对跳芭蕾舞的男女演员，火箭这位男演员必须身强力壮，表演细腻，不出差错，才能将女演员飞船托举上天，完成各种优美的表演。

船在中国古代有“舟”“槎”等称谓。中国古代有许多关于“天船”的记载，如东晋的王嘉在《拾遗记》中说到“尧登位三十年，有巨槎浮于西海，槎上有光，夜明昼灭，常浮绕四海，十二年一周天，周而复始。名曰赏月槎，亦谓挂星槎。”《洞天集》中还谈到汉代严遵的“仙槎”，说的是汉代严遵曾留下一艘仙船，在唐朝时将它陈放在鳞德殿上。这艘船大约十六七米，敲打时发出的声音似钢铁的铿锵声，船体坚固异常，几百年来没有丝毫损坏。这些“挂星槎”“仙槎”只不过是人们想象中的“天船”而已。

中国人在打造自己真正“天船”的同时，就像许多人在成为父母之前憧憬自己未来的孩子一样，希望早早为那个尚未出生的婴儿冠以一个好听的名字。1993 年，中国载人航天工程办公室向参加研制的单位发出了为中国飞船征集名字的通知。一时间，各种优美的称谓寄到了办公室。寄来的名字中孕育着浪漫，寄托着理想，如“天骄”“炎黄”“华夏”“神州”“飞天”“神舟”等。1994 年初，王永志与副总指挥沈荣骏和刘纪原 3 人在讨论飞船的名字时，刘纪原说：“在所有的名字中，有 4 个名字较为贴切，其中的‘神舟’和‘飞天’在人们的印象中最为深刻。”王永志提出自己的见解，认为用“神舟”好，“神舟”是寓意神奇的天河之舟，又是中华“神州”的谐音，象征着飞船研制得到了全中国人民的支持，是祖国四面八方、各行各业大协作的产物；同时，“神舟”又有神气、神采飞扬之意，预示飞船成功研制和圆满飞行，很有意义，3 人一合计，决定用“神舟”。最后在两总联席会议上拟定飞船的名字用“神舟”，同时明确打一次增一号，即神舟一号、神舟二号……并将取名之事报告中央专委，中央专委表示同意。“神舟”这个名字最终从众多的名称中脱颖而出。

江泽民为“神舟”飞船题字

1998年10月，中共中央总书记江泽民为飞船题名“神舟”，于是飞船有了一个灵秀而动听的名字。同年11月10—11日，江泽民、李鹏和朱镕基等中央领导同志视察坐落在北京西北郊新建成的航天城时，看到中国载人航天工程取得如此迅速的进展，江泽民高兴地吟诵了宋代大文豪苏东坡的《水调歌头》，并说：“今天我给你们念这首词，就是希望你们要有成功地飞上九天的豪情壮志。”在视察中，江泽民看到飞船上已喷涂了“神舟”二字，便谦虚而风趣地说：“虽然字写得不好，但有一个愿望实现了，就是它将来能跟着一起上天了。”从此，飞船“神舟”之名便响彻华夏。

托起“神舟”飞船上天的是“长征二号F”火箭，被称为飞船上天的天梯，总设计师刘竹生骄傲地称之为“金牌火箭”。2002年3月25日，中共中央总书记江泽民到酒泉卫星发射基地视察并观看“长征二号F”托着神舟三号飞船成功上天，非常高兴，亲笔为“长征二号F”火箭题名“神箭”，于是火箭有了“神箭”之名。

1999年，经过全体航天人7年的努力，中国第一艘“神舟”飞船即将于11月发射。在发射前的一个多月，王永志应邀观看了国庆50周年阅兵，这是他第二次登上天安门观礼台。第一次是1984年10月1日，新中国成立35周年国庆阅兵，他当副总设计师时设计的“产品”作为压阵的方队驶过天安门广场；这一次，当9种型号火箭整齐有序地通过天安门观礼台时，王永志心情更是激动，看着威风凛凛、体现民族尊严的火箭，他有一种说不出的满足，因为那里面就有他当总设计师时的“产品”，那里面凝结着自己的无数心血。这两次难忘的经历，使王永志更加坚信能够打赢飞船发射第一仗。

1999年11月20日，神舟一号无人飞船升入太空并绕地球14圈后准确地返回着陆场。这是一艘简化状态的飞船，或简称试验飞船，它的发射成功证明了载人航天工程总体方案的正确性，多争取到了一次宝贵的无人飞行试验机会，也实现了“争八保九”的预定目标。这次难得的无人飞行机会，是沈荣骏、王永志和刘纪原长期谋划的结果。沈荣骏曾亲自到飞船主发动机研制单位调研，帮助解决实际困难使得试验飞船的研制进度赶上了“长征二号F”火箭的第一次发射，解决了关键问题。王永志的心情如他自己所说：“第一发就打了个十环，开门见红，非常不易。七大系统不仅完成了各项任务，相互之间的工作也是协调的。我心中的一块石头落地了，对后续的工作我充满了信心。”

与工程副总指挥沈荣骏、栾恩杰讨论问题

接着，一个个新的成功记录诞生了：

2001 年 1 月 10 日，神舟二号飞船成功发射。神舟二号飞船是第一艘正样飞船，它首次在绕地球飞行第五圈时成功实施变轨，检验了飞船的载人环境，首次进行了轨道舱的留轨试验。

2002 年 3 月 25 日，神舟三号飞船成功发射并回收。神舟三号飞船是一艘改进型的正样飞船，工程各系统全状态参加任务，逃逸与应急救生功能第一次全面启用，火箭控制系统第一次实现了系统级冗余。工程各系统的功能、性能、可靠性和安全性得到了全面的验证。

2003 年 12 月 30 日，神舟四号飞船成功发射并于 7 天后安全回收。神舟四号飞船的技术状态和载人飞行的技术状态完全一致，满足了工程总体的各项要求，表明中国载人航天工程即将正式进入载人飞行的阶段。

神箭神舟，珠联璧合。同摘星月，共游天河。

“神舟”飞船像一叶游弋的轻舟，云游天宇，即将载人往返于天地之间，成为中国人远足太空的航班。萦绕于心的飞天蓝图正在变为现实，在王永志的眼前伸展开来，向着明天升起的希望奔去。

首次载人飞行放行准则

2001 年 3 月，在神舟二号飞船发射成功后，王永志就意识到首次载人飞行前的决策一定是个十分艰难的过程，凭什么说可以执行载人飞行任务了，依据是什么，大家是否都能认同等问题都将是争论的焦点。而要客观准确地回答这些问题，有些工作现在就必须着手准备。他提出我们必须未雨绸缪，立即开始制定一个客观、全面、科学合理，还要得到大家公认的放行标准。到时候我们就照标准办，用这个标准去衡量各系统的工作，达到标准就可以放行，谁也没话说。而这个标准一定要早制定，一定让大家早知道，如果某些方面现在还达不到标准没关系，还有时间做工作。他认为制定这个标准一定要充分征求吸纳各系统的意见和建议，要成为大家的共识，只有这样才能作为科学决策的依据。鉴于其重要性，他亲自抓放行准则的制定工作，并亲自动手起草首次载人飞行放行准则。

王永志对总体室的专家们强调说：“我们搞工程总体的，就得全面考虑问题，要抓纲，再做到纲举目张。在这个重大工程中，必须要有超前的眼光，准确地把握好‘龙头’。如果‘龙头’稍有偏差，后面就会被甩出很远。技术上的无误和严格的工程管理结合是工程成功的关键，而严密组织和严格管理是技术质量的保障。现在，为确保后续任务的成功，并汲取其中的经验和教训，实现载人上天的目标，制定载人飞行放行准则这件事应该立即纳入议事日程。”

他与工程总体的专家们一道，根据对七大系统在技术和管理上的不同要求，分门别类进行了深入细致的讨论。王永志身体力行，亲自动笔，与总体室和各系统专家进行了近一年的拟制工作。

2002 年 2 月，经多次讨论和多方征求意见，一份名为《“921 工程”首次载人飞行放行准则》（简称《准则》）的文件正式向工程各系统和承担“921 工程”研制任务的所有单位发布。《准则》有 10 章共 63 条，开宗明义第一条就是各系统必须在全面满足本放行准则要求时，方允许飞行产品出厂和发射。最重要的是明确要求“首次载人飞行前必须连续获得两次无人飞行试验的圆满成功”。这就对即将进行的神舟三号、神舟四号飞行任务也提出了严格的要求。其他内容，包括无人飞行试验和地面试验验证、技术状态、可靠性、航天员安全性、产品质量保证、飞船载人环境条件、航天员放飞标准等，按照可靠第一、安全至上的要求，都做了具体的规定。例如，对航天员，要求能熟练进行手动分离控制、人工运动控制、自主应急返回、人工自动应急返回控制及其他手动操作。同时要求各系统经细化制定出自己的放行准则。

为检查各系统执行《准则》的情况，工程总体专门成立了可靠性和安全性、逃逸与应急救生、生存环境、软件、轨道、元器件和缓冲发动机点火可靠性 7 个独立的评审专家组。在神舟五号飞船的研制中，有的专家组曾依据《准则》的有关规定提出了不予放行的项目，并要求限期解决。在工程总体的决策下，在实施首次载人飞行前各类问题都得到了彻底的解决。

这是无声的动员。整个工程队伍都行动起来，严格进行检查和测试，准备迎接中国首次载人飞行伟大时刻的到来。

请你们放心

随着神舟四号飞船在低温环境下的发射成功，神舟五号载人飞行的各项准备工作也按预定计划紧锣密鼓地进行着，航天员训练工作也进入了关键的强化训练阶段。

王永志多次在航天员训练中心调查研究、解决问题，并与航天员们见面。2001 年 11 月，航天员们第一次到酒泉卫星发射中心进行任务体验时，王永志站在高高的发射塔架下用富有诗意般的语言对全体航天员说：“‘神舟’飞船是航天科技宝塔上的王冠，航天员就是王冠上的明珠。现在，数万人日夜奋战在一线，就是为了把这座宝塔砌结实，好让它早日托举明珠飞上太空！”

与航天员们亲切交谈

2003年7月底，王永志在进入酒泉卫星发射中心进行发射准备工作前，与中国载人航天工程办公室的领导和专家们来到航天员训练中心，与全体航天员交谈、交心、交底，着重谈了中国载人航天工程的安全保障问题。

航天员训练用的离心机

上天之前这次会面的意义显然不同。王永志深情而风趣地对十多名航天员说："照理说，第一艘飞船的乘员，应该是我们这些总设计师们。我们造的飞船，应该首先由我们试飞上天，但我们的体能和反应远不如你们，无缘上天哟。你们航天员是从飞行员中精挑细选出来的，是国家的宝贵财富，要绝对保证你们的安全。"航天员们热烈地鼓掌。接着，王永志详细介绍了我国载人飞行的火箭、飞船和其他系统研制中确保航天员安全的措施。

王永志说："实施载人航天发射，首先考虑的就是航天员的安全，航天员安全上天，安全返回，工程才算成功。在载人航天飞行中，最富有挑战性和危险性的是起飞和降落，跟飞机有点相似，所以对人的安全考虑也要集中在这两段。搞载人航天跟无人飞行器的一个根本性区别，就是上面有人，万一火箭在上升段出了问题，或者返回的时候飞船出了问题，我们首先考虑的是将航天员营救回来，飞行任务虽未完成，但人必须安全，没有十成的把握是不能让你们上天的。首次载人飞行，所有能想到的安全措施我们的航天专家都考虑到了，我们一定会对你们的生命负责，请你们放心！”

谈到火箭，王永志说：“我从中国的第一代运载火箭干起，参与研制了好几种火箭。‘长征二号’捆绑式火箭最初就是我们几个人建议并参加研制的，经过改进用于发射‘神舟’号飞船。载人航天用的火箭和别的火箭大不一样，我们有两套控制系统，还有故障检测和逃逸系统，在11年的研究和试验中，主要是解决航天员的安全问题。我们在待发段就准备了4种故障模式，上升段还准备了11种故障模式。一旦发生故障，很快就能使航天员安全逃生，你们的安全是有保障的。”

谈到飞船，王永志说：“‘神舟’飞船也具有相应的功能，有3套手段确保关键指令可靠发出，首先是飞船自动发出，其次是地面遥控发出，最后还有航天员手控发出。返回过程更是有好几道保险。降落伞的主伞没打开，还有个副伞能打开；在离地面一米左右时如果反推发动机不能正常工作，还有座椅缓冲装置，会吸收飞船着地时的碰撞能量，使着陆的风险降到最低；为充分验证返回着陆的安全性，仅飞机空投试验就做了70多次。”

当航天员们问及“为什么不做动物上天试验”这一问题时，王永志答道：“很多人也提出这个问题。神舟四号返回后，有些专家也问我：‘美国人上天前做了21次试验，俄罗斯船箭无人飞行试验做了7次，我们只打了4次无人飞船就可以上人？请好好考虑一下，此外人上去之前不上大动物到底行不行？’我请领导向他们转告：‘行，没问题。’”

“当然，有担心是正常的，因为可能出现一些小概率事件。例如，船箭所用的电子元器件加在一起达十几万个，一般来说电子元器件的失效率为十万分之一，如果某关键部位的元件失效，就可能影响发射。另外，飞行中使用的软件也有几十万条，偶然的小概率事件有时可能难免，但在可能导致严重后果的部位我们在设计上都采取了冗余、容错措施，所以是可以放心的。总指挥李继耐部长也问过我还有什么担心的没有，我说正常的情况下没问题，因为可靠程度很高，成功的把握是很大的，可以打了。”

王永志接着说：“朱镕基同志在视察航天城时曾对你们说，你们要相信各级党政领导干部，相信我们的技术专家，他们定会竭尽全力确保你们的安全，为了你们的安全付出多大代价都在所不惜。我们就是这样做的。为确保我国载人航天飞行的圆满成功，我们在神舟三号飞行前就制定并下发了《准则》，七大系统也制定了相应的放行准则，只有满足放行准则的要求才允许参加载人飞行任务。”

王永志最后风趣地说：“我想起了一首古诗中写的‘飞扬直上八千丈，只手拨云观沧海’，这种宏大的气势和情景，我希望每位航天员都能上天感受到！”

王永志话音刚落，航天员们又一次热烈地鼓掌。

王永志讲完，总体室副主任邸乃庸对航天员们说“我们的王大总师是著名的火箭专家，在他的航天生涯中，成功主持了数种型号火箭的研制。实施载人航天工程以来，王总一直担任总师，从论证到工程实施阶段，他始终把保证航天员的安全放在第一位。几次无人飞行的成功表明，火箭和飞船的可靠性和安全性很高，整个载人航天系统的协同可靠有力，请航天员们放心……”

王永志还回答了大家提出的各种问题。

这次座谈，航天员对七大系统的质量和安全性有了深刻的了解，为即将进行的上天活动做了充分的心理准备。首飞航天员杨利伟回忆当时的情景，不无感触地说：“在神舟五号飞行前王总亲自率工程总体的专家们与我们全体航天员座谈，他对首次载人航天飞行为确保航天员安全所采取的措施等有关情况做了深入浅出的介绍，给我们留下了难忘的印象。尤其是他的那句‘我们一定会对你们的生命负责，请你们放心’的铿锵自信的话语，给了我们极大的鼓舞，更加坚定了我们必胜的信念！”

大漠中的航天明珠

专机载着王永志与其他研制人员向着东风航天城飞去。这次去，王永志与全体航天人将完成中华民族有史以来的第一次载人航天飞行。当专机飞临戈壁的上空时，王永志俯瞰大漠，一种亢奋的情绪撞击心扉。40多年前，在中国开始“两弹一星”伟大工程的时候，机翼下那些透着荒凉的沙丘，留着丝绸古道记忆的残墙，从沉睡中苏醒过来，焕发了新的生命。时光流逝，中国的航天事业飞速发展，已从仿制火箭、发射卫星到今天要实现载人航天的伟大使命了！

东风航天城景观

飞机缓缓降落在酒泉卫星发射中心。

秋高气爽的时节，一马平川的大漠，深邃湛蓝的天空。

汽车从机场向东风航天城驶去。坚硬的水泥公路就像灰白色的带子，在沙漠中起伏地飘动着，向前延伸。秋阳下的戈壁沙漠，时而像金粒堆叠而起的山丘，起伏延绵，黄橙灿亮；时而像平静浑浊的水面，千般静寂，万般凝重。

车上，王永志的回忆再次被眼前飞速变化的景象焕起。他想起第一次来酒泉卫星发射中心时，满目荒凉，风沙哀鸣。如今那曾被誉为“天上无飞鸟，地上不长草”“一年两场风，从春刮到夏，从夏刮到冬”的戈壁滩上，一座绿树成荫、楼房林立，凝聚着高科技结晶的综合性航天城已经崛起！他尤为欣慰的是，无数的航天人用心血滋润了这片土地，使这片沉寂已久的土地充满了活力；而这片土地也用最好的养料哺育了航天人，给他们带来了生命的活力和不断创新的灵光：在这里成功地发射了中国第一枚近程弹道导弹、第一颗人造地球卫星等，创造了一个个举世瞩目的奇迹。在我国首次发射载人航天飞船的壮举即将来临的时刻，它那对航天事业的巨大蕴藏，将真正成为中国人登天的“灵山”①。勇敢而睿智的航天人，将在酒泉酿造出中国航天员的壮行酒，成功的庆功酒。

2003 年 10 月 10 日，新华社向全世界播发了“中国将进行首次载人航天飞行”的消息，并且把这次发射的一些相关数据也公布于众：

神舟五号发射时间：10 月 15—17 日。

飞船运行在轨道倾角 42.2 度、近地点高度 200 千米、远地点高度 350 千米的椭圆轨道上，实施变轨后，进入 343 千米的圆轨道。飞船环绕地球运行 14 圈后，在预定地区着陆。经过严格训练、选拔和考核，担负首次载人航天飞行任务的航天员梯队已经组成，并完成了综合性演练。目前，发射前各项准备工作进展顺利。

提前发布消息，足以证明中国对自己首次载人航天飞行的自信和把握。

① 灵山：古代传说中人可以由此往返于天地之间的神山。

新建的总装测试厂房是戈壁滩上最雄伟的建筑，神舟五号飞船与火箭在这里组装后高达58米，接着进行整体垂直测试。厂房的大门高达70多米，面积达1000多米^2，称为亚洲第一大门。矗立在沙漠中的总装厂房，顶天立地，使人顿悟到人类创造力的伟大。

2003年10月12日上午，已加注推进剂的飞船和火箭、逃逸塔构成的组合体，沿着20米宽、1500米长的铁路垂直驶入了发射塔架。国内外航天测控通信网已经全面启动！首次载人航天飞行的全部工作已经顺利准备就绪。

这是酒泉东风航天城秋天中最美的日子，大漠长空，秋色迷人。"长征二号F"像一支巨箭，直插长天。地球与浩瀚的苍穹之间，通过这大气磅礴的船箭，有了感应和通灵。这现代科学技术的杰作，与这里的丝绸古道、沙漠胡杨、敦煌飞天融合在蓝天下，即将把流传了千年的飞天梦想化为活生生的现实。

这几天，看似万事俱备，但工作却越发紧张。每天，王永志除了在现场检查、指导和协调之外，还要参加各种会议，与工程两总和七大系统的总指挥、总设计师等主要人员再次确定从火箭起飞到飞船返回的整个过程。他知道，10月15日，神舟五号发射成功的喜讯将通过电波，穿越时空，走进中国的千家万户，传递到世界的各个角落。

作为大总师，王永志知道，自己紧张一分，别人就要紧张十二分，他始终保持沉稳冷静。很有意思的是，一位记者看到工作人员忙碌紧张的样子，于是非常想知道王永志的状态如何。10月12日晚上，他借采访之名，叩开了王永志的住房，他惊异地发现，总设计师正在看世界杯女足比赛。他立刻从王永志的沉稳放松表情中，看出神舟五号任务已胜券在握！

王永志习惯在饭后散步来放松自己。在发射场周围有一片胡杨林，他是那里的常客。在那里他可以感悟撼天动地前的静谧，享受心灵片刻的小憩。

发射前一天晚餐后，他与助手周雁飞（载人航天办公室总体室副主任）又一起踱进了胡杨林。在夕阳下，胡杨林灿烂一色，与阳光融为一体。他对周雁飞说："我们的第一艘载人飞船就要发射了。虽然准备得细致充分，但毕竟是第一次载人上天，心里总觉得轻松不起来，你的感觉如何？"

与助手周雁飞合影

周雁飞接过王永志的话说："可以放心了，王总。载人上天是我国有史以来的第一次，大家都在思想上极其重视，工作上极端认真，能想到的都做了，经过几次无人飞行的验证，应该说成功应是顺理成章的事。"

王永志赞同地说："这支载人航天队伍真不简单，在这里顺利完成了载人航天的一系列任务，我想航天城这颗明珠，一定会为我们神舟五号载人飞船的成功放出更加耀眼的光彩！"

周雁飞答道："王总，事实将会证明这一切！"

王永志看了看身边的胡杨树，说道："每次发射，我都要想想胡杨树。胡杨树有一种处险不惊的精神，有一种强大的定力。"他接着说道，"走进戈壁，我第一次看到胡杨树就产生了一种好奇和惊叹。胡杨树是一种神奇之树，在这干旱少雨的沙漠上，它以顽强的生命力挺立着，‘生了千年不死，死了千年不倒，倒了千年不朽’，这是大自然的杰作。我想支撑的力量在于它的意志品质，所以它才立于险境而不衰。我们的发射场选在这里，也赋予了航天人坚韧不拔的品质，敢于战胜一切困难，把我们的事业立于天地之间。”

周雁飞笑着说：“胡杨树不愧是沙漠里的‘奇才’，人们对它的种种描写和赞颂，也难以反映它的内涵。它生于困境，却勇敢地在与周围的环境抗争，任何艰难险阻都未能阻挡它成长的步伐，因为它选择了这种环境。我想，我们第一次载人上天也会战胜一切险阻，取得成功。”

挺拔的胡杨

他们围绕胡杨树和航天这个话题，谈了很多很多。

夜幕降临了，胡杨林逐渐变得模糊，大地变得静谧安详，镶嵌着群星的银河开始出现在天幕，流星偶尔划过天际，瞬间便消失得无影无踪。看着华灯初上的航天城，想着即将到来的震撼人心的时刻，王永志忽然感觉到，苍天的博大和灵气与成功发射的自信注满了胸怀。

庄重的承诺

发射时间定于10月15日上午。发射在即，每一次发射之前，都要进行一项重要的程序——载人航天工程的总指挥、总设计师、副总指挥，在发射责任书上签字。

对于这一次超乎平常的签字，王永志思考了很久。他知道，此次签字责任重大、意义深远。前4次签字是发射无人飞船，虽然责任重大，但远不能与载人飞行相比。“王永志”3个字一旦签上，意味着对航天员生命的挚爱和担保以及对确保这次飞行任务成功的庄重承诺。他脑海里时时呈现出几年前中国航天代表团访问俄罗斯时，在著名的拜科努尔发射场，目睹“联盟号”飞船发射过程中一个使他刻骨铭心的环节：3名身着浅色宇航服的航天员，在即将进入“联盟号”飞船之时，总设计师健步走上前去，与航天员们握手壮行，总设计师说了一句话：“没有把握我不会送你们上天的。”

而这一幕，也呈现在神舟五号飞船载人飞行前一天的酒泉卫星发射中心。由于这是中国历史上首次载人飞行，在责任书上签字的现场气氛显得更加庄严和凝重。

总指挥李继耐在责任书上庄重地写下了自己的名字，接着是胡世祥、江绵恒、张庆伟等几位副总指挥签字。签字现场，似乎每一笔每一画都掷地有声！

责任书放到了王永志的面前。作为总设计师，王永志想到自己与全体航天人11年的智慧和辛劳即将变为飞天壮举，眼前便出现了神箭载着飞船直冲云霄、中国的航天员在太空遨游的场景，心中有一种莫大的激动和慰藉。他拿起签字笔，嘴中喃喃地说：“首飞航天员，没有把握我不会签字的。把你安全送入太空，也会平安接你回家！”他在技术总负责人的签字栏中庄重地签下了“王永志”3个字！

这不是普通的签名，它寄托着亿万中国人的希望和理想，承载着数万航天人的责任，凝聚着他们的心血和热望！

在签名当日下午，王永志参加了决定首飞航天员最终人选的会议。

签署神舟五号发射令（左一为副总指挥张庆伟）

王永志是航天员选拔委员会的成员。我国的14名航天员是从1000多名优秀空军飞行员中层层挑选出来的，经过5年多的培训，身体素质和心理素质都达到了上天的要求，但首次上天只有一位。经过严格的筛选，第一轮选拔出5位，第二轮选拔后只剩下3位。选拔5位时杨利伟列第一，选拔3位时他还是第一。14日下午5时左右，航天员选拔委员会最终决定，杨利伟执行首飞任务，这时离发射时间只有17个小时。

出征前合影

王永志为杨利伟被选为首飞航天员高兴的同时，也深为航天员们为祖国航天事业勇于探索、不怕艰险、不怕牺牲的精神感动和自豪。选拔过程中，王永志曾问航天员："你们害怕吗?"航天员们说："我们当飞机飞行员同样有风险，飞机起落次数很多，每个起落都有风险，为了祖国，我们勇于和乐于承担风险。"一些落选的航天员还忍不住哭了。他们说："千年一梦，这次未能上天，只有等两年以后；如果两年以后又落选的话，随着年龄增长，上天的机会就越来越少了。人生难得一回搏，你说不遗憾吗?"谈及这些，王永志感慨地说："我们的航天员们不仅勇敢聪颖，而且是多么的可爱啊!"

航天英雄出征

10月14日，大漠刚刚被夜幕掩盖。地面发射塔巨大的身姿与远处闪耀的点点繁星和谐地融在一起，这是航天城的又一个不眠之夜，忙碌的航天人还来不及小憩，时间就悄悄地迈进了新的一天。

10月15日凌晨1点，深秋的子夜，虽然带着几丝凉意，但发射测试站的测试发射指挥大厅里，灯火辉煌，人头攒动，参试人员已早早地来到自己的工作岗位，进入发射前8小时的准备程序。

一些航天老专家千里迢迢赶来为首次载人飞行鼓劲儿。奋战在酒泉卫星发射中心一线的522名科技工作者，联名给首飞航天员杨利伟写了一封信，放在飞船里陪伴英雄遨游太空……

夜色阑珊，位于航天城东南角的"圆梦园"小区会见厅内，灯火璀璨。会见厅玻璃墙上方的"中国首次载人航天飞行任务航天员出征仪式"19个大字在灯光的照明下，熠熠生辉。

参加出征仪式的3位航天员第二次入住航天员小区问天阁公寓。凌晨3时，杨利伟3人离开二楼小公寓，离开时，他们分别在各自的卧室门上签下了自己的名字留作永远的纪念。杨利伟在门上写道：

首飞航天员

杨利伟

2003.10.15 凌晨3:00

经过一系列的生理测试、头戴通话试验及航天服气密性检查后，凌晨3时40分，杨利伟及其他两名航天员翟志刚、聂海胜在护送员的陪同下，由问天阁公寓医监医保室来到了会见厅内的玻璃幕墙后。由于航天员在登舱进入太空前，已做过消毒处理，为防止各种感染，不允许与外界有更多的接触，因而会见厅被弧形的玻璃墙隔成两块，透过玻璃墙，两厅可以相互通视和通话。

当航天员出现在玻璃厅内时，等候在会见厅里的领导及贵宾报以热烈的掌声。站在五星红旗下身着宇航服的杨利伟和他的战友翟志刚、聂海胜特别显眼。接着，杨利伟与翟志刚、聂海胜成品字形就座，他们与身后巨大的国旗相互辉映，形成一幅动人的画面。

在载人航天工程总指挥、中央军委委员、总装备部部长李继耐的陪同下，中共中央总书记胡锦涛来到了会见厅，航天员们激动地挥起右手，欢迎总书记！

胡锦涛总书记代表祖国和人民，来为中华民族开拓太空之路的先行者壮行了！千百年的飞天梦想，九天揽月的豪迈情怀，即将第一次把炎黄子孙的身影留在浩瀚的天宇中！只有在今天政治昌明、经济雄厚、科技繁荣的共和国，才能铺就登天之路的基石；只有我们民族的激情、自豪和自信，才能如此大气磅礴、挥毫蓝天！

杨利伟手迹

航天员出发前居住的圆梦园

胡锦涛总书记首先亲切地问候了首飞梯队的3名航天员杨利伟、翟志刚和聂海胜，他说，见到你们很高兴，我代表党中央、国务院、中央军委，也代表江泽民主席来为你们壮行！党和国家高度重视我国的载人航天工程，各有关方面也都做了精心准备……飞船很快就要发射了……一会杨利伟同志就将作为我国第一位探索太空的勇士出征，就要带着祖国和人民的重托去实现中华民族遨游太空的梦想。这是一个十分光荣的使命，也是一个十分伟大的壮举！此时此刻，全国各族人民，包括你的家人、你的战友都在关注着你，期待着你，我们相信你一定会沉着、冷静、坚毅、果敢、圆满地完成这一光荣而又崇高的使命！我们预祝这次飞行取得圆满成功！我们等待着你的胜利归来！

大厅里响起一阵热烈的掌声，总书记道出了参加壮行的所有人的心声！

接着杨利伟异常激动地回答："感谢胡总书记和各位首长的关心和鼓励，感谢祖国和人民的培养，我一定不辜负总书记和全国人民的希望和重托，用最饱满的热情去迎接这次任务，我向总书记和全国人民保证：坚决完成任务，不辱使命！"杨利伟洪亮、铿锵的话语，充满了自信和成功的勇气。会见厅里响起了经久不息的热烈掌声。

翱翔的神舟

圆梦园的草坪，在三盏聚光灯照射下如同白昼，五星红旗在秋风中飘扬。身着航天服的杨利伟在护送员的陪同下，迈着沉稳的步伐出现了，等候多时的欢送队伍站成两列向航天员挥手致敬，祝福他平安归来。

总指挥李继耐、总设计师王永志和胡世祥、栾恩杰、江绵恒、张庆伟等副总指挥神色庄重地站在场坪上。

杨利伟走到李继耐面前，用标准的普通话报告："总指挥同志：我奉命执行首次载人航天飞行任务，准备完毕，待命出征，请指示。中国航天员大队航天员杨利伟。"洪亮的声音在凌晨的戈壁回荡。

"出发!"总指挥李继耐下达了出征的命令。杨利伟与身后的另两名航天员紧紧地拥抱。

王永志随李继耐等工程领导一直护送杨利伟到达发射塔架下，目送他进入电梯，挥手致意。

5 时 58 分，航天员杨利伟到达发射塔架进行进舱前的检查，6 时 15 分进入返回舱，在舱内进行了与地面的话音检查和航天服的气密性检查，一切正常后返回舱舱门关闭。

凌晨，大漠还静静地躺在地球的怀抱里酣睡，神舟五号飞船发射进入了倒计时。紧张和兴奋同时荡漾在现场的每个人的脸上。此时的王永志，看到自己与千千万万个航天人无数个日夜辛勤劳动的杰作就要向我们的民族和世界展示了，激动的心情难以言表。

东方渐渐泛出了鱼肚白。在航天发射指挥监控中心，“每个口令凝结着祖国的荣誉，每个动作联系着航天员的安全”“坚守岗位、熟悉规章、严格制度、履行职责、确保成功”等红色大幅标语增强了这里的神圣感。窗外，金黄的胡杨树把深秋的东风航天城映衬得更加美丽，高高的载人发射塔架在晨曦的光环中显得格外壮观雄伟。

此时，王永志与两总领导和各系统的总师、专家们全神贯注地注视着大屏幕。

30分钟的口令下达后，整个大厅内的老总、专家、参试人员严阵以待，期待着那激动人心的一刻。

此时的发射现场万里无云，秋风和煦，极目千里，万籁俱寂。

10分钟准备，5分钟准备，1分钟准备……“10、9、8、7、6、5、4、3、2、1、点火！起飞！”

上午9时整，火箭喷射出彤彤火焰，神箭轻轻托起神舟五号，飞船、火箭徐徐上升，中华民族飞天梦想变为现实的太空之旅开始了！

火箭腾起的隆隆巨响，是一支响彻苍穹的生命交响曲，是一部雄浑壮丽的乐章！

神舟五号飞船腾空而起

现场不少人在感悟我们民族所创造的奇迹时热泪盈眶。几千年的期盼与向往，十多万人的智慧和心血，汇聚在远航的“神舟”上，为祖国祝福，为航天英雄祝福。

大厅内的人们尽情地欢呼，情不自禁地拥抱……但王永志迅速镇定了自己的情绪，在他的眼里，英雄遨游太空的征程才刚刚开始。

在飞船升空的几分钟内，他始终注视着大屏幕，观察着杨利伟的一举一动，不久听到了杨利伟清晰的声音：“神舟五号报告，整流罩分离。”大厅内响起了雷鸣般的掌声。此时，王永志与所有航天人的脸上开始露出一丝微笑。

航天指挥中心

王永志兴奋地说：“与前4次发射不同，这次毕竟是首次载人，看到航天员进入飞船，心里总有一种牵挂。从火箭点火到整流罩分离，再到船箭分离，完成了‘上得去’，闯过了第一关才稍稍放点心。”

为你的凯旋落泪

与神舟五号一起升腾和遨游的，不仅只是杨利伟，而是中华民族不懈的追求，是航天人永不满足、奋发进取的精神。天地作证，日月可鉴。

从古代的飞天梦想到20世纪70年代的“东方红一号”，乃至今天的神舟五号，中国的航天事业就像一支支熊熊的火炬，映照着民族的希望，体现着我们民族的精神，是中国经济实力不断强大、科学技术不断繁荣进步的真实写照！“可上九天揽月，可下五洋捉鳖。”毛泽东这位伟人的希冀在共和国儿女的努力下变成了活生生的现实。

飞船成功入轨之后，王永志与部分指挥员和专家乘坐专机返回北京的航天指挥中心，他们将在这里指挥和监测飞船的运行情况。

当飞船绕地运行第五圈时，地面指挥中心发出了变轨的指令。

16日清晨的北京航天指挥控制中心，紧张、忙碌、有序。神舟五号飞船将按预定计划返航。清晨5时30分，中共中央政治局常委、国务院总理温家宝，中共中央政治局常委、国家副主席曾庆红等党和国家领导人来到第一指挥厅，和载人航天工程指挥、技术人员一起等待航天英雄的归航。

6时5分，我国第一艘载人飞船披着霞光，带着60余万千米的征尘，以每秒180多米的速度扑向生它养它的祖国母亲的怀抱。

一切都在井然有序地进行。6时7分，搜索人员报告目视到神舟五号返回舱。随后，引导伞打开、减速伞工作正常、主伞工作正常的信息不断传来。6时23分，我国第一艘载人航天飞船神舟五号成功返回地面，6时26分，指挥大厅的电子屏幕上清晰显示出地面车队的搜索场面和远处返回舱发出的着陆方位信号。

6时31分，总指挥李继耐建议总理与航天员通个话。一直在专注地观看回收情况的温家宝立即站了起来，走向指挥台。

胡世祥副总指挥拿起电话，联系到已经成功着陆，但仍在返回舱内的杨利伟，电话很快接通。安静下来的大厅里，响起总理热情洋溢的声音。

“杨利伟同志，祝贺你胜利返航。你完成了一次重大的历史任务，祖国和人民感谢你。”全场响起了热烈的掌声。

温家宝静静地听着杨利伟的回话，不时做出回答。通话完毕，温家宝笑着转告在场的人：“他说话很有力，他让我们放心！”

“我国首次载人航天飞行圆满成功了！”在热烈的掌声中，温家宝总理宣读了党中央、国务院、中央军委的贺电。600多字的贺电，频频被热烈的掌声打断。

当一宣布返回舱落地了，王永志心里的一块石头也算落地了，他眼里噙满了激动的泪水。

“从屏幕上看着杨利伟神采奕奕地从返回舱里走出来，我非常激动，当时我泪水充盈眼眶。我这一生因为激动而流泪的次数不多，像这样控制不住地流泪，是极少有的。11年来我们这支航天队伍呕心沥血、顽强拼搏，不顾自己的一切，为的就是这一天、这一刻。我为沉着果敢的杨利伟而自豪，我为不负使命的这支队伍而自豪，我为祖国而骄傲。此时此刻我百感交集……”王永志真实地表白了自己的内心世界。

热烈祝贺神舟五号发射成功
向新一代航天人致敬！
钱学森
2003年10月16日

航天英雄杨利伟受到人们的热烈欢迎

当杨利伟乘坐专机从着陆场返回北京时，王永志亲临机场迎接，见到杨利伟神采飞扬地走下飞机，看到那热烈的欢迎场面，王永志的眼眶里再次充盈了泪水。11 年来，在党中央的高度关注和坚强领导下，在全国人民的团结协作下，中国的载人航天伟大工程终于有了决定性的收获，神舟五号载人飞船把亿万中国人民的企盼写上了太空，化成了环绕地球 14 圈的美丽彩虹！

在中国航天发展史上，王永志先后参与和参与主持的 6 种新型号的首次发射均获成功。花开花落十一载，众志成城架天梯。如今，他作为中国载人航天工程的总设计师，又成功完成了中国航天员的首次太空之旅，完成了他有生以来参与的责任最重、压力最大的一项宏伟工程。

中国人的脚步第一次迈进太空。

作为总设计师，王永志与中国载人航天工程的研制、试验队伍攻克了无数技术难关，一步跨越了国外 40 年的发展历程，走出了具有中国特色的载人航天发展道路。首次载人飞行的成功，是 11 年来我国载人航天工程所取得成果的集中体现，为中国载人航天的发展奠定了坚实的基础，这一伟大工程的重要性和贡献在于：

一是建成了配套的载人航天工程研制、试验体系，为载人航天的可持续发展奠定了基础。

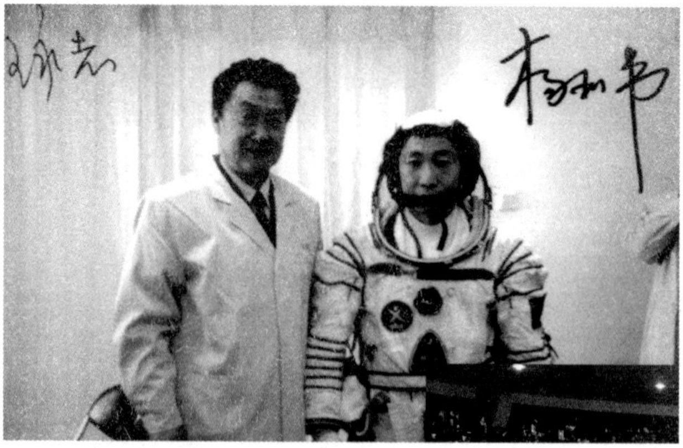

与即将出征的首飞航天员杨利伟合影

二是实现了高起点、高效益、跨越式发展，工程总体方案正确，技术要求合理；各系统方案正确，性能满足总体技术指标要求；系统间协调匹配；兼顾后续任务发展，从总体上体现了中国特色和技术进步。

三是掌握了载人飞船工程的基本技术，如航天员选拔培训和医监医保及其评价技术、高可靠高安全的载人运载火箭技术、满足载人要求的载人飞船技术、载人航天发射技术、载人飞行测控通信以及飞行控制技术、正常及应急情况的航天员搜救技术、多种有效载荷及其支持平台技术等。

四是完成了对地观测、空间科学及技术实验任务，获得了大量高水平的科技成果。

当神舟五号飞船成功返回后，王永志当即打电话向中国航天事业的开创者和奠基人钱学森汇报："您给我的任务完成了！"钱学森在电话里连声说："好呀，好呀！我高兴！"中国载人航天的实现，使钱学森在半个世纪以前就开始酝酿的愿望成为现实，这位德高望重的科学家怎能不高兴呢？

激人振奋的飞天之曲，铺设天路的高妙之作，王永志与全体航天人一道，把载人航天的精神融入了太空，把自己的心血和汗水融入了太空，把自己的理想融入了中华民族千百年来的飞天梦想，使中国成为世界上第三个独立实现载人航天飞行的国家！

出鞘神箭，腾起成功的火焰，
中华神舟，翱翔在万里云天，
戈壁大漠，写不下创业者的动人诗篇，
深邃天穹，度不尽航天人的志向高远！

请记住历史长河中的那一瞬间：2003 年 10 月 15 日，中华民族飞天梦圆。

九天含祥瑞，四海同祝福！

第十一章

构建天宫

神舟五号飞天，圆了中华民族的千年飞天梦。此后短短的10余年间，从神舟六号到神舟十号，5次飞天5次跨越：多人多天、出舱活动、精确对接、太空授课，中国人在浩瀚的天穹上又谱写了一首首悦耳动人的新曲！作为总设计师和高级顾问，王永志与全体航天人正在为中国空间站建设殚精竭虑，憧憬新的辉煌！

拉开新序幕

两年后的2005年金秋10月，神舟六号载人飞行的成功揭开了我国载人航天工程第二步的任务序幕。

神舟六号任务启动后，接任李继耐部长担任中国载人航天工程第四任总指挥的是总装备部陈炳德部长，他是一位爽直帅气的军人。上任不久，看到各大系统紧张有序的研制场面，他深有感慨地对王永志说：“王总，我以前在军区工作，虽然很忙，责任很大，但远没有今天负责载人航天这件事情的影响大。神舟五号上天后，全世界有50多个国家的元首发来了贺电，这是具有世界级影响的大工程啊！”他还对各系统的老总和研究人员说：“虽然我们积累了大量的工程经验，取得了神舟五号首次载人航天的成功，但神舟六号和神舟五号一样，来不得半点马虎，应该更加细心认真，迎接新的成功和辉煌！”

从1992年工程启动到神舟六号飞行任务顺利完成的13年间，工程总指挥换了四届，七大系统的两总和副总也换了不少，但王永志仍作为载人航天工程的技术主帅在辛勤耕耘，与年轻的航天人一道向着新的目标冲刺。他把自己多年的工程经验毫无保留地传授给新一代航天人，与他们分享创新、成功的喜悦。

王永志向第四任工程总指挥陈炳德上将介绍情况

有了神舟五号载人飞行的成功经验，王永志信心更足了。在他的主持下，神舟六号按照“两人五天”并具有7天自主飞行能力

与副总指挥许达哲在转运场上

的要求，进行了多项技术改进和人性化设计，进一步增强了飞船的可靠性和安全性。

2005年10月12日上午9时整，“长征二号F”运载火箭在酒泉卫星发射中心点火起飞，588秒后，神舟六号载人飞船与运载火箭正常分离，进入了太空，飞船发射取得了圆满成功。此后的5昼夜中，神舟六号飞船载着两名航天员绕地飞行77圈，行程约325万千米后，于17日凌晨4时33分准确落入预定区域，费俊龙和聂海胜在全国人民的热切期盼中精神饱满地出舱，实现了“成功发射、正常运行、安全返回和航天员健康出舱”的预定目标，神舟六号载人航天飞行取得了圆满成功。它的成功再一次吸引了世界的目光，又一次引起了举国上下的一片欢腾。

出征

神舟六号任务作为工程第二步任务预定的一次飞行，主要担负着三大任务：一是继续突破载人航天的基本技术，如载人飞船多人多天太空飞行技术；二是继续进行空间科学实验，尤其是首次进行有人参与的空间科学实验；三是继续考核和完善工程各系统的功能和性能。

谈到神舟六号，王永志兴奋不已。他说："多人多天太空飞行技术是我们必须解决的一项基本技术，因为无论是空间交会对接、航天员出舱活动，还是建造空间实验室，都要有多名航天员飞行多天才能完成。神舟六号飞行任务作为第二步任务的开篇之作，必须攻克多人多天飞行这一基本技术，这个问题不解决，后面的任务都无法开展。"

王永志详细地解析说："多人多天太空飞行给我们带来的挑战是多方面的。例如，要保证多人多天太空飞行的成功，最大的挑战应该是飞船的环境控制和生命保障系统的表现如何，简单地讲就是保障多名航天员长时间在太空的吃喝拉撒睡。这与短时间太空飞行有很大的区别。这些问题在地面的自然环境中都很简单，但是到了太空就完全成了棘手的难题。还有就是飞船内的环境控制，如大气压力、温度、噪声，尤其是大气湿度。因为飞船内的有效空间相对地面环境是比较狭小的，两个密封舱的容积合在一起也才有 15 米^3，而两个航天员正常生活所产生的湿气却一点也不比地面少，如果不采取措施，飞船内的湿气很快就会饱和结露，就会出现水珠，不仅使航天员感到不舒服，漂浮的水珠还可能对飞船电气系统产生短路或者断路的危害，同时对航天员呼出的二氧化碳和其他异味也要有处理措施。再就是航天员可往返于返回舱和轨道舱之间，到轨道舱去休息和开展科学试验。神舟六号是首次进行有人参与的空间科学实验，飞船上装载了我国自主研制了十几年的性能非常好的对地遥感等设备，航天员根据需要和实际观测条件手动操作设备进行工作，这也真正体现了载人航天的目的所在。"

王永志说："神舟六号飞行的全过程中央电视台都播放了，我也知道大家都为我们捏着一把汗，毕竟这是一个高风险的事业，人命关天，影响巨大。我们虽然很紧张，但我们更有信心。为确保神舟六号飞行的圆满成功，我们预先制定了非常完善的故障对策，例如，如果火箭在发射台上出现问题，除了航天员紧急撤离措施外，还制定了4种逃逸模式。火箭上升段飞行中，我们制定了11种故障情况下的逃逸模式，一旦出现安全问题，航天员可以迅速脱离危险区。飞船在轨飞行过程中，我们制定了114种飞控故障对策，还制定了可以由航天员人工干预的40种故障对策。但在实际飞行过程中，没有出现任何异常，这些故障对策都没有启用，这恰恰是我们所希望的结果，也令我们万分欣慰。在神舟六号飞行的5个昼夜里，飞船和火箭均处于主设备工作状态，没有一件设备切换到备份，也没有一个冗余系统被启动。地面共向飞船发出了1473条遥控指令，均一次发送成功。天地话音、数据和图像传送通道始终保持畅通，话音、图像清晰，数据正确。飞船实际着陆点距离理论落点的偏差，纵向只有1.89千米，横向只有0.6千米，而要求是纵向±30千米，横向±18千米。飞船着陆时间与飞控计划的误差仅为‘秒’级。”

神舟五号飞行成功，实现了载人航天的历史性突破，而神舟六号载人飞行圆满成功，表明我国已掌握了多人多天太空飞行的基本技术，是我国载人航天事业可持续发展的前提。为确保神舟七号、神舟八号等后续任务的顺利实施，王永志还未雨绸缪，早在1996年便组织制订了交会对接基本方案，提前启动对接机构、微波雷达、激光雷达等关键设备的研制，并成立了以冉隆遂研究员为组长的交会对接论证组，为下一步的工作做好了技术铺垫。2006年初，在征得新任总指挥同意后，他召集有关系统人员开会，做出布置：“交会对接目标飞行器要按8吨级空间实验室设计，回归中央专委1992年的4号文件。”这一决定为早日建成空间站争取了时间。

高 级 顾 问

神舟六号任务成功后，74 岁的王永志考虑到自己年逾古稀，再次提出应该让年轻人来执掌载人航天工程的帅旗，让他们在事业上大显身手，崭露头角。组织上认真考虑了他的实际情况。2006年5月2日，中央军委胡锦涛主席签署命令，批准王永志从“921工程”总设计师岗位上退下来，由周建平接任总设计师，王忠贵任副总设计师。

8日，中央军委委员、总装备部陈炳德部长和迟万春政委与王永志正式谈话，高度赞扬他为中国航天，特别是载人航天事业作出的突出贡献：“……你是新中国培养的著名火箭专家，是实现中华民族飞天梦想的开拓者，是国防科研战线上的一面旗帜……长期以来，你把自己的全部心血和智慧都奉献给了党和人民，为我国导弹航天事业特别是载人航天工程的跨越式发展作出了重大贡献，是国家的功臣、民族的功臣。”

谈话时，领导们还深情地说：“神舟五号成功后，你曾多次提出早点退下来，让年轻人接班，充分体现了你作为一名老党员、老科学家对党的事业极端负责的精神和崇高的思想境界。这次从总设计师岗位上退下来，既是执行制度、新老交替的需要，也考虑到保护你的身体，从繁重工作中解脱出来，但从内心讲，我们都非常留恋。为继续发挥你在载人航天方面的经验、智慧和威望，总装备部党委研究决定，请你担任‘921 工程’高级顾问，再带带周建平，并在一些重大技术问题上替我们出出主意、把把关。”

由总设计师转为高级顾问，一般人认为这是一个清闲的职务，但是给王永志确定的主要职责仍有七条：对工程总指挥负责，提供决策咨询意见；参加载人航天工程重要会议，包括工程两总联席会，工作会议、大总体技术协调会，参与重大问题的决策研究；参加工程总体技术方案、技术途径和重大关键技术问题的讨论、审议；参加并指导工程发展战略研究，组织前瞻性课题预先研究等。

迟万春政委在一次春节前到王永志家拜访时更是形象地说："王总，我给其他退休领导的贺辞是身体健康、保住晚节，对你，我还是那句话——保重身体，对当前工作的关键问题、长远发展的重大问题出主意、把把关。"这意味着王永志实际上是退而不休，仍然要密切关注载人航天工程重要总体技术方案和全面了解工程进展，及时提出重大决策的意见建议。为中国航天事业拼搏了大半辈子的他，早已把生命融入在自己所钟爱的事业中，只要生命不息，身体条件允许，无论担任职务与否，他都会一如既往，以促进事业又好又快发展为己任，不惧艰险，勇于担当。

回顾担任总设计师 14 年来的工作，他深有感触地说："从 1992 年被中央专委任命为中国载人航天工程总设计师以来，我深切地感到使命之艰巨、责任之重大。工程如此复杂，技术难度如此之大，不仅仅是万事开头难，而且是每前进一步，必将面临不少的艰难险阻。然而这是人生的机遇，是历史使命，是信任，更是重托，只能义无反顾地奋勇向前！"他又说，"14 年间，除了吃饭和睡觉之外，时间去哪儿啦？不用说，时间全放在了载人航天，每天都处在思考、提出、处理和解决各种问题的状态中，精神高度集中，时刻不敢懈怠。令人欣喜的是，在大家的努力下，中国载人航天从无到有，终于用自己的飞船把中国人送入了太空，实现了中华民族千年的飞天梦想，实施这样一项在中国史无前例的复杂航天系统工程，每次飞行任务都取得了圆满成功，这是非常难得的。"

有人说他是福将，是一位成功的帅才，王永志则回答说，从国家层面上看，载人航天的成功，首先归功于党中央、国务院和中央军委的关心厚爱和坚强领导。在我国经济条件并不宽裕的情况下，党中央毅然决策工程立项实施；每到重大节点，中央首长总是给予充分信任和坚决支持，及时做出决策，关键时刻总是亲临现场指导，这是其他任何一项航天工程都无法比拟的。工程由中央专委直接领导，依靠各族人民的支持，我们得以集全国之力攻克难关，发挥了社会主义制度的强大政治优势。其次，得益于专项管理制度的建立。工程实行总指挥和总设计师联席会议决策重大事项制度，得以民主集中、科学决策；历任总指挥均是我军高级将领，先后由6位上将担任，副总指挥也都是各部门的高级领导，他们水平高、能力强，得以政令畅通，组织严密，指挥有力。建立了专项管理办公室，汇聚了一批高层次的业务骨干，技术、计划、条件保障三位一体，形成合力，使总体与系统、技术与管理、进度与质量、效率与效益得以协调匹配。第三，得益于培养造就了一支特别能吃苦、特别能战斗、特别能攻关、特别能奉献的科研试验队伍。这支队伍不但年富力强，而且作风扎实、经验丰富、敢打硬仗、能打胜仗，这是最令人欣慰的。最重要的是，中国载人航天工程能持续地成功推进，是改革开放后国家综合国力极大提高的结果，是新中国几代航天人群体智慧的结晶，是历史的必然，昭示着中华民族复兴的强大力量。

如果从工程自身来看，一是工程技术途径和最终目标论证得深透。概念论证和技术、经济可行性论证历经5年多，我国载人航天工程确立了从飞船起步、用空间实验室衔接过渡、最终建成空间站这样一个“三步走”的技术发展途径。从1992年立项到现在，尽管国内外形势在变化、技术在发展、领导在更替、人员在流动，但这一技术发展途径始终经受住了时间和实践的考验，扎实稳步地前进。在工程上马前的论证中，集中了全国各有关行业，特别是航天领域老中青几代人的群体智慧，取得了广泛共识，科学合理，根基牢固。二是设计指导思想正确。工程总体和各系统把“在确保安全可靠的前提下，把总体上体现中国特色和技术进步”这一指导思想作为制订技术方案的总要求和根本依据，正确认识充分发挥两大优势：发挥主观条件上的政治优势，社会主义制度可以集中力量办大事，为工程创新创造了条件；发挥客观条件上的后发优势，认真研究国际上的经验教训，不走冤枉路，不花冤枉钱，在主攻方向上快速追赶，缩短差距。正是这样，我国载人航天工程做到了起步晚、高起点、自主创新、跨越式发展和低成本、高效益、统筹安排、科学发展。例如，我们的飞船一问世，就与俄罗斯现役的“联盟号”飞船并驾齐驱，弥合了40年的差距。接着又实现了多人多天飞行……

14年来，工程总体和各大系统的技术方案未出现反复，各种大型试验均顺利成功，这令身为总设计师的王永志非常欣慰。

论证空间站

2007年1月29日，陈炳德部长在大会上宣布：按国务院要求，总装备部牵头组织成立载人空间站工程实施方案编制专家组，开展相关工作。专家组组长为王永志，副组长为王忠贵、郑敏。专家组下设7个专业组，分别是总体组、应用组、飞行器组、火箭组、测发测控回收组、航天员系统组和研制计划经费组。专家组和专业组人数总计40余人。

这项重要而艰巨的任务，使王永志一下子又回到了一线。

建造空间站是我国载人航天工程“三步走”发展战略的既定目标。2005年，载人空间站工程又与探月工程一起，被列为我国《国家中长期科学和技术发展规划纲要（2006—2020年）》中的国家重大科技专项之一。建立载人空间站，对突破相关领域的核心技术，开展空间科学实验，深入了解地球和深空环境，维护国家安全等方面具有至关重要的意义。

王永志为之高兴的同时，也深感责任重大。从1986年开始，特别是担任中国载人航天工程总设计师以来，王永志一直都在思索中国载人航天的未来发展战略。他深深地知道发展战略的重要性，一旦战略上失误，国家付出的不仅是巨额费用，更是两三代人的心血和智慧。说来也巧，1992年我国开展载人航天技术经济可行性论证之时，王永志就是论证组组长，在他们向中央报告的中国载人航天“三步走”设想中，第一、第二步都有具体的方案和时间进度，第三步只提出了建造空间站的最终目标，但没有相应的技术方案和研制进展计划。因那时离实现第三步还有二三十年时间，从社会和科技发展来看有许多难以预测的因素。这样，1992年未做完的事，15年之后仍由他接着做。

然而，时至今日，国内外形势已悄然巨变。从国际形势看，15年前，空间站正热，“和平号”已组建过半，国际空间站建设也进入了准备阶段。15年后，美国小布什政府已经决定2010年废弃国际空间站，重返月球。

国际环境的这一突然变化，对我国空间站论证工作影响很大。有些专家因而提出：“现在搞空间站，是否已经时过境迁？美国都放弃了，我们要建空间站有必要吗？”有的专家从经济支撑方面提出：“国际空间站由16个国家联合建设，有财力和技术基础，花费了约1000亿美元，我国在经济上能支撑得了吗？”……

论证初期，在一次征求航天专家意见的座谈会上，就我国要不要搞空间站、搞一个什么样的空间站问题，大约有一半的专家同意干，但是只能干到20吨级核心舱，不能再大了。

专家们的意见引起了王永志及专家组的高度重视，他意识到，必须深化论证，有理有据地阐明建造空间站的必要性，特别是可能性，才能为大家所接受。

2007 年 11 月 16 日，火箭技术研究院在北京组织召开建院五十周年高峰论坛，王永志做了题为“中国载人航天工程持续发展的探讨”的主题报告。

报告指出，通过深入研究世界航天的技术发展历程可以发现，在载人航天领域能够凝聚 16 个国家共识的只有建设空间站。如果国际空间站 2010 年左右能够建成，并且再使用 10 年，那么从 1971 年苏联发射“礼炮 1 号”试验性空间站起，到 2020 年左右的 50 年间，唯一没有间断的载人航天活动就是空间站的建设和应用，由此可见空间站的重大实用价值是世界公认的。国际合作方面，我们是愿意合作，但西方特别是美国不让我们参加，我们只有自己干。只上一个核心舱，实验能力仅为 1.5 吨，效益太差，但如果把空间站规模定位在 3 个基本舱段构成的小型组合体，则可提供 17 吨的有效载荷实验能力。再加上研制大的货运飞船减少运输次数，通过控制规模和技术创新，空间站我们也是建造和运营得起的。

这一报告在与会者中产生了积极反响，特别是得到了航天专家任新民、庄逢甘、屠善澄、陆元九和梁思礼等老总的认同。这样，航天界的专家逐步达成了共识：建造空间站符合载人航天的发展规律，适合我国航天技术的发展需要。

运载火箭是航天的天梯。王永志对火箭研制情有独钟。这不仅是因他学火箭设计也搞了一辈子火箭有着特殊情感，更重要的是因为运载火箭能力的高低决定了一个国家航天活动的规模，是国家科学技术水平的标志。抓住了运载火箭的可持续发展，也就等于抓住了航天的可持续发展。因此，他把大推力火箭的论证放在空间站建设的重要位置。我国无毒、无污染发动机点火试车基本成功后，2003 年 2 月他就适时向载人火箭 CZ－2F 的总指挥和总设计师提出换用液氧煤油发动机，研制 CZ－2F/H 的倡议。这种发动机具有在装箭前可点火试车检测的特性，而且推力大，用它作为动力装置，不仅可消除火箭发动机不可检测的固有安全隐患，还将火箭运载能力由 8 吨级一举提高到 14 吨级，能够发射国内外大多数卫星。如果形成批量生产，成本将进一步降低，可靠性则得到提高。因此，他力主将 CZ－2F/H（后命名为 CZ－7）运载火箭研制列入载人空间站工程实施方案。在具体方案设计上，他提出火箭一二级（含助推）均采用液氧煤油发动机，按载人航天的高可靠性、高安全性要求设计，状态相对固化，发射不同载荷只需更换上面级等创新性设计思路，并要求火箭专业论证组按"在满足有效载荷要求的条件下，低成本、高可靠、操作简单、使用安全"的标准，开展优化设计，研制出具有世界先进水平的运载火箭。

在王永志主持下，专家们就空间实验室第二阶段及空间站阶段的实施方案开展了细致深入的论证，王永志亲历亲为，对空间站建造规模与运营模式、后续任务计划安排、CZ－2F/H 运载火箭工位建设、酒泉发射场与海南发射场关系、空间应用规模及目标等论证过程中出现的重大关键技术问题，多次主持会议认真研究、合理决策，并与工程总指挥及我国航天界及时沟通协调，确保了实施方案编制的进度与质量。历时一年半，形成了最终的论证报告。

方案中明确了建站程序，并给出了相应的经费概算。工程将按空间实验室和空间站两个阶段组织实施，先发射空间实验室，再陆续把核心舱、实验舱Ⅰ和实验舱Ⅱ送入太空。载人飞船和空间实验室用 CZ－2F 火箭发射，货运飞船用 CZ－7 火箭发射，空间站各舱段用 CZ－5 火箭发射。从 2013 年开始到中国共产党成立一百周年的 2021 年前后建成空间站，10 年多时间需要执行约 20 次飞行任务（含新型火箭首飞），我国载人航天面临重大挑战，也意味着即将在多个方面开创全新的技术领域。

2008 年 9 月，总装备部成立实施方案评估委员会，用一个半月时间，审阅了实施方案的总报告与分报告，开展了实地调研，进行了论证评估，认为"实施方案符合我国载人航天'三步走'战略和规划纲要对重大专项的要求，论证内容全面、深入、系统，任务目标明确，阶段划分合理，规模适度，符合国情，满足需求，技术指标先进，创新性强，技术路线合理可行，对工程长远发展的设想思路清晰……”2009 年 1 月，财政部委托中咨公司进行第三方独立评估。3 月 30 日，中咨公司开始对实施方案进行现场评估和实地调研，反复讨论研究协调落实，于 2010 年 3 月形成了评估报告，给予了有力的支持。4 月 29 日，中央军委委员、总装备部常万全部长主持召开重大专项领导小组会议，会议认为：论证和评估工作在我国载人航天未来发展的重大问题上凝聚了智慧，达成了共识。实施方案内容全面、目标明确、规模适度、阶段合理，具有很好的科学性、可行性、创新性和继承性。与会领导一致同意上报中央审批立项。

2010 年 8 月，中央专委召开会议，审议并原则同意按此方案实施，指出要把空间站建成开放式的国家级太空实验室，并称 2020 年前后建成和运营空间站将是我国成为创新型国家的重要标志之一。会议对论证评估工作给予了很高的评价，认为空间站作为国家级的太空实验室和太空独特环境下的科学技术创新实验平台，建成后，中国人可以长期驻留太空。这不仅有利于国家安全，也有助于我们在空间资源开发利用上取得新的突破。

2010 年 9 月，中央政治局常委会审议并批准工程实施。时任国家主席的胡锦涛明确要求，在 2020 年前后建成具有中国特色、能够充分发挥效益的空间站。

王永志非常自豪地说：“再经过 10 年左右的拼搏，我国即将成为独立拥有空间站的国家，这是多么值得憧憬的未来啊！”空间站的建立，对提升我国国际竞争力，增强民族自信心、自豪感和凝聚力必将起到显著的推动作用。正是党中央的战略决策，把一个民族的千年梦想，化作了国家的发展战略，我们在成功实现飞天梦想后，不久将成为太空的长期嘉宾，为探索宇宙的奥秘作出新的贡献！

曹刚川（中）、第五任工程总指挥常万全上将（左三）、
迟万春（右二）等首长在神舟七号转运场上

更有意思的是，2010年奥巴马政府取消了重返月球计划，将国际空间站延期使用到2020年左右。王永志内心非常宽慰，因为这次论证工作富有前瞻性，我们独立思考、自主创新、不跟着美国转是完全正确的，充分表明党中央批准“三步走”的发展战略是经得起时间检验、富有远见的重大决策。

空间站的中国特色

从载人上天，到出舱活动、交会对接，我国载人航天一脉相承、一气呵成，迈着坚实的步伐一步步走来，优化的总体技术方案是其中的关键因素之一。

空间站方案的制订，与第一、第二步一样，充分考虑了我国的技术、经济基础和未来的发展需求，实施方案贯彻了王永志提出的“适应国情、控制规模、自主研制、高效运营”等战略思想，具有鲜明的中国特色。

我国空间站工程决定按空间实验室和空间站两个阶段分步实施，以小型空间实验室突破关键技术，降低空间站建造运营的技术风险。空间实验室为8吨级，重量不到苏联“礼炮号”的一半。“礼炮号”计划始于1971年，历时15年，共成功发射7个。我们计划共发射两个空间实验室，2018年开始再用3年左右时间建成空间站。我国空间站本体由3个20吨级的舱段构成，仅相当于用正在研制的CZ－5火箭发射3颗大吨位的卫星，总重量约是苏联“和平号”空间站的一半，美国主导的国际空间站的1/7，建造成本得到了有效控制。以空间实验室为基础研制13吨级货运飞船，货运能力为5.5吨，是俄罗斯“进步号”（2.6吨）的两倍多，货运次数可大大减少，运营成本也得到了有效控制。空间站基本实验能力达到17吨，在人的参与下，还可以更新项目，科学技术实验规模非常可观，较好地适应了空间应用的多元化需求，同时可扩展以适应未来更大的应用需求。这样，依靠顶层设计和技术创新，既充分保证了空间站的应用价值，又有效控制了建造和运营成本，缩短了工程周期，且达到了独立掌握空间站建造运营和近地空间长期载人飞行等基本技术的目的，保证我国载人航天工程按照既定战略目标持续深化，快速稳步推进，实现快速跨越。

方案注重安全设计，并充分考虑有关重要系统的冗余和设备备份，通过安排大量地面试验和仿真以降低风险。针对现用常规推进剂火箭由于发动机装配好后不可点火检测的弱点，决定研制以液氧煤油发动机为动力的CZ－7运载火箭。这种发动机在与火箭装配前可进行点火工艺试车，从而变不可测为可测，提升了工程的固有安全性。方案注重技术延续，在载人航天技术发展的纵向上，8吨级空间实验室是在8吨级三舱载人飞船技术基础上研制的，空间实验室的主要技术将应用于20吨级空间站舱段和13吨级货运飞船。CZ-7在新一代运载火箭和CZ-2F火箭技术基础上开展研制，达到载人要求时则替代CZ-2F。这就构成了比较完整、系统的发展路线图，充分保证了技术的延续性，保证了工程的固有可靠度。同时，方案注重统筹兼顾。在国家航天综合发展的横向上，考虑了新一代运载火箭和海南发射场已经立项的实际情况，决定大力支持、充分利用。CZ-7按载人火箭要求设计，初期用于发射货运飞船，由于运力适中，将来可广泛应用于卫星发射任务，进一步积累可靠性信息并完善自身方案，从而发挥资源共享、共同促进的作用。另外，方案注重充分继承。从飞行产品看，工程将继续使用神舟飞船、CZ-2F运载火箭作为运载和载人天地往返运输工具。从地面任务支持系统看，继续完善使用现有载人航天发射场，未来当CZ-7可用于发射载人飞船时，再行更新塔架和进行适应性改造；测控通信系统主要是在现有基础上进一步提升测控能力，着陆场系统主要是对现有设备进行改造。同时，工程前期安排的一大批基本建设和技术改造项目，在空间站工程中也将继续发挥作用，综合效益突出。

尽管方案是优化的，但王永志深深认识到空间站建设是我国的一项前无古人的开创性工作。实施方案只规定了大的框架和技术路线，后续的技术攻关还面临着更艰巨的任务。工程将使用CZ-2F、CZ-5、CZ-7三种运载火箭发射空间实验室、载人飞船、货运飞船和空间站4种航天器，系统组成更加复杂。发射更趋密集，任务关联度强，组织实施强度很大。CZ-5和CZ-7火箭都将是第一次使用，需要承受严峻的考验。空间站、货运飞船可不像录像片上所显示得那么简单，空间站核心舱、长寿命设计、组合体控制等技术无一不代表着当今国际航天的最高科技成就，都需要我们自主突破掌握，技术难度很高。特别重要的是，我们建好空间站，更要用好空间站，搞好应用是关键，应用项目的筛选和研制挑战也是很大的。

然而，对于空间站这一宏伟蓝图，王永志满怀信心，因为他深知，不畏艰险、勇攀高峰正是航天的魅力所在！

2013 年 1 月，空间站正式命名为“天宫”，代号“TG”，但不再加序号，以有别于 TG－1、TG－2 空间实验室。核心舱命名为“天和”，寓意“天地人和”；实验舱Ⅰ命名为“问天”；寓意“诉问于天”；实验舱Ⅱ命名为“巡天”，寓意“巡查天际”。让我们把目光投向 2020 年，中华古代文明与现代科技交相辉映，中国天宫稳健翱翔于九天。

需要指出的是，三舱空间站只是最小配置的基本型，它具有继续扩展的能力，将来根据需要完全可以增加规模。早在空间站实施方案论证期间，作为论证组组长的王永志就提出空间站基本型是可扩展的，三舱之外新增的舱段也不必都固连在主体上，可根据有效载荷的特点和需要成为独立的共轨伴飞平台（如光学天文望远镜和微重力实验设施等），只在必要时与主体对接，经检修补给后再继续独立飞行，构成多平台共轨飞行的分布式空间站。推而广之，作为我国在近地轨道长期飞行并唯一有人值守的空间设施，空间站还可扩大应用范畴——比如为邻近的预有准备的其他航天器提供检修补给服务，从而延长其飞行寿命；若该航天器因某种原因无法自主与空间站对接，则可视情派出站上的救生船或渡船实施救援等等。这样，我们空间站的功能就不再局限于太空的几间实验室，而是成为功能强大的国家级太空基础设施——“太空港”，服务于多个领域，从而开创出空间站技术的新理念、新模式……

中国载人航天更美好的未来，就是王永志心中始终牵系的梦想。他敏于思，而后付诸于行，持之以恒地为实现梦想而忙碌着……

迈向空间站

在紧锣密鼓论证空间站方案的同时，王永志作为飞行试验任务总指挥部高级顾问，深入到发射现场、北京航天指挥中心、运载火箭技术研究院等部门去调研和解决实际问题。参与主持了神舟七号到神舟十号的历次飞行试验任务，与广大航天人一道，充满激情地谱写着空间站建造的序曲。

2008 年 9 月 25 日，神舟七号飞船承载着航天员翟志刚、刘伯明、景海鹏飞入太空。这次飞行中，翟志刚在舱外活动持续 19 分钟后，成功实现了“准确入轨、正常运行、出舱活动圆满、安全健康返回”的任务目标，标志着我国成为世界上第 3 个独立掌握空间出舱活动技术的国家。神舟七号发射任务准备期间，王永志多次赴火箭研制现场，重点指导处理了运载火箭低频共振（POGO）等技术难题，又作为任务总指挥部成员到达发射现场，以应对和处理可能出现的重大技术问题。神舟七号发射成功后的当夜，王永志不顾年迈和辛劳，登上了飞往北京指挥中心的专机。航天员安全返回后，他立即询问处理火箭低频共振问题的实际效果等情况，听到问题基本得到解决，才满意地松了口气。

2011 年 9 月 29 日，按空间实验室设计的天宫一号成功发射。神舟八号飞船接着于 11 月 1 日成功发射。11 月 3 日凌晨，神舟八号与天宫一号实现第一次自动交会对接，两个航天器在太空精准“牵手”，完成了我国首次空间无人自动交会对接任务。吴邦国、温家宝、李长春、习近平、李克强、贺国强等领导在北京航天飞行控制中心观看交会对接实况。正在法国戛纳出席20国集团领导人第六次峰会的胡锦涛主席闻讯，第一时间发来贺电：

翟志刚太空行走

与工程副总指挥张建启在发射场

欣悉天宫一号目标飞行器与神舟八号飞船成功实现首次交会对接，甚喜甚慰。我谨向全体参研参试人员表示热烈的祝贺和诚挚的慰问。

突破和掌握空间交会对接技术，对于推进我国载人航天工程“三步走”战略至为关键。希望同志们进一步发扬载人航天精神，再接再厉，精益求精，顽强拼搏，团结合作，努力夺取交会对接任务的全面胜利，为开创中国载人航天事业新局面作出更大贡献。

天宫一号与神舟八号对接

11 月 14 日，神舟八号与天宫一号实现第二次自动交会对接。17 日任务全部圆满成功后，党中央、国务院、中央军委联合发来贺电：

天宫一号目标飞行器与神舟八号飞船成功实现交会对接，标志着我国空间交会对接技术取得重大突破，实现了我国空间技术发展的重大跨越。这是我国载人航天事业发展史上的重要里程碑，是建设创新型国家的标志性成果，是中国人民在攀登世界科技高峰征程上取得的又一新的胜利，对于增强我国经济实力、科技实力和民族凝聚力，鼓舞全党、全国各族人民努力实现“十二五”时期发展目标，奋力夺取全面建设小康社会新胜利，具有重大而深远的意义。你们为国家和民族建立的卓越功勋，祖国和人民永远不会忘记！

12 月 16 日上午，在人民大会堂隆重举行庆祝天宫一号与神舟八号交会对接任务圆满成功大会，胡锦涛主席发表重要讲话：

“天宫一号与神舟八号交会对接成功，标志着我国在突破和掌握空间交会对接技术上迈出了重要一步。这是我国载人航天事业发展史上的又一重要里程碑，是建设创新型国家的又一标志性成果，是中华民族为人类探索利用外层空间作出的又一卓越贡献。”

2012 年 6 月 16 日，神舟九号飞船载着景海鹏、刘旺、刘洋 3 名航天员升空，两天后航天员成功进入天宫。神舟九号成功完成了航天员首次手控交会对接，首次进行航天员访问在轨飞行器，首次实现地面向在轨飞行器进行人员和物资的运输与补给，首次考核天宫一号支持保障航天员工作、生活的能力等任务。特别是我国女航天员首次上天，填补了我国在女航天

与牛红光副总指挥合影

与第六任工程总指挥张又侠上将促膝交谈

员选拔训练、医学监督和保障以及女航天员乘员设备等方面的空白。同时航天员们不间断地对地、对天、对轨道进行观测，开展各类科学试验等，为空间站的工作进行演练。

2013 年 6 月 11 日 14 时 20 分许，习近平总书记在神舟十号飞船发射前，来到酒泉卫星发射中心问天阁，为即将出征的航天员聂海胜、张晓光和王亚平壮行。神舟十号飞行时间长达 15 天，完成了四大任务：一是为天宫一号在轨运营提供人员和物资天地往返运输服务；二是考核组合体对航天员生活、工作和健康的保障能力以及航天员执行飞行任务的能力；三是首次开展我国航天员太空授课活动；四是考核工程各系统执行飞行任务的功能、性能和系统间的协调性。特别是首次太空授课活动，在全国，乃至全世界产生了巨大反响。

2012 年 11 月 17 日，总装备部王洪尧政委祝贺王永志八十寿辰

6 月 24 日上午，习近平在北京飞控中心同神舟十号航天员进行了天地通话。任务成功后的 7 月 26 日，习近平在人民大会堂会

见了神舟十号飞行任务航天员和参研参试人员代表，并发表了重要讲话。李克强、张德江、俞正声、刘云山、王岐山、张高丽参加了会见。

神舟十号任务是我国载人航天工程交会对接任务阶段性收官之战。目前，天宫二号正在研制中。王永志表示，下一步，我国将发射天宫二号空间实验室，突破货运飞船、在轨补加、再生生保等技术，在2020年左右建成空间站。

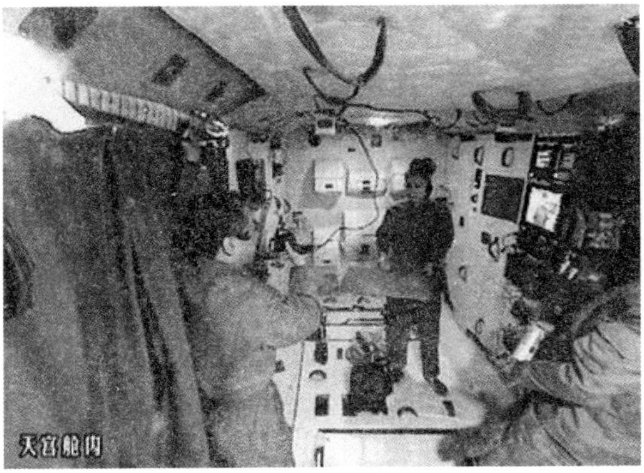

神舟十号太空授课

面对未来的载人航天任务，王永志非常兴奋。他说，空间站作为国家级的太空实验室和太空独特环境下的科学技术实验平台，在建成后，中国人就不是进入太空几天就回来了，而是进驻太空。这有利于对地观察、开展科学实验，也有助于我们在空间资源开发利用上取得新的突破。空间站的建成和运营将成为实现我国航天强国梦的一个重要标志。可以预见，我国的空间站建成后，载人飞船和货运飞船也将带着中国和平利用空间资源的使命穿梭于天地之间，架起天地间的一座桥梁；其他航天器也将不时进出于这座“太空港”。在这幅生机勃勃的载人航天画卷中，将记录下我国在地球资源探测、生命科学、材料科学、空间技术和信息技术等诸多科技领域的创新发展的场景！

第十二章

坦荡情怀

作为著名的火箭专家、令人称美的院士，王永志深知，自己来自普普通通的中国家庭，无论地位如何变化，这都是党和人民给的，应该始终保持谦虚、质朴、勤俭的本色。因此，在众多的荣誉和头衔面前，他不居功自傲，严于律己，以一颗平常心，踏踏实实地工作，无怨无悔地奉献。对同事，他虚怀若谷，平易近人，关心老一辈的生活和健康，激励和培育青年一代的成长，深受大家的尊敬和爱戴；对孩子，他严格要求，不徇私情，培养她们的责任感和事业心；对家乡，他故土难忘，心系亲情，百忙之中牵挂着那片黑土地的发展变迁……

情系家乡

王永志的家乡昌图县隶属辽宁省铁岭市。铁岭位于辽宁省北部的松辽平原，是个具有悠久历史的文化古城。如果从置邑时算起，铁岭已有一千多年的历史了。朱元璋建立明朝之后，在这个地方建立了军事机构“铁岭卫”，从此便已“铁岭”这个名字面世。清入关后，铁岭一带被视为“龙兴之地”。昌图县位于铁岭的北面，四季分明，气候宜人，地势平坦，土质肥沃，物产丰富，交通发达，素有“辽北粮仓”之称。

铁岭的名称具有踏实、刚毅、果敢和意志的韵味，铸就出这块土地上人们的韧性和刚强，也孕育出当今的一些科技文化名人。赵本山、潘长江等就是从铁岭的“二人转”转出了山岭，转向了中国；而中国载人航天工程总设计师王永志，在这里锻造出坚韧的性格，与同事们共同撑起了中国载人航天事业的大旗，展示了当代中国航天人的风采与辉煌！

离开家乡多年，为祖国的强盛而忙碌奔波，回到家乡的机会屈指可数。但吃松辽平原的高粱玉米长大的王永志没有忘记养育他的故乡，始终怀有深深的爱。在那里，有他的亲人、师长和同学，有他事业上的支持者。他关注着家乡的发展，家乡的每一步前进，他都由衷的高兴。

2003 年 10 月神舟五号任务圆满完成后，王永志这位科技功臣的一举一动都牵动着家乡父老的心。辽宁省委、铁岭市委都在第一时间发来了贺电，王永志接到后，随即回复表示感谢。他在给铁岭市委的回电中说：

我十分高兴地收到了您们的贺电，让我十分感动，家乡人民的热情鼓励，我一定牢记在心。实际上，我国首次载人飞行取得成功，首先是党中央、国务院、中央军委英明决策、正确指挥的结果，我只是参加设计、研制、试验和生产的全体研制队伍中的一员。

铁岭是我的故乡，是家乡的哺育使我成为一个对国家有用的人，如果说我个人取得了一点成绩，这也是家乡人民支持和鼓励的结果，我个人的力量是微不足道的。铁岭有我许多的亲人，我的恩师刘汉甲、孙庆林等仍然健在，是他们给了我受教育的机会，给予我智慧和力量，改变了我的人生。所以无论什么时候我都对家乡充满感激之情，尽管公务繁忙，但我还是时时挂念着家乡的建设，关注着家乡的消息。

我相信在市委、市政府的正确领导下，家乡的父老乡亲一定能够解放思想、奋发图强，振兴辽宁的目标一定能够早日实现。

王永志

2003 年 10 月 28 日

他难以忘记母校辽宁省实验中学对他的培养和牵挂。神舟五号成功发射后，实验中学一片欢腾。该校领导特意打电话向王永志表示祝贺。王永志在百忙之中向母校表示问候，并鼓励同学们刻苦学习，全面发展，一代更比一代强。实验中学抓住这一契机，开展了向擎天英雄、老校友王永志的学习教育活动。同时还做出决定，以王永志名字命名首届两个理科实验班。其目的是以王永志为国争光、为祖国强盛的精神激励他们，培养他们为中华民族复兴而勤奋学习、立志成才的精神情操。这是该校建校55年来，第一次以杰出校友名字命名班级。

辽宁省实验中学高七班同学北京聚会

但王永志听说后，立即给校长王兆和回信："收到母校热情洋溢的贺信并得知拟采取的一些与我有关的举措，听到了久违的钱老师的声音，同校领导和新命名的班级代表通话交谈，我仿佛又置身于实验园中。这些都使我激动万分、热血沸腾。我只是为实现中华民族的飞天梦做了自己应该做的工作，是研制队伍中的普通一员，母校就给了我如此热情的鼓励，使我深受教育，我又一次从实验园吸取了巨大的力量，必将激励我为祖国、为母校的荣誉继续奋斗。但以我的名字命名实验楼和实验班的做法似待斟酌，请考虑。"

王永志更难忘的是回到沈阳的感受。2003 年 11 月 17 日，当他与杨利伟、荆木春 3 名辽宁籍航天功臣，作为载人航天事迹报告团成员，乘中国南方航空集团北方公司的专机降落在沈阳仙桃国际机场时，20 名手持鲜花、花环的少先队员奔跑着冲向红地毯，献上了他们对英雄们的敬意。在初冬的寒风中翘首等待了两个多小时的欢迎人群，立即将王永志三人重重热情包围。当车队经过沈阳市

为中学生签名

区时，延绵2千米长的街道两旁，40万人夹道欢迎，到处是翘首以盼的群众，鲜花、乐曲、掌声、腰鼓队、沿街“向航天英雄学习、向航天英雄致敬”等醒目的巨幅标语，组成了一道道亮丽的景观。一位曾在中苏友好协会工作多年的老人激动地说：“当年苏联宇宙飞船飞上太空，振奋人心，鼓舞了一代青年人，那年35岁的我幸运地参与了翻译工作。能在有生之年看到中国航天员遨游太空，圆了千年‘飞天梦’，真是高兴。”家乡人民的热情和对祖国航天事业的挚爱令王永志十分感动。

这天正巧是王永志的生日，也是他阔别50年后回到家乡过的一个非常有意义的生日，一面精致的横幅和鲜花怒放的花篮呈现在他面前，横幅上写着：“实验中学全体师生祝老校友生日快乐，永远健康；在未来的事业中鹏程万里，再铸辉煌!”在随后与辽宁省实验中学教师和学生的座谈会上，王永志的亲人、同学、乡亲，穿越半个多世纪的时空隧道，深情回忆他在辽北乡村艰苦求学的经历和严于律己的情操；王永志也深切地回忆在沈阳求学的日子，感谢家乡老师和亲友对他的支持和关注。乡亲、乡音、乡情浓浓，相互的交流使家乡人民进一步贴近了航天事业，更加理解和支持航天事业的发展。

11 月 18 日上午，航天英雄报告会在辽宁人民会堂举行。会前辽宁省实验中学向会议组织方提出了“请满足我校师生代表到场”的请求，获准同意。两个“王永志班”的学生终于见到了朝思暮想的老校友王永志。台下，两面鲜艳的“王永志班”班旗，表达着后辈们对王永志深深的敬意。会上，100 多分钟的报告中，会场响起了 60 多次热烈的掌声。面对荣誉他头脑非常清醒，报告一开头他说：“……首次载人航天飞行成功，首先应归功于党中央的英明决策和坚强领导；归功于改革开放和综合国力的提高，同时也是从‘两弹一星’起几代航天人呕心沥血、不懈奋斗的结果，是各方面大力协同、全国人民大力支持的结果，荣誉属于整个航天战线，辉煌属于祖国和人民。我为祖国而自豪……”会后，同学们将老校友紧紧围住，表达了他们对这位航天帅才的祝福和挚爱。

回到辽宁受到家乡人民的热烈欢迎

时隔 5 年之后，2008 年 8 月 4—10 日，王永志携夫人王丹阳再次回到故乡。在铁岭市，王永志参观了龙首山、银冈书院及铁岭老城区和新城区。看到新城区的人工湿地，他感慨地对家乡领导说：“小时候八面城一带生态环境很好。像这样的水生植物特别多，还有五颜六色的鸟。人需要返璞归真，回归自然啊！”作为一座地级城市，铁岭还新建有航天馆，王永志参观后讲道：“这说明铁岭市委、市政府高度重视科技教育。教育是民族的希望，希望铁岭航天馆能为铁岭的学生提供一个梦想的起始点。”接着，王永志一行来到昌图县，参观了县城东部的风力发电场，看到沿途家乡的巨变，重重山岭上风车发电机组成的壮观风景，感受家乡人的热情，他由衷地感到高兴。

在生他养他的八面城镇老房村董家屯，夫妇俩按照中国的传统习俗去祭奠了已故的父母和亲人。之后王永志来到那个生他养他的院落，不同的是原来的土坯房已被明亮的瓦房替代。回忆起母亲和各位哥哥嫂嫂都还健在时一家人高高兴兴、其乐融融的场景，王永志百感交集。面对闻讯而来的邻里乡亲，王永志不停地和他们握手，互致问候，表达自己的想念之情。然后，他沿着当年上学的路向八面城出发。他走进庄稼地，手拂一人多高的玉米，深深地呼吸着家乡的味道。这里有着多少的记忆啊，八面城是王永志求学的地方，他在这里足足度过了 9 年时光，入了党，后来又被保送到东北实验学校去读高中。他一进入镇里，便不停地审读着眼前的一切。他指着眼前的一栋建筑说，“当年这里有一家非常有名的百货铺子，这里原来有一个烧锅……”而眼前一排排的高楼、平坦的街道又使他眼中闪过兴奋的光芒。应八面城镇中心小学和昌图县第二高级中学校长的请求，王永志高兴地为这两所学校分别题词：“从小立志，自强不息，持之以恒，始成大器”；“把个人的理想和祖国的需要紧密联系在一起，必将得到永不枯竭的前进动力”。题词中流露出他对母校学生的深切期望。他还对与他合影的八面城镇中心小学学生们说：“我们当年可没有这么好的学习条件，你们要珍惜现在好的学习环境，努力学习。我相信，你们这代人肯定比我们更强。我们能做到的，你们也一定能做到，而且要比我们做得更好、更出色！”

每当谈起阔别多年回到故乡的感受时，王永志说：“是故乡养育了我，我是农村长大的孩子，走得再远不能忘本，也不会忘本。我非常怀念家乡，这里确定了我人生的方向，是我事业的起点和摇篮。家乡的亲情使我非常感动，家乡变化令我特别自豪！搞载人航天工程，全国人民高兴，家乡人民更高兴。回家的感觉真好！”

浓浓的故乡情、诚挚的爱国心，是王永志与每一个中国人心中不变的情结和共同的情感。

永远感恩的心

王永志是一个非常重情重义的人，心中永远有一颗感恩的心。

如果把学校看成是培养学生成才的摇篮，教师则是学生健康成长的精心呵护者。从小学、中学到大学，王永志尊敬老师，铭记老师的教诲，在人生成才的道路上一步步走向成功。离开家乡后，王永志对自己成长付出过辛劳的老师，总是以各种方式向他们致以问候。这种师生情谊至真至诚，绵长久远。

在他的心灵深处，最难忘的是小学班主任刘汉甲老师。作为60多年前的一段师生情谊，很多人也许早已淡忘了。但这对师生之情，并未因岁月的流逝而淡化，虽跨越了半个多世纪，却仍散发着纯朴而感人的芬芳。神舟五号载人航天飞行圆满成功后，王永志立即打电话向老师报告这一喜讯。

2004年5月10日，在昌图县北街刘汉甲老师的家里，93岁的刘老对笔者说：“王永志是我最值得骄傲的学生。”笔者说：“王总对您念念不忘，在公众场合多次提起您。他说他想您，永远地感激您。”

王永志与小学老师刘汉甲留影

刘汉甲老师回忆道："他对我始终很尊敬，每次回乡都来看望我，已有6次了。他感谢我对他成长和成才的关心，特别是少年时代。永志总是谦虚地说，如果没有我，他会是一名文化程度不高的八面城镇农民，而今却成为中国载人航天工程总设计师。我多次收到过他写给我的信和发来的电报，有这样的学生我非常高兴和自豪。"

谈到这里，刘老师很高兴，"他一直很忙，令我难以想象的是，几乎每年春节和生日的时候，永志都会发来贺电或打来电话，还几次来家中看我，每次都是先敬礼，再拥抱，并亲自把礼物放在我的面前。"

当笔者问刘老师是否去过北京并看过王总时，刘老师特别动情地说："我一生中只去过北京一次，还是永志邀请我去的。那是1991年5月，见面后我非常激动。我游览了北京的很多名胜古迹，感谢永志让我实现了畅游首都的梦想。回来时，他还送给我一个'长二捆'火箭模型。"说着，他叫老伴把那银灰色的模型从屋内拿出来给我欣赏。

刘老师还留着多年来王永志写给他的信件。信中那些质朴感人的话语，洋溢着王永志对老师的尊敬和爱戴，对献身祖国航天事业无怨无悔的远大志向和情感。

“我从刘汉甲老师身上得到的不仅仅是困苦时的无私帮助，得到的最大收益是他人格力量的感召，那就是自强不息的精神，宽厚仁爱的心怀。”王永志说。

2001 年 9 月上旬，王永志在刘老师 90 岁寿辰前，满怀深情地去了一封信，并发了一封贺电，表达了对老师生日的祝贺。见到王永志的贺信、贺电，刘老激动得老泪纵横。“永志没有忘记我，是我的福，他为祖国奋斗是我的光荣。他感激我一生，我更要感谢他一生。他仍在为中国的航天事业奋斗着，我为有这样的学生而骄傲。”

在 2004 年中央电视台举办的国家最高科学技术奖科技论坛上，这样一个情节让所有在场的观众难以忘怀。当主持人杨柳要讲坛上的王永志打开一封信笺时，王永志深感意外，没想到这是刘老师写给他的。他深情地展读道：

永志，你好，祝你全家好！

神舟五号发射以后，中央电视台两位记者来我家采访，说你的学生王永志取得了很大的成就，我再次向你表示祝贺！你是我们家乡人的骄傲，更是辽宁和全国人民的骄傲。永志，你没有忘记我，是我的福。你为航天事业作出这么大的贡献，是你的光荣。你也是我的光荣，也是全国人民的光荣。让全世界看到了中国航天事业取得的成绩。希望你在神舟六号飞船工作中作出更大的贡献，为国争光。老师想你，希望有机会回家看看。

最后，祝你工作愉快，全家幸福，身体健康！

王永志当即通过电视，向刘老师“回信”：

刘老师，您好！

您是不是现正在看电视。中央电视台把您的信交给我，我也念给大家听了。我深受感动。实际上，一个人作出的贡献是非常有限的，载人航天是一个庞大的工程，主要靠大家和团队的协作共同完成。您对我小时候的教育和在我生活处在最关键时候对我的帮助，令我永生难忘。此时，我也联想到，人民教师这个职业是非常崇高的，也是伟大的。我永远尊重我的老师您，还有我中学和大学的老师们。

王永志的这番发自内心的话语，通过电波，传向千里之外的昌图。

在辽宁省实验中学曾教过、接触过王永志的老师和同学，都能感受到他对老师、对母校的浓浓深情。在王永志的心中，当时东北人民政府教育部部长兼东北实验学校第一任校长车向忱，是他最为崇敬、最为爱戴的一个人。王永志说："老校长车老为人平易可亲，把学生的大小事情都放在心上，宿舍是否舒适、饭菜是否可口他都亲自过问，对学生付出了全部的爱。同时，车老献身教育事业的执着和热情，以及他先进的教育理念和正确的办学思想，为实验学校的发展奠定了基础，激励青年学生快速走上了成才之路。"

王永志在东北实验学校读书时的班主任钱永耀老师回忆说："永志在校时，学习刻苦、勇于探索，具备敏感的逆向思维能力；意志非常坚强，有着一股不畏艰难的精神；尊师爱校，富有高尚的情感。无论是在考入清华大学之后，还是到苏联留学深造期间，艰苦的求学历程从没隔断他对母校的思念，特别是他在航天事业上展现出卓越才华后，每年不论工作多忙，都会抽空给母校写信或寄张贺年卡。在给母校的一张贺年卡上，他深情地写道：'母校对我的培养影响了我的一生，使我走上了献身科学、献身国防的道路，能为祖国的富强贡献力量是我今生最大的愿望。'"

钱永耀认为，王永志有四个方面值得大家学习。一是他热爱祖国，时刻把自己的命运与祖国的命运联系在一起，这是他不断成长的思想基础；二是他具有勤奋学习、勇于探索、奋发有为的精神；三是他具有艰苦奋斗、不屈不挠的顽强意志，一辈子承受压力攀登科学高峰；四是他具有尊师爱校的浓厚情感和谦虚谨慎的品格，总是把自己取得的成绩归功于集体，归功于母校和老师对他的培养。

与高中班主任钱永耀老师亲切交谈

钱永耀老师还谈到："有一次，我去北京看病，永志在繁忙的工作之余，抽时间联系了最好的医院和医生为我医治。"说到这儿，他的言语中充满了自豪。神舟五号上天后，钱老师激动地说："王永志为中国人争了气，为辽宁人争了光，为母校添了彩。"

王永志也没有忘记相距万里的苏联老师和同学的情谊。在苏联求学的6年生涯，他与异国老师和同学结下了深厚的友谊。他说，我的专业知识是在苏联学的，为我从事火箭研究打下了坚实的基础，那里有我尊敬的导师米申和同窗同学，在中苏关系破裂我返回祖国后，彼此间都暗自牵挂。1989年中苏两国关系实现正常化后，他重新踏上了苏联的土地，正是在同学库里科娃的周密安排、老师斯特拉日娃鼎力相助下，使中国代表团的考察访问达到并超过了预期成果。也为其后米申、斯特拉日娃、捷列什科娃等苏联专家来我国互访打开了大门。随着中国载人航天工程的实施，中国与俄罗斯的科技交流日益增多，王永志与这些国际友人交流科技创新的心得，分享成功的喜悦，友情日益深厚。王永志与莫斯科航空学院的恩师米申教授情谊更是深重。1990 年米申院士来京访问，师生在别后近 30 年再度重逢，此后王永志每次去莫斯科都要去看望他和师母，并多次邀请米申来华讲学。

当然，王永志的母校也没有忘记他，他们为王永志的成就而骄傲。我国神舟一号飞船成功发射后，莫斯科航空学院决定授予王永志荣誉博士称号。2001 年 4 月 12 日，是人类首次实现载人航天，即苏联航天员加加林上天 40 周年纪念日，王永志应邀参加这次纪念大会。会议期间，莫航特意安排了王永志荣誉博士的授予仪式。

那是一个令王永志难以忘怀的日子。2001 年 4 月 15 日，授予仪式在莫航隆重举行。王永志一进会场，一张张热情洋溢的脸迎了上来。其中一位曾与王永志就读于一个系的老人亲切地问王永志："你还记得我吗？"看到离别 40 年、当年的校长奥勃拉佐夫院士，王永志不由自主激动地与他热烈拥抱。从那些亲切的面孔中，王永志看到了不少当年的老师，还有 3 位同学代表，其中包括他的女班长娜佳·巴契曼诺娃，都是专程来为王永志祝贺。仪式上，校长介绍了这位杰出校友的贡献，并代表莫航授予王永志"荣誉博士"称号，这是学院建院 70 年来颁发的第 7 个这样的最高荣誉称号。接着，航空航天系主任 O·M·阿里凡莫夫宣布授予王永志杰出毕业生金质奖章，这是该奖项设立以来颁发的第五枚奖章。随后王永志用俄语做了"中国的载人航天工程"的报告，他的精彩演讲赢得了与会人员的阵阵掌声。

这枚刻有第五号的金质奖章，中间是蓝色的地球，外围绕以黄金制成的 6 字形带箭头的火箭轨迹。奖章的证书上写道："莫斯科国立航空学院六系（航空航天系）决定为 102（601）教研室 1961 年毕业生中华人民共和国载人航天工程总设计师王永志颁发本组织最高奖赏——航空航天系金质奖章（第五号）。”这枚金质奖章，也成为王永志铭记母校和恩师们培育的永恒珍藏。

重视领军人才培养

面对我国经济转型期的严峻挑战，王永志深知创新发展的重要性，他为航天穷竭心力，心思又远在航天之外。因此，当他作为联系专家，受中共中央组织部邀请建言献策时，毫不犹豫地选择了创新型领军人才培养问题。这是一个他思考良久，并且随着年岁增长愈加关心的课题。祖国各行各业的发展，都离不开领军人才啊。

王永志认为，航天事业要发展，就要大力培养年轻一代。让航天事业从老一辈航天人，到自己这第二代航天人，乃至今天年轻一代航天人，像接力棒一样，一代一代相传，一步一步推进，开拓发展，发扬光大。早在20世纪80年代，王永志就为运载火箭技术研究院的发展制定了到重点高校物色人才、加强联合培养人才的规划。“长征二号F”运载火箭系统的总指挥黄春平和总设计师刘竹生深有感触地说：“没有王永志的培养和大胆启用，就难以想象我们今天的成功。”

实施载人航天工程后，王永志多次在总指挥、总设计师联席会议上提出要加强人才队伍的培养。经过研究，两总提出必须与时俱进，坚持创新、创造、创业，加强人才资源体系建设，以事业留人，用政策稳定队伍。采取有力措施，通过载人航天工程激发工程队伍的使命感和荣誉感，使他们在工程实施过程中迅速成长。

谈到载人航天工程的意义，王永志说："这个工程本身不仅实现了中华民族千年的飞天梦想，重要的是培养了一批富有朝气的年轻的航天队伍，使得中国的航天事业朝气蓬勃，后继有人。"20 多年来，中国通过实施载人航天工程，培养、造就了上万名才华横溢、组织能力强的中青年航天科技人才，为载人航天后续计划的顺利实施奠定了坚实的基础。王永志认为"这支人才队伍是比载人航天工程更可贵的成果"。

王永志还积极参与高校对创新人才的培养。2004 年 5 月，他高兴地接受了母校清华大学的聘请，出任清华大学刚成立的航天航空学院的首任院长。他经常与航天航空学院的老师和学生座谈，交流科技创新、创新型领军人才培养的思想与具体举措。在 2014 年 5 月博士生学术论坛上，他深情地对同学们说："创新是时代的呼声、国家和民族的迫切需要，没有创新，就没有发展，就没有未来。创新是时候赋予我们的历史使命，义不容辞的责任，我们大家都应当坚持不懈地追求创新。"他还以自己的切身体会，谈到：要想实现主动的、自觉的，直至有明确目标的创新，特别是大的创新，一是要有"勇气"。创新往往意味着向传统挑战，向权威挑战，所以是有风险的；但成就往往脱胎于风险，越大的压力代表着越强烈的变革需求，蕴含着越大的创新契机，出以公心的强烈追求让人产生变革的勇气，不顾个人得失勇往直前，才会把握机遇，实现创新。二是要有"底气"。底气来自扎实的专业基础——通晓本专业知识，掌握必要的横向学科知识，具有国际视野和前瞻性思维，清楚本行业的最新科技发展动态；底气来自善于科学思维，能够客观、系统、综合分析，对成功的对策做出准确判断和正确选择；底气来自解决实际问题的能力——工作中善于积累学习，善于总结提高，善于运用掌握的知识，敏锐地从本源上发现重大问题，确立创新目标，并找寻到关键突破口，依靠严谨细实的工作化解风险，取得创新成功。

中国航天从蹒跚起步之始，所走过的道路，正是一条不断超越的创新之路。在众多的航天科技专家群体中，王永志无疑是其中的佼佼者。从事航天工作的几十年中，王永志始终戮力创新，做了大量开创性工作。在王永志与其他航天专家的培养和带动下，一大批杰出年轻人进入航天领域，他们在事业上脱疑而出，撑起了技术创新的半壁江山。

清华大学校长顾秉林向王永志颁发清华大学航天航空学院院长聘书

有人认为，王永志能够感染年轻人，吸引年轻人，激励培育年轻一代成长，在于他平和待人和有一种强烈的事业心。载人航天工程上马时，他的技术助手孙功凌硕士收到美国乔治亚理工学院宇航工程专业博士研究生的录取通知书，他却坚定地跟着王永志加入到载人航天的伟大事业中。有人问他："你为什么放弃到美国读博士，而选择了给王总当技术助手？"孙功凌爽快地说："我很佩服王总的毅力和魅力。他看准的事就一定会干到底，而且会干得漂亮精彩。"他一句话概括了王永志的性格特点。他还引用一句格言说："男人的魅力就在于智慧和勇气，王总看上去不怒而威，不苟言笑，有一种指挥若定的大将风度。他善于听取大家的意见，即使在工程技术中遇到有争议的问题时，也没有跟谁发过火。"

博士生们向导师祝寿（右起分别为潘腾、陈善广、王忠贵，左一为王小军）

在人才培养上，王永志带的博士生潘腾体会更深。他说：“20世纪90年代初，我跟王总读博士，他总是通过各种宏观的问题来考测和提高我们分析问题的能力。记得博士生面试时，王总用‘阿波罗飞船着陆时有何特点’这样一个国外航天问题来考察我的知识面。在学习中，王总要求我们从总体的高度全面考虑问题，强调各系统的协调和整合。这么大的一个工程，没出过漏洞，这与王总认真负责、考虑问题缜密细致是分不开的。”

年轻的航天英才们没有忘记老一辈专家的嘱托和对祖国的爱，在载人航天这个当今世界最具挑战性的高科技领域中创新创业，向各种艰难险阻挑战，在实践中磨炼和成长起来。当初年仅33岁的袁家军被任命为“神舟”飞船副总指挥时，内心庄严地立下一个誓言：这辈子只要能把这件事情做好，就无遗憾了！神舟二号发射时，袁家军担起了飞船系统总指挥的重任。

目前，载人航天的人才队伍已基本完成新老交替，45岁以下担任工程各系统主任设计师以上职务的技术骨干已超过80%。他们在载人航天工程的技术攻关中作出了贡献。当年与王永志在“长二捆”火箭研制中作出突出贡献的张庆伟，成长为著名的火箭专家，不到40岁就升任中国航天科技集团公司总经理、中国载人航天工程副总指挥，现为河北省省长。袁家军现为浙江省副省长，吴燕生现为中国航天科技集团公司总经理，还有飞船系统副总设计师张柏楠、杨宏和潘腾，火箭系统副总设计师荆木春，飞船应用系统副总指挥高铭，副总设计师赵光恒等，都不到40岁便已成为中国航天事业的扛鼎人，现在都是各系统的领军人物。

面对茁壮成长的航天新人，王永志非常欣慰地说："载人航天工程造就了新一代航天科技人才，通过这种要求特别严格的工程实践，航天技术人才队伍无论从知识、技术结构，还是从年龄结构都进入了最佳状态，中国的航天事业后继有人，兴旺发达。我们这一代人把担子交给他们很放心。"

春晖耀事业，新秀奠鸿基。这群充满青春活力的年轻人与老一辈的航天人共同铸就了共和国"神箭"，共同托起了华夏"神舟"。目前，他们正在瞄准当今航天科技发展前沿，攀登世界航天科技的最高峰，成为中国航天不断发展创新的动力。

科学探索无止境，不懈追求壮人生。虽然人的生命是有限的，但事业是无限的。王永志真诚地希望年轻一代人才辈出，特别是涌现出创新型领军人才，来完成更加伟大的事业。至今，他还在担任军队高科技领军人才培养对象陈善广、胡德文等人的带教导师，不遗余力地用自己50多年从事航天设计、研制、管理工作的阅历和经验去指导年轻一代，让他们少走弯路、尽快成才。他的心里，一直装着民族复兴的光荣梦想，装着祖国更美好的明天！

心系青少年

高度重视人才培养的王永志，把目光自然投向了广大青少年。他深知儿时的兴趣，往往能够影响人的一生，从而对国家科技的发展带来潜在的影响和持续后劲儿。

他说，从载人航天活动本身来看，可以说是人类最壮观、最激动人心的探索活动。当运载火箭这位大力士喷吐着熊熊巨焰，雷鸣般地从发射台上缓缓升起，像利剑一样划破天空，向着深邃的宇宙飞去时，那种场面是非常鼓舞和震撼人心的。而当航天员进入轨道飞行，展示五星红旗，身体在失重状态下飘浮……民族的尊严、特殊的体验和科学的魅力通过电视转播传遍世界，对公众，特别是青少年有着巨大的感染力，自然而然地对载人航天事业产生了羡慕和钦佩之情。从某种角度看，航天活动就是无比生动的科学普及课堂，十分利于培养广大青少年热爱科学、开拓进取的精神，持续地提高国家的科技能力。

王永志应共青团中央的邀请在2005年海外学人创业周上作报告

正因为如此，王永志以多种形式关心鼓励青少年的成长，热心于航天宣传，向青少年普及科学思想、科学精神、科学知识和科学方法，成为青少年步入科技殿堂的良师益友。

王永志总会想办法抽出时间，出席一些科普宣传活动。在北京大学第十四届中学生爱科学教育活动开幕式上，王永志以生动的语言对中学生们说："中学时期是人生的多梦季节，许多理想信念就萌生在这个时期，但爱祖国、爱科学，刻苦学习和掌握科学知识、科学思想、科学方法和科学精神，是实现梦想的基础条件，是打开科学宫殿大门的金钥匙。”激起了中学生们学科学、爱科学的兴趣和热情。

2003 年 11 月，载人航天工程先进事迹报告团抵达上海。储能中学一位初三学生王琛听说担任报告团团长的王永志是该校 52 届校友王丹阳的爱人，于是动笔给王丹阳写信，表达自己对他们的敬佩之情。王丹阳夫妇接到这封饱含着全校师生激情的挂号信后，深受感动。王永志亲自提笔复信。2003 年 12 月中旬的一天，王琛惊喜地收到了他的亲笔回信，信中还有一些珍贵的照片和首日封。王琛掩饰不住兴奋与激动，说：“我真的没想到王爷爷会回信，我实在是太高兴了！”学校老师们把王永志的来信、信里附的与杨利伟的合影、珍贵的航天首日封，以及其他的相关资料做成幻灯片在班会课上播放，在储能中学产生了极大的反响。

在研究神舟十号飞行任务规划时，王永志非常赞同搞太空科普课堂的想法。2013 年 6 月 20 日上午，执行神舟十号飞行任务的女航天员王亚平在天宫一号太空实验室里成功进行了我国首次太空授课。她在指令长聂海胜和摄像师张晓光的协助下，完成了质量测量、单摆运动、陀螺运动、水膜和水球 5 个实验过程，天地间的师生还进行了互动，取得了良好的教学效果。学生们说，太空授课很形象地让我们看到了失重现象，一辈子也忘不了。太空授课激发了他们追梦太空的浓厚兴趣，很多青少年希望长大后也能像航天员那样到太空去一展身手。

除了身体力行搞科普宣传，王永志还高度关注青少年教育。“十一五”期间（2006—2010 年），他受邀作为国家中长期教育改革和发展规划纲要咨询组百名高层次专家之一，认真审阅规划纲要工作小组寄发的大量材料，参加了全部两次咨询专家全体会议，并做了会议发言，提出了“推进继续教育机制与保障环境建设，打造国际一流的科技领军人才队伍”“搞好素质教育，必须减轻中小学生的课业负担”“利用电化教育，加快城乡教育公平的改革步伐”等建议。国务院参事室邀请王永志参加座谈会，希望他在“少年儿童健康快乐成长”方面作会议发言，引起了他的高度重视。他以此为契机，会同中国航天科技集团公司一院东高地青少年科技站，开展了千人问卷形式的社会调查活动，在丰台区两所小学、3所中学发送，回收了600份问卷，统计分析写出了相关建议。他还组织参与召开座谈会，广泛听取家长、中小学生、教师代表等各个方面的观点，全方位地了解青少年教育及课业负担现状，进行归纳总结分析，提出了“关于小学生健康快乐成长、全面发展”的提案。他在提案中写道：人才强国是我国的既定战略，创新型人才更是当前经济社会发展的迫切需求。创新意识是世界观、方法论和毅力等众多非智力因素的有机结合，往往表现为好奇心、求知欲、想象力以及责任感、奋斗精神等。培养人才要从长计议，不能急于求成，应遵循青少年身心发育的规律，切实减负，留给他们动手、动脑、交往、感悟的时间，使他们健康快乐成长，全面发展。只要苗木强壮，何愁长不出参天大树！

热心社会活动

在王永志心中，参加社会活动是自己回报社会的有效方式。

我国首次载人飞行成功后，王永志多次应邀在国家科学技术部、中国科学院、中国工程院等作载人航天学术和科普报告。他用翔实的数据、生动的事实和感人的经历，把人们带到载人航天工作那美好的情境中去。在全国各地举行的载人航天事迹报告会上，王永志以自己的亲身经历，通过声情并茂的演讲，时而把人们带到热火朝天的发射现场，时而带到有条不紊的指挥中心，时而又将激动人心的搜救场面呈现在大家眼前。“不带问题出厂，不带疑点上天”等质量意识和科学求是的航天精神，使聆听报告的群众在紧张激动、感慨兴奋中获得了知识和力量。

一次次地作报告，看到公众如此关注，响应如此热烈，善于逆向思维的王永志又开动了脑筋：“一个人能讲多少？能被多少人听到？”于是他有了“写一套权威科普丛书，向广大公众普及载人航天知识”的设想。在他的倡导下，2006 年，编撰 7 卷《中国载人航天科普丛书》的工作正式启动。王永志亲自挂帅，与中国载人航天工程办公室主任王文宝、中国航天科技集团公司副总经理袁家军共同担任总主编，各分册主编则由各系统总师或资深专家担任，100 余位专家执笔，开创了一线科技专家群体为广大读者撰写高科技科普读物的先河。

经过历时 5 年的精心编写，《中国载人航天科普丛书》作为“十一五”国家重点图书出版规划项目于 2011 年 6 月由中国宇航出版社正式出版。这套图文并茂的丛书全方位、立体化展示了载人航天的伟大成就，介绍了载人航天科技知识。中央军委委员、总装备部部长、中国载人航天工程总指挥常万全为丛书作序。他在序中说，丛书以中国载人航天工程为主线，分别介绍工程总体以及航天员、空间应用、载人飞船、运载火箭、发射场、测控通信、着陆场等各系统，各个分卷相互衔接、形成整体，具有鲜明的系统性和集成性、广泛的知识性和普及性、高度的科学性和权威性等特点。

丛书发行后，得到广大公众的赞赏，好评如潮。2012 获第二届中国科普作家协会优秀科普作品奖，2013 年先后获第四届中华优秀出版物提名奖和中国出版政府奖图书奖——出版界的最高奖。对王永志来说，最令他感到欣喜的是这套丛书像一个个义务宣传员，把载人航天的基本知识、科学方法带进了千家万户，并且传播得越来越远。

2008年1月25日，王永志当选第十一届全国政协委员会委员。当选后，他总是挤出时间参加全国政协的各种会议和学习班，参加国家有关部委工作情况介绍会、通报会，专门委员会座谈会、学习汇报会等，积极建言献策、参政议政。在参与调研和听取社会各方意见的基础上，提出了“严格控制豪宅建设，防止分裂社会”“组织返乡农民工兴修水利工程”“政府主导，组织推动产学研结合，促进科技攻关和经济发展”等数十条建议，得到了与会委员的广泛赞同，引起了有关政府部门的关注。同时，他参与了《关于参照“863计划”管理模式统筹安排国家安全“973计划”的提案》《军民共建南海资源权益维护体系的建议》《科研经费管理改革的建议》《撤销北京市五环路内高速公路收费站的建议》等20余份提案的拟制、签署工作。

2008年8月，我国承办第二十九届奥运会。从珠穆朗玛峰取得奥运火种后，在全国各地举行隆重的奥运火炬传递活动。2008年6月28日，奥运火矩在酒泉卫星发射中心传递。那天早晨，雨后的载人航天发射场空气非常清新，高耸入云的载人飞船发射塔格外引人瞩目。为增添传递的庄重色彩，组委会特意选取了塔上第九层平台（象征九天）作为东风航天城奥运火炬点火和传递的起点，因为它是航天员出征前在地球上留下最后一个脚印的地方。王永志手举圣火，站在平台上向大家挥手致意，然后乘电梯到达地面，不顾年事已高，在许多“追星族”和媒体人的簇拥下，一路坚持缓缓慢跑，直到将东风航天城火炬接力棒传到了下一位火炬手手中。作为我国著名的航天专家，王永志的参与更增添了奥运火炬传递的隆重色彩，赢得了公众的热烈关注和掌声。在随后的采访中，他兴奋地说：“中国航天人喜迎奥运，决心力保奥运之后的神舟七号发射圆满成功，为人类和平与友谊作贡献！”

生 活 情 趣

也许，在人们的观念中，科学家是一些穿着实验服，埋头于书斋的“书呆子”。实际上，科学家们同样是有血有肉、兴趣广泛的人。他们在执着追求、不断创新的同时，都有自己的业余爱好和兴趣。在工作中，火箭、飞船就是王永志的生命，在紧张的工作之余，王永志也常常以自己的方式和业余爱好来调节自己。

养花与看球，是王永志忙里偷闲中的爱好。

几十年如一日，倾心于养花是他的兴趣和魅力所在。平时工作忙，没有足够的时间和精力去种花养花，在难得的假日中，他喜爱的就是种花，而且是一位养花的行家里手。为什么喜欢种花呢？他说，种花不仅是他性格所致，而且是他从生活中凝练所来。从养花中可获得一种绝好的消遣与享受。

王永志认为他爱花与自己出生于农村有很大的关系，小时候他看到庄稼发芽成长、山花烂漫，自然而然对花产生了浓厚的兴趣。后来在遥远的戈壁大漠，漫漫风沙，很难见到生命的影子，于是对花草的偏爱更浓了。出差到外地，只要看到新奇的花，他总要停下来驻足看看。在北京，他一有空便到花市去逛逛，几乎把北京的花市逛了个遍，地点分布都很清楚。看着他谈花、赏花，人们还以为他是搞花卉研究方面的专家呢。

从工作一线回到家，他习惯首先看看自己种植的各种花草，为它们培肥、浇水、剪枝。久而久之，他养花的技艺，随着他在航天技术上的不断创新而日益精进。在他的家中，除了航天类书籍，有关种植花卉的书籍也不少。爱花反映了王永志对美好事物的向往和追求。他对自己养花的要求是姿态好、色彩好，或者是芬芳袭人。他家中放满了各种各样的花卉，有他最爱的山茶花，还有蝴蝶兰、卡特兰等洋兰，也有不属于兰花类的君子兰。最有趣的是，家中还有一钵他精心培育的小花，说起它的来历，还有一个小故事呢。

阳台小花园

那是2001年的初春，他到北京郊外宾馆开会，晚饭后与同事散步，无意中发现路边一束小花，就将小花连土植入家里花盆中。

爱人问他，这叫什么花？王永志一时答不上来。他联想起小时候春天在农村旷野中，最早开的就是这种小蓝花。当年无拘无束玩耍、采摘盛开的各种野花的情景，顿时浮于眼前，于是他便一本正经地答道："这叫忆童年。"

"忆童年？我从来没有听说过这种花。"王丹阳疑惑地问道。

王永志开怀大笑起来，王丹阳明白了，也随之乐了。

说起养花，王永志兴趣盎然。他认为，自然界美妙无穷，与花草树木的装点密切相关。花儿美丽、色彩斑斓、热烈向上，争做至美的奉献；人生也要像五颜六色的花朵一样，充满色彩，充满生机和希望，努力为养育你的人作更多贡献。花还是居室环境的调节者。冬天，家中若有绿树红花，就像一个温室，充满了温馨；夏天，房中如同置于绿荫丛中，空气清新，丝丝凉意。养花不仅美化了居室环境，还可愉悦身心，舒缓绷得太紧的神经。

家中盛开的茶花

王永志第二大兴趣是球类，特别是篮球、排球、足球三大球。但由于忙，真正属于自己支配的时间太少了，有时只得“忍痛割爱”。中学时期他爱打篮球，曾是校篮球队的前锋；到北外留苏预备部后是院篮球队员。他说：“我这些年工作一直处于紧张状态，但身体一直不错，无疑得益于青年时期的体育锻炼。锻炼使我精力充沛、思维敏捷，关键时候挺得上去。同时，篮球比赛养成了我奋发向上、不肯服输的性格，促进自己不断进取。”

后来王永志的球趣延伸到排球，后又从排球转向足球。

爱排球，是从20世纪80年代中国女排崛起时期养成的。谈起当年中国女排五连冠的辉煌，他至今还津津乐道：“我喜欢看女排比赛，看她们打遍天下无敌手，让中国人扬眉吐气、威风八面，很解气。”

一次王永志在西安出差，正好遇上洛杉矶奥运会女排比赛。他住的招待所没有电视，便对一起出差的董瑞允说：“明天星期天，在这里看不到排球比赛，不如我俩坐车到城里的电器商店看去。”两人星期天坐上公交车，往城里跑。车在中途站停靠时，听见了宋世雄解说的声音，啊！比赛已经开始了！两人马上下车，结果一看，是二楼一个职工宿舍的收音机在播放。等下一班车来不及了，他们就蹲在墙角听了一场收音机转播的球赛。球赛的结果是中国女排战胜美国队再次获得冠军，两人兴奋不已。他还曾经有过因看球赛险些赶不上飞机的经历。看来看去，王永志对排球比赛与火箭发射之间的关系有了心得。他认为，比赛有时风云突变，第一局赢了，第二局可能又丢了；有时眼看胜券在握，结果功亏一篑。搞航天也是如此，必须扎扎实实、步步紧逼，才能避免失误。他多次说："我们中国人这么多，为什么就不能强大起来？如果各行各业的每个人都在自己的岗位上像女排那样锲而不舍地追求、奋斗，那力量该有多大？何愁中华民族不再度辉煌于世？"

王永志对足球的兴致虽然形成较晚，但看起世界杯足球赛转播来忘情投入的程度不逊于年轻人，他喜欢绿茵场上足球健儿的那种拼搏精神。有机会，他常常一个人看足球比赛，陶冶放松自己。运载火箭技术研究院的同志都知道他有看足球比赛的爱好。一天晚上有球赛，院计划部部长助理去王永志那里汇报。王永志接待了他。计划部部长黄春平知道后，非常生气地对那个助理说："你这个混小子，昨天晚上是一场重要的比赛，你到院长家打扰他，太不应该。"虽然他年轻时就离开了家乡，但看球时充满了故土情怀。如果辽宁队和其他队比赛，他坚定地站在辽宁队这一边，希望辽宁队赢。在神舟五号发射前，有人发现王永志在利用空隙观看女足世界杯比赛，便问他，你对载人上天放心吗？王永志回答道："作为总师，我紧张一分，其他人就会紧张十分。我得沉住气，得稳住。实际上我是放心的，凭借我们的科技力量、质量意识和安全责任感，我们的航天员一定能够圆中国的千年飞天梦。"

在紧张的工作之余，王永志也常与同事一起打麻将来放松自己。同事们说："王总喜欢打国标，但他总是赢，我们以赢他一次为荣耀。"当然，王永志对艺术也是非常挚爱的。他爱读中国古典诗词，喜欢国画，也很喜欢俄罗斯和西方的油画。因工作忙，"有时连欣赏的份儿都没了”。他知道火箭专家刘竹生喜欢绘画，一次完成发射任务后，他叫上刘竹生，拿出珍藏多年的苏联的画册，与他一起欣赏。

稍有闲暇，王永志也常独自踱步户外，遥望天空，从中获取灵感，得到顿悟。

人生佳侣

在王永志成功背后，是家庭及妻子的支持，他们理解他的理想和志向，理解他的事业，关心和支持这个与祖国航天事业繁荣昌盛息息相关的人。王永志常常开玩笑地对王丹阳说：“我与你结下夫妻之缘，也与太空结下不解之缘。我与你是‘心心相印’，与太空是‘心星相映’。”

提起妻子和家庭，王永志会联想起高尔基的那句话：“严峻的生活考验和对初恋时的回忆，是不可或缺的。前者把人紧紧联系在一起，后者使人永葆青春。”自北京外国语学院留苏预备部认识以来的几十年中，王永志与王丹阳在事业上相互理解、相互支持，在生活中相濡以沫、相敬如宾。王永志说：“几十年来，无论是平淡无奇的日子，艰辛和受挫的岁月，还是在鲜花和荣誉簇拥的时候，妻子一直与我风雨同舟、同苦同乐，为我的成功费尽了自己的心力。”

婚后第四天，王永志再赴莫斯科完成毕业论文，一去就是近一年。在毕业分配时，组织上考虑到两人分居的具体困难，希望把王丹阳调到王永志的单位来。但王丹阳是个事业心很强的人，她说：“国家派我在苏联学了5年石油地质，叫我改行真有点舍弃不下，感到对不起国家。我还是先在本专业干，家庭的困难可以克服，以

于上海合影

后再说。”这样，王丹阳毕业后就分到中国科学院兰州地质所，搞石油地质。后来，大庆油田开发，石油部把王丹阳借到大庆，王丹阳参与了大庆油田开发方案的制订，曾与铁人王进喜同在一个油田工作。当时石油部的领导看中了王丹阳的学识，将她留在了石油系统，后来调她到北京石油学院教书。这样，王丹阳从兰州来到北京。

在工作上，夫妻俩可以说都是拼命三郎，工作起来劲头十足、没完没了。王丹阳虽然调回北京，但王永志或加班加点，或常去外地出差，家里的事帮不上什么忙，照顾孩子的重任全落在王丹阳身上。她在回忆那段日子时说：“不管是在外地还是调回北京，永志的工作没有白天黑夜，我也是这样，下班后只能由我做家务管孩子。对孩子，给吃饱穿暖送上学就行了，没有时间辅导，那时生活真是难啊！后来，由于‘文化大革命’的缘故，学校没法教学了。

1972 年，我只好改行到航天部搞科技情报研究工作，这倒把我们调在一起了。”由于工作的需要，王丹阳凭着自己的聪明才智和顽强的毅力，在原来掌握俄语的基础上，又自学了英语、日语、德语；由于专业相差太远，她又速记了大量航天专业词汇，啃读了有关火箭、导弹专业的外文原著，很快顺利“转岗”，做到了及时准确向国内有关部门提供国外航天技术的发展动向等信息，为型号的预先研究和研制作出了贡献。谈到妻子，王永志自豪地说：“别人说我科技前沿信息知道得多，其实全得益于身边有个‘情报员’。我总是她所收集情报的第一读者，当然也是最大的受益者。不管是在火箭新型号，还是如今的载人航天工程的研制过程中，妻子总是默默地及时提供有关资料。我的事业有成，有她的心血和一份功劳。”王永志对爱妻的赞赏是恰如其分的。在“文化大革命”那风雨如晦的岁月里，王丹阳理解丈夫，与他共同承担人生中的不幸；在王永志事业繁忙的日子中，王丹阳既是贤内助，更是他事业的加油站。

在神舟五号转运现场

王永志硕果累累，王丹阳也成绩斐然。1977 年，她与王永志合著出版了 47 万字的《同步通信卫星的发射》一书。20 世纪 80 年代初，计算机方兴未艾，她牵头开发建立了《运载火箭导弹数据库》等 15 个航天信息库。1985 年，她受航天飞机小组委托，组织调研并整理提交了《开发空间的经济效益与军事价值》《加快发展航天事业，逐步建立我国空间系统》《我国空间运输系统发展途径初探》《对研制大型运载火箭的几点建议和空间运输系统发展途径的探讨》等研究报告。1986 年，她及时利用已建立的数据库系统，对世界捆绑式火箭助推器的联接和分离方式进行对比研究，有力地配合了我国第一枚大推力捆绑式火箭 CZ－2E 的研制工作。从 1987 年起，王丹阳开始酝酿并着手筹备编写《世界航天运载器大全》（简称《大全》）。她担任主编，组成了一个 35 人的班子，历时 8 年，完成了《大全》的研讨编写。《大全》1994 年 12 月正式出版，聂荣臻元帅亲笔题词“放眼世界、促我发展”，张爱萍将军题写了书名。《大全》涵盖了 20 个国家 23 个系列 208 个型号，详细介绍了运载器的发展概况、演变过程及其各分系统的工作原理、性能，出版后反应良好，被认为是航天方面的巨著。全书共 272 万字，其中的 1/3 都出自王丹阳笔下。1990 年前后，王丹阳开始建立世界载人航天数据库，在载人航天工程可行性论证阶段提供了《载人航天飞行器的轨道选择》《载人飞船“联盟号”的 11 种状态》《各种“联盟号”飞船在轨对接时间》和《美国首艘载人飞船的回收力量》等研究成果。我国载人航天工程立项后，她又先后组织编译出版了 45.7 万字的《世界载人运载火箭》，31.4 万字的《栅格翼》，24.3 万字的访俄专题考察报告《“联盟号”应急救生系统》，约 26 万字的《俄汉英、汉俄英载人航天技术词汇》字典等。参加工作以来，王丹阳共承担重要课题 30 余项，直接参加了与俄罗斯合作进行的逃逸飞行器的气动力学研究，撰写报告和专著 140 余份，共 400 余万字，获国家、省部级各种成果奖 25 项次。

她曾荣获大庆会战二级红旗手，更是学院优秀教师、航天部先进工作者、优秀党员等荣誉的常客。她是航空航天工业部第一批研究员，后来成为火箭总体设计部科技委常委，享受政府特殊津贴。

在事业上，夫妻俩用辛劳和智慧、创新和胆识共同谱写着相扶相携的完美人生。在家庭生活上，他俩也是相互体贴，令人称羡。王永志心细，只要有空，不谙家务的他，也常常发挥自己的长处，例如，装修房屋，王永志总是“指点江山”，连家里的小摆设，他也是亲自动手。至于做饭，王永志说：“以前，只要我在家的日子，我们俩配合默契。她下班后，先把蜂窝煤炉点着。我下班后买菜回来，这时炉子也旺了，我们两个一起做饭，当然，我只能当配角。”每每想到这些，王永志脸上充满了微笑，笑容中也夹杂着一些愧疚，因为当上中国运载火箭技术研究院院长之后，他再也无暇顾及家务了。

“我下班没有了钟点，老回不来，她只有自个儿忙了。我啥忙也帮不上了，从此就彻底下岗了。”

在新疆卡纳斯湖边

王永志担任载人航天工程总设计师后，王丹阳为他紧张担心的同时，也尽力帮助他。她说："从这么多留学生、这么多老航天专家中选中他担任总设计师，我想我老头不简单，不容易啊！他干什么就总想干好，那我也就义无反顾地支持他把事情干好了！"王丹阳2000年65岁时退休，中国航天科技集团公司领导曾表示希望留她在集团科技委工作，她婉言谢绝了。因为丈夫工作繁忙，需要照顾，同时也要配合丈夫做些力所能及的事。王永志忙碌着，她也没法闲下来。

良好的口碑

有一首歌曲中这样唱道："金杯银杯，不如老百姓的口碑。"老百姓的口碑是衡量一个人做事为人的标准之一。作为一名技术型专家，从设计员，工程组副组长、组长，总体室副主任、主任，中国运载火箭技术研究院副院长、院长，航空航天工业部科技委副主任，乃至载人航天工程总设计师，一步一个脚印踏踏实实地走了过来。但随着职位的升迁，他却从来不搞特殊化，与同事以诚相交，以礼相待。

他经常用自己的人格和言行去教育自己的孩子。他对孩子说："你有多大本事，就做多大的事情，不要利用父亲的关系去办事，否则就会丢掉父亲和自己的颜面。"他说："芸芸众生，各有所长，各有所短。要善于发现并汲取他人的长处，不要老琢磨别人的不是。只有承认自己某些方面不行，才能扬长避短。如果能把别人的优点变为己有，这样你就会大有作为。"

与孩子谈到人际关系，他说："要尊重别人，一个懂得爱的人，才会得到他人的爱。""要学会宽容，宽容是一种博大，它能包容人世间的喜怒哀乐；宽容是一种境界，宽容意味着你不会再患得患失。宽容地对待别人和自己，就能心平气和地工作、生活。”

他鼓励孩子说：“学习应该伴随人的一生。知识是智慧的源泉，是一个人成功的动力。大学毕业只是新的学习的开始，工作中将面临许多新的问题，需要你用新的知识去解决。只有不断学习，人生才富有生气和色彩。”“机遇是可遇而不可求的。只有有知识储备和思想准备的人，才能在机遇到来之时不留下失之交臂的遗憾。轰轰烈烈固然是人们所向往的，但成大器者，绝非是热衷功名利禄之辈。”

“不为一身之谋，胸怀天下之志”，可以说是王永志人格方面的写照。1981 年，我国开始试评职称。当时王丹阳在航天部从事情报研究工作，申报了高级工程师职称，而王永志则是单位的职称评委会主任。他回避未参加王丹阳的职称评定。通过考试和答辩，评委们对王丹阳的研究工作给予了高度肯定，全票同意授予她高级工程师资格。王永志回家后，对妻子说：“丹阳，你这次参加高级工程师职称评定，评委们对你评价挺高，但你们组里有两个人申报，只有一个名额。我是总体设计部的主任，你能不能看在我的面子上，今年你主动退出，反正每年都有，明年你再参加。”听了丈夫的话后，王丹阳主动退出，把机会让给了别人。结果其后的 3 年职称评定暂停，到了第四年才重新启动，耽误了王丹阳 4 年。院内有的同志对王永志说：“这是你老婆的事，也不是你本人，她无论资历、学历、能力都够格了，你何必这么高境界、高风亮节呢？真太傻了。”对此王永志一笑了之。

对待荣誉，他从来是淡然处之。虽然他长年累月工作在航天第一线，无论是技术攻关，还是现场抢险，总有他的身影。但一到评先进，尽管群众都提名投票选他，他历来都是谦让。“长二捆”火箭研制成功后，作为总指挥和主要的倡议者，院党委一致推举他为全国劳动模范，他却把这一荣誉让给了奋战“长二捆”有功且即将退休的副院长于龙淮。

与老同事亲切交谈

他爱护职工，爱护老百姓。他来自农村，纯朴坦诚，看不惯欺负弱者，他坚持真理而不向权贵低头。一旦认准对国家、对事业、对人民有利的事，他坚持原则。不管是谁，只要认准这事不愧对国家和人民，他就要贯彻执行。王永志在担任院长期间，从不因自己的职务高而脱离群众，而是时刻关心群众疾苦，解决群众生活和工作中的困难。每逢过年过节，他再忙再累，都要到退休的老同志家里问寒问暖，到节日加班的各个岗位上去，和群众打成一片。

有一位老钳工，年纪大了，身体也不太好，6 个孩子都不在身边，希望把最小的孩子调来身边工作，就去找王永志。他对王永志说："院长，只要孩子能到身边，随便什么样的工作都行。"王永志深知这位老钳工的难处，应该帮忙解决。他在忙碌的工作中，给有关单位打电话协助落实，终于把他的孩子调来身边。

有一次，半夜一点多钟，有个退休老司机的爱人来敲门，急匆匆地对王永志说："王院长，你一定要帮我的忙，我老头心脏病犯了，如不及时抢救，老头儿就没命了。请帮我联系一个好大夫，送医院吧！"王永志二话没说，立即联系医生，并安慰老司机的爱人，直到把病人送进医院才休息。为解决群众的问题，他常常废寝忘食。据王丹阳回忆，有一天下班后，同时有 7 个人找他谈事，有工作上的事，也有私人的事。王丹阳成了接待秘书，安排一个个单独谈，直到夜里 12 点多钟。

甚至在离开运载火箭技术研究院后，他仍然牵挂着那些与他同甘共苦的老同志，逢年过节，若他们有事，他总会及时去看望或打电话问候。正因为如此，他赢得了大家的尊重。在 1986 年的院长选举中，他以绝对优势的票数当选。调离运载火箭技术研究院后，院里的科技人员和职工对他念念不忘。在运载火箭技术研究院成立 45 周年的纪念大会上，从事航天的所有老领导都请去了，当主持人介绍到王永志的时候，他站起来礼貌地向与会人员敬礼，顿时下面掌声一片，如暴风骤雨一般，经久不息。王永志再度站起来，向与会人员招手，希望停顿下来，但掌声更加响亮。出席会议的载人航天工程总指挥李继耐见此情景，非常感慨地对身边的王永志说："王总，你离开运载火箭技术研究院已经十多年了，时过境迁，很多人已退居二线，现在大多是青年人，属于下一辈人了，想不到都知道你、念着你，你的人缘关系以及你在院里形成的影响太好了！"在 2007 年 10 月的一部三室老同志聚会活动中，当他步入会场时，有人喊了一句"王院长来了"，白发苍苍的老同事像听到了号令一样，自发地集体转身起立鼓掌迎接；当他讲话时，诺大的会场鸦雀无声，所有人都在侧耳倾听，仿佛回到了当年并肩战斗的岁月。王永志的新助手李少宁是第一次陪同他参加这种活动，目睹此情此景，心中不由涌起了莫名的感动。

不仅如此，他良好的口碑还传到了研究院的墙外。有一次王丹阳与同事去自由市场买菜，无意中听到一位卖花老人与他人的对话。老人对买花的人说："你们院的人都说王院长为人正直、为官清廉、心眼好，有这样好口碑的人不可多得。"

心中的遗憾

从事航天事业，王永志无怨无悔，但在他的心灵深处，充满着太多的遗憾。他曾动情地说："我这一辈子，欠债特别多，欠的是人情债。曾经给予我帮助的很多人，都没有得到回报。我对自己的子女投入的精力也少，他们的教育、婚姻、家庭，我都缺少关心。我顶多算是一个好的科技工作者，但绝对不是一个好丈夫、好父亲，这点我相信别人可能难以理解。"

的确，从王永志参加工作以来，由于工作的特殊性，他与家人聚少离多。在十多年的两地分居中，妻子担负起了抚育和培养孩子的重任。即便后来调到一起工作后，王永志为航天事业的开拓发展东奔西跑，心中有家，但无力顾家。

王永志说，对孩子他很愧疚，几乎没管过她们。自工作以来，王永志为航天事业奔波于茫茫戈壁、崇山峻岭，在那些艰苦的地方一呆就是好几个月。基本上不谙家务，回来后只是哄一哄孩子、养养花。特别是 1970 年冬，王永志忙于洲际火箭研制，王丹阳所在的北京石油学院接到搬迁命令，要求 3 天内搬到山东东营的胜利油田。那里是海滩盐碱地，刚盖的房子是一层薄薄的干打垒，地上还渗水，房内与外面的温度差不多。由于晚上还要参加政治学习，两个孩子只好自己照顾自己。天气寒冷，孩子着凉得了感冒，发烧转成了肺炎，王丹阳深更半夜独自抱着孩子看医生。载人航天工程上马后，王永志与成千上万的航天人，没有了休假，也没有双休日，抓紧分分秒秒为这个共同的事业奋斗。由于工作紧张，孩子们有事要跟父亲谈，还得事先预约，但做父亲的总是有意无意“毁约”。想到这些，王永志心中很不是滋味。

1971 年在天安门前合影

“无情未必真豪杰。”在王永志心中，事业固然是第一位的，但在紧张的工作之中，他心中时时牵挂着家人。王丹阳在山东的时候，他无暇休探亲假，只好利用春节几天假期去看看妻子和女儿，3 天后便匆匆赶回了单位。但王丹阳无怨无悔，她觉得事业是共同的，王永志不容易，必须背后有人支撑着。

大哥王永山

他们互相理解。王永志常说对自己的家关心不够，对家乡亲人的关心就更谈不上了。“我出生在农村，当初上学很不容易，得到了哥哥们、老师及亲戚朋友的帮助，保证我学业有成。可我在大学毕业后，对他们帮助关心很少，为了事业奔忙，心有余而力不足，什么也顾不上。大哥病重时我正忙没时间去看他，去世时好不容易请假回去见他最后一面。大哥和全家小时候对我的帮助，我受用一生，也难忘一生。”

与母亲合影

想到母亲，王永志更是遗憾。他说：“在研制中程火箭和洲际火箭的那段时间，正是‘文化大革命’时期，我虽挺忙，但由于学校停课，丹阳就不算太忙了，于是就将年近八旬的母亲接到了北京，实现了老人家的梦想——坐过火车了，看见金銮殿了，见过真老虎了……但好景不长，丹阳学校下放到山东胜利油田后不久，北京就清理非北京户籍的人，非得让我母亲走。我当时心里不是滋味啊！母亲辛苦一生，农村条件不好，她在北京有一个好的环境，母子团聚，我也能尽点孝心，多好啊！由于极‘左’思潮的影响，我只好忍心地送走了母亲，当时我心情痛苦极了！母亲回老家后不到一年就病了，我回去看了一次，没想到是最后一面。与母亲的合影，也仅仅只有一张。”说到此，王永志眼眶里充满了泪花。

王永志把遗憾藏在心里，默默地希望得到他人的理解和原谅。相信他们一定会为自己的努力付出，为中国航天事业的成功而高兴。

第十三章

永志霄汉

载人航天是一门综合程度极高的尖端科技，中国实现载人飞行是众多学科的科技人员共同奋斗的结果。从事航天事业50多年来，王永志与航天人一起为每一次成功欢喜，为每一个曲折忧虑，共同构架起中华民族飞天的脊梁。

他的心中涌动着与中国航天的不解之情，脑海里涌现出无数令人激动的往事。他坦言，感谢祖国给我机会，让我这个火箭人如愿以偿地做了3件大事：把导弹送到需要的地方去，把卫星送到各种轨道上去，把中国人送到太空去。

大地欢歌

“神舟”飞翔，大地欢歌。中国载人航天工程取得的一系列成就，令无数中华儿女激动，令世界瞩目。

王永志清楚地记得，神舟五号载人飞船发射的冲天巨响，震撼了中国和世界，在蓝色星球的各个角落，亿万颗炎黄子孙的拳拳之心和那颗在太空中遨游的中国心一起跳动，当五星红旗展示在太空时，世界看到了中国这个文明古国已经在东方崛起，正以昂扬的斗志走向现代化的未来。“神舟”的升空代表了中国人的自信和希望，一种再次走向辉煌的希望。它是全体中华儿女为实现民族复兴发出的自豪、自信的宣言。

最高兴的是中国老一辈的科技专家在神舟五号飞船成功返回的当天，“两弹一星”功勋奖章获得者、“863计划”的发起者和年逾古稀的科学家王大珩、杨嘉墀、周光召、陈能宽、孙家栋、王希季等来到中国科技会堂，参加庆祝我国首次载人航天飞行成功座谈会。1964年的同一天，中国第一颗原子弹爆炸成功，那时他们激动万分、热泪盈眶。39 年后的今天，中国航天实现了载人飞行的巨大突破，让他们重温了当年的那份情怀！会上，他们用生动的语言和凝聚热泪的诗句，尽情地表达对我国首次载人飞行成功的欢欣和激情。

中国科学院庄逢甘院士认为：“载人航天工程的关键技术都是我们自己解决的。天地往返运输系统怎么搞，在 20 世纪 80 年代曾经争议很大，做了大量论证之后确定了载人飞船方案，终于取得了今天的成功。”

举国欢腾　世界关注

中国科学院院士、国际宇航联合会副主席梁思礼说：“载人航天壮了国威，体现了中华民族的凝聚力和技术实力。载人航天是搭建中国未来的‘空间基础设施’的一部分。从技术创新的角度来说载人上天就是创新，它体现的是多学科的综合优势。中国的航天技术从可靠性、安全性上来说是领先的。”他认为，中国载人飞船成功上天凭的就是航天精神。当年除了钱学森外，谁都没有见过导弹或火箭，但我们选择了自力更生，从第一颗原子弹、第一枚导弹、第一颗人造地球卫星到第一艘“神舟”飞船，中国科学家以勇于攀登、不断进取的精神，一步步地迈向航天科学技术的高峰。

美籍华人科学家、诺贝尔物理学奖获得者丁肇中说，我出生在中国，所以今天对我来说是美妙的一天。我向中国航天工业所取得的杰出成就表示祝贺！丁肇中特别提到了对反物质（AMS）研究取得的重大突破，为空间站大规模实验提供了可能。诺贝尔奖获得者杨振宁说，中国载人航天的成功，使“国家增荣誉，国人增自信”。第一个乘航天飞机上太空的美籍华人王赣骏认为：“中国的航天事业在比国外差得多的条件下，取得了这样大的成绩是一件很了不起的事。”

曾经被当年“714 工程”选中为航天员的方国俊老人得知神舟五号载人飞船发射成功后感慨不已，提笔向杨利伟写了一封热情洋溢的信。他写道：“因为历史原因，没有实现飞向太空的梦想。而您终于圆了中国人千年的飞天梦，实现了我多年的夙愿！特向您表示祝贺，您是全体中国人民的光荣和骄傲！”

神箭升空，巨龙腾飞。中国人步入太空的脚步让外国人激动和震惊，英、德两国还用一个具有中文发音的新词“Taikonaut”（太空人）显示了中国飞天人的风采。俄罗斯、美国、日本、印度、韩国、泰国、越南、爱沙尼亚、巴西、意大利、南非等 50 多个国家的元首或政府首脑先后发来贺电。几乎全世界所有重要媒体都以头条新闻或评论的形式以新的视角高度评价中国。

美国航空航天局局长肖恩·奥基夫说：“这次发射是人类探索史上的一项重要成就，继俄罗斯和美国之后，中国是第三个成功将人送入太空的国家。”《纽约时报》评论说，中国的航天计划激发了中国人民强烈的民族自豪感，中国展示了强大的航天技术能力。法国最大的新闻频道“LCI”认为，这是中国的一次飞跃。英国的《独立报》说，中国成为第三个实现载人航天的国家，表明中国在该领域已经远远超越了欧洲发达国家，已经跻身于科学技术发展的前沿。韩国 YTN 电视台认为中国以发展中国家的身份挺进“宇航三强”，可收到类似三峡大坝完工、北京成功申办奥运那样的振奋人心、激发民族自信心的效果。

神舟五号载人航天飞行的成功得到了党中央、国务院、中央军委的高度赞扬和表彰。2003 年 11 月 7 日上午，庆祝我国首次载人航天飞行圆满成功的大会在庄严的人民大会堂举行。中共中央总书记、国家主席胡锦涛做了重要讲话。胡锦涛高度评价道，实现飞天梦想，是中华民族几千年来的美好夙愿。自古以来，嫦娥奔月、敦煌飞天等许多动人的传说就在我国人民中间广为流传。今天，在中国共产党的领导下，经过几代人的不懈努力，我们依靠自己的智慧和力量，把自主研制的载人飞船和自己培养的航天员送上了太空，中华民族的飞天梦想终于变成了现实。胡锦涛还高度赞扬了载人航天精神。他说，伟大的事业孕育伟大的精神。在长期的奋斗中，我国航天工作者不仅创造了非凡的业绩，而且铸就了特别能吃苦、特别能战斗、特别能攻关、特别能奉献的载人航天精神。载人航天精神，是“两弹一星”精神在新时期的发扬光大，是我们伟大民族精神的生动体现，永远值得全党、全军和全国人民学习。

当天下午，王永志与中国载人航天先进事迹报告团的成员在人民大会堂做了首场载人航天事迹报告。随后，报告团在天津、上海、重庆、沈阳和呼和浩特等城市巡回做了报告。每一场报告，都在人们的心中荡起激情，他们为祖国航天事业的腾飞，为祖国的繁荣昌盛而振奋自豪。

王永志忘不了从神舟六号到神舟十号的每一次成功飞行，全国人民，乃至世界对中国航天事业的关注情怀。航天员们的每一次精彩表现，技术上的不断创新，都令举国欢腾，让世界喝彩，他的心中无比激动和自豪。当神舟七号飞船航天员翟志刚在景海鹏、刘伯明的帮助支持下，首次出舱漫步太空时，感动中国，瞩目世界。外媒纷纷赞誉“翟志刚的一小步，中国人的一大步”。当神舟八号、神舟九号与天宫一号成功进行了自动和手动交会对接时，亿万人守候在电视机前，欣赏美丽而精确的“太空之吻”，景海鹏、刘旺，特别是中国首位成功飞天的女航天员刘洋的名字一时响彻了大江南北。美国航天政策专家约翰·劳格斯顿认为，空间交会对接的成功外加高铁、北京奥运会等，共同形成中国崛起成为世界强国的一个标志！华盛顿智库国际战略研究中心高级研究员詹姆士·路易斯说，中国正在赶上西方国家，正在探索超越美国信息优势的方式。当神舟十号载人飞船顺利完成各项任务，特别是女航天员王亚平在聂海胜、张晓光配合下进行的太空授课，更是撩动起亿万人对航天科技的情感。仅中国就有8万多所中学、6000万名师生通过广播、电视和网络直播共同收听和收看了这一课，全球参与的公众难以计数！他们目不转睛、直观地体验了太空的魅力，真切地感受到星空和大地、航天和民众的距离是那么的近！世界首位在太空授课的航天员芭芭拉·摩根对这位世界第二位太空教师赞道：“这太棒了，教育太重要，太空探索太重要！我代表全世界的教师和学生向你致以荣耀和爱的问候。我们为你骄傲。”她的话不仅是对同行的赞赏与相惜，也是对太空课价值的尊崇。美联社报道说，太空授课就是“一场战斗”，堪比风险巨大的空间对接。美国航空航天局顾问委员会成员劳格斯顿认为“航天知识的普及代表着一个国家的发展进步水平”。俄罗斯学者认为中国太空授课“浪漫而友好”；德国新闻电视台报道中对“6000万中国学生上太空课”感到惊讶，认为“这可能是新的世界纪录”……人们对我国航天技术的进步所表现出来的热情和精神风貌，正如王亚平在授课结束时说：“飞天梦永不失重，科学梦张力无限。”

“神舟”翱翔，将一个个新的科技高度刻印在浩渺太空中，炎黄子孙为之自豪，世界各国交口赞誉。正是王永志与航天人的科学筹谋、稳步实施，才使中国的载人航天技术不断自我超越，把一个个梦想变为活生生的现实。

荣誉属于大家

2004年2月20日上午9时，国家科学技术奖励大会在庄严的人民大会堂举行。

在欢快的进行曲中，王永志和著名地质学家刘东生从国家主席胡锦涛手中接过国家最高科学技术奖获奖证书和500万元奖金。

这是国家最高科学技术奖的第四次颁奖。

王永志走到主席台前，代表全体获奖代表讲话：

作为新中国培养出来的科技工作者，我有幸从参与研制我国自行设计的第一种近程火箭开始，就投身到“两弹一星”的伟大事业中，几十年来，在老一辈科学家的悉心指导下，经受了许多重大科研任务的锻炼和考验，亲身经历了我国航天事业独立自主、自力更生、从无到有、发展壮大的光辉历程。特别是1992年，党中央从国家发展战略的高度，高瞻远瞩，决策实施载人航天工程，此后我被任命为工程的总设计师。11年来，我与从事工程研制、建设、试验和管理的全体同志一道，牢记使命，顽强攻关，锐意进取，团结拼搏，终于实现了中华民族千年的飞天梦想，实现了我国载人航天飞行的历史性突破。我为伟大祖国取得的这一辉煌成就感到无比骄傲和自豪！实践使我和今天获奖的其他同志都深深体会到，我们获得的每一项成果、取得的每一点成绩，都是党中央英明决策和坚强领导的结果，是发扬社会主义大协作精神的结果，是全体科技人员坚持创新、共同奋斗的结果。

国运昌则科技兴，科技兴则国力强！党中央实施“科教兴国”

和“人才强国”战略，是实现全面建设小康社会宏伟目标的重要保证。这也向当代科技工作者提出了更高的要求：祖国的需要就是我们前进的方向，只有把自己的事业同祖国、同人民紧密联系在一起才能大有作为。我们一定要自觉实践“三个代表”重要思想，大力发扬“两弹一星”和载人航天精神，与时俱进，开拓进取，勇于创新，努力实现我国科技事业的跨越式发展，为中华民族的伟大复兴作出新的更大的贡献！

王永志深知这个奖蕴含的崇高荣誉和沉甸甸的分量，他内心感到不安，因为这是中国航天史上最大的一个工程，他只是作为技术带头人，与全体研制人员共同完成的杰作！他不止一次地阐述了自己的这一观点。

颁奖当天晚上，王永志和刘东生作为嘉宾，走上中央电视台举办的国家最高科技奖论坛。很有意思的是，这次论坛的两位嘉宾，一位是搞航天的，一位是研究地质的，所以工作人员称论坛为“天地英雄”。

与刘东生院士在中央电视台举办的国家最高科技奖论坛上

在论坛上，王永志再次说道：“荣誉应该属于数万人的科技群体，属于整个航天战线。我是代表他们走上领奖台的。”

他说，获得最高科学技术奖，既是崇高的荣誉，又是沉甸甸的责任。这么大一个工程，这么多人干，成功属于大家的勇气毅力和精诚团结，光荣来自大家的共同奋斗。按照王永志的话说，载人航天工程一直在脚踏实地的探索中前进。自己虽然是工程总设计师，但身边有陈炳忠、罗海银、沈力平3位知名的副总设计师做副手，下有七大系统，每个系统都有经验丰富的总设计师。在“不辱使命，不负重托，一切为了航天员安全”的目标下，通过共同研讨、集思广益，一经决策各系统分头实施，载人航天办公室作为两总的办事机构，从总体上组织、协调、保障、服务，使七大系统形成一个步调一致的整体。历届总指挥、副总指挥统揽大局、指挥决策，经过11年无数航天人的努力，终于完成了飞天的梦想。

回忆十多年的艰难里程，王永志心怀感激：“在我最艰难的时候，我很感激领导和同事们那种胜似亲情的关心。2003年的大年三十晚上，我因生病住院，没想到总装备部李继耐部长突然来到病房看望，询问病情是否好转；大年初一清晨，我刚起床，总装备部迟万春政委就来到病房看望和拜年；紧接着胡世祥副部长等领导同志也来了。在我住院治疗期间，李继耐部长先后6次批示医院用最好的药、组织最好的专家给我治疗，不惜一切代价保证治疗效果。让我十分感动，充分感受到组织的关怀和温暖。我们还有什么理由不努力去完成这一神圣光荣的使命呢？”

他还深有感触地说：“航天事业确实是光荣伟大的事业，我一生交给了航天事业无怨无悔，无论付出多么艰辛的代价都是值得的。中华民族的飞天梦起源于远古时期，而美丽的飞天形象集中在戈壁沙漠的敦煌，莫高窟壁画里的各种飞天激励着我为实现祖先的飞天梦想而奋斗。而今天，飞天梦在这个地方成为现实，这是一个历史的缘分和巧合，梦想果然成真了！”

接受中央电视台记者的采访

鉴于王永志对我国载人航天工程作出的卓越贡献，2005 年 1 月，中共中央总书记、中央军委主席胡锦涛签署命令授予他“载人航天功勋科学家”荣誉称号。

2005 年 3 月 3 日，总装备部隆重召开了“载人航天功勋科学家”荣誉称号命名大会。会上，迟万春政委宣读了中央军委命令。命令中称：

几十年来他长期致力于我国战略导弹、运载火箭和载人航天工程的研制试验工作，取得了卓著成就。他锐意进取，大胆创新，提出了一系列推动我国载人航天工程和导弹、火箭技术跨越式发展的设计思想。为表彰王永志同志为我国战略导弹、运载火箭的研制与发展，特别是为载人航天工程跨越式发展作出的重大贡献，中央军委决定授予王永志同志“载人航天功勋科学家”荣誉称号。王永志同志是实现中华民族飞天梦想的开拓者，是国防科研战线上的一面旗帜。全军和武警部队要向王永志同志学习，学习他对党、对人民、对祖国、对社会主义无限忠诚，将聪明才智奉献给我国科学事业的高尚品德；学习他紧跟科技前沿，刻苦钻研，勇攀世界科技高峰的拼搏精神；学习他勤奋敬业，不图名利，忘我工作的强烈事业心和责任感；为加速推进军队革命化、现代化、正规化建设作出新的贡献！

命令宣读完毕后，中央军委委员、总装备部部长陈炳德上将为王永志颁发了中国人民解放军一级英模奖章，并为其佩戴在胸前。接着王永志以极其激动的心情做了发言。他说：

2005 年 1 月，中央军委胡锦涛主席签署命令授予我荣誉称号，今天总装备部又隆重召开命名大会，使我受到了极大的鼓舞。我深知，载人航天工程顺利进行，并取得首次载人航天飞行的圆满成功，是党中央英明决策、正确领导和全国人民大力支持的结果；是“两弹一星”以来几代航天人呕心沥血、不懈奋斗的结果。荣誉属于载人航天工程队伍，属于整个航天战线！

此时此刻我衷心感谢党组织长期以来对我的培养教育，衷心地感谢同志们在工作中对我的热情帮助和支持！我出生于一个贫苦的家庭，解放后党和人民给了我受教育的机会，是党的指引让我走上报效祖国的人生道路，是党的培养使我拥有了为人民服务的基本知识。没有共产党就没有新中国，也就没有我的今天。我感到自己非常幸运，幸运在生逢其时，赶上了国家兴旺发达的大时代；幸运在得到了一批德高望重的老领导、老专家的悉心培养；幸运在有一批志同道合、德才兼备的好伙伴并肩奋斗。更加难得的是党组织给了我参与“研制地地导弹、发射人造卫星、送中国人上太空”这三件大事的机会，是党的事业为我提供了难得的机遇和报效祖国的广阔平台！成绩只能说明过去，未来的任务更加艰巨，我一定谦虚谨慎、不骄不躁、虚心向同志们学习，我一定一丝不苟，全力以赴地做好神舟六号的各项准备工作，牢记使命，不负重托，以实际行动报答组织和各级领导的关心和培养。

令王永志意想不到的是，2005 年 3 月，钱老看到他被授予“载人航天功勋科学家”荣誉称号的报道，在一周之内写来第二封贺信：

王永志同志：您好！

这几天真是喜报频传。刚刚写信祝贺您成为全军优秀共产党员，又见中央军委授予您“载人航天功勋科学家”荣誉称号的报道。我认为您为我国载人航天事业贡献卓著，受此殊荣是当之无愧的，我要对您再致祝贺！

此致

敬礼！

钱学森

二〇〇五年三月七日

王永志难抑感激和激动之情，给钱老回了一封信：

敬爱的钱老和蒋老师：

得知二位老人家近来身体健康状况挺好，很是宽慰，还望继续多加保重！

收到钱老的两封来信，使我受到极大鼓励。钱老从我年轻时起直到现在，一直关心着我，对我的每一点进步都及时的给予肯定和鼓励，让我非常感动。

要说工作成绩，在您面前那我就算不了什么了。要说学习，钱老，您才是我的，也是我们的永远永远的学习榜样……

这其实是王永志收到钱老的第三封贺信，第一封是 1992 年“长二捆”火箭发射“澳星”成功后……似乎冥冥中总有一线相牵，刚上清华的王永志亲历了学校组织的一场“抗议美国政府阻挠，声援钱学森归国大会”，通过查阅科学家小传对钱老有了初步了解。1957 年以钱学森为科学技术顾问的中方代表团与苏联签订新技术协定，王永志因此改学火箭导弹设计专业。毕业回国后他即在钱老领导下的国防部五院一分院工作，因大胆提出泄燃料、增射程建议相识，此后接触日久，他又得到了钱老很多支持……对王永志来说，钱老既是高山仰止的大师，又是自己毕生学习的楷模。情谊浓浓，期望殷殷，这种航天两代人超越年龄的情感、无声的信任，始终激励着王永志虚怀若谷，披荆斩棘，奋力前行。

王永志院长：

首先向您和一院同志为发射"澳星"成功所作的贡献，表示一个老兵的祝贺！

……

此致

敬礼！

钱学森

1992.8.18

王永志同志：您好！

您春节对我的问候涂秘书已转告我了。您工作那么忙还时刻惦记着我，我很感谢。

我今天给您写信，是专为祝贺您成为我军优秀共产党员，全军保持共产党员先进性教育活动的典型。作为一名老共产党员，我要向您学习，并祝您在今后工作中为党和人民作出更大贡献！

此致

敬礼！

钱学森

二〇〇五年三月三日

王永志同志：您好！

这几天真是喜报频传。刚刚写信祝贺您成为全军优秀共产党员，又见中央军委授予您“载人航天功勋科学家”荣誉称号的报道。我认为您为我国载人航天事业贡献卓著，受此殊荣是当之无愧的，我要对您再致祝贺！

此致

敬礼！

钱学森

二〇〇五年三月七日

钱老的3封贺信

“王永志星”

2010年1月，经国际天文学联合会批准，火星和木星之间的一颗小行星被永久命名为“王永志星”，以彰显他的科学精神与成就。

小行星是目前唯一可以根据发现者意愿进行提名，并经国际组织审核批准命名的天体。由于小行星命名的严肃性、唯一性和永久不可更改性，使得能够获得小行星命名成为世界公认的一项殊荣。中国人第一次发现小行星是在1928年，发现者是我国首位天文学留学生张钰哲。这颗国际编号为1125的小行星被张钰哲以“中华”命名，成为第一颗由中国人命名的小行星。此后，先后有一批小行星以我国古代著名科学家张衡、祖冲之、郭守敬、沈括等命名。之后，一批小行星陆续以中国当代杰出科学家周光召、陈景润、钱学森等，著名文学家巴金、金庸等，或者地名、大学名给小行星命名。

国家最高科学技术奖得主是我国科技界的杰出代表，在他们身上集中体现了我国科技工作者崇高的爱国主义情操和中华民族自强不息的精神。为了宣传获奖者的创新、拼搏和奉献精神，激励更多的创新型领军人才脱颖而出，国家科技部和中国科学院国家天文台共同商定，将我国新发现的一批小行星以国家最高科学技术奖获奖者的名字命名。国家天文台提出申请，经国际天文学联合会所属的小天体命名委员会讨论通过，国际小行星中心于2010年1月30日发布第68448号公报通知国际社会，第46669号小行星永久命名为“王永志星”。

2010 JAN. 30 M.P.C. 68448

The MINOR PLANET CIRCULARS/MINOR PLANETS AND COMETS are published, on behalf of Commission 20 of the International Astronomical Union, usually in batches on or near the date of each full moon, by:

Minor Planet Center, Smithsonian Astrophysical Observatory, Cambridge, MA 02138, U.S.A.
IAUSUBS@CFA.HARVARD.EDU or FAX 617-495-7231 (subscriptions)
MPC@CFA.HARVARD.EDU (science)
Phone 617-495-7244/7444/7440/7273 (for emergency use only).

World-Wide Web address http://cfa-www.harvard.edu/iau/mpc.html ISSN 0736-6884

Supported in part by the Brinson Foundation

 Prepared using the Tamkin Foundation Computer Network

NEW NAME OF MINOR PLANET:

(46669) Wangyongzhi = 1996 LK

Discovered 1996 June 6 by the Beijing Schmidt CCD Asteroid Program at Xinglong.

Aerospace expert Wang Yongzhi (b. 1932) was the first chief architect of China's manned space flight. One of the initiators and general designer of the first Chinese Strap-on launcher, LM-2, he won the State Supreme Science and Technology Award for 2003.

(46669) 王永志 = 1996 LK

国家天文台施密特 CCD 小行星项目组 1996 年 6 月 6 日发现于兴隆观测站。

航天技术专家王永志，1932 年出生，中国工程院院士，中国载人航天首任总设计师，“长征一2”捆绑火箭的倡议者和研制总指挥，荣获 2003 年度中国国家最高科技奖。

（《小行星通报》第 68448 号，2010 年 1 月 30 日）

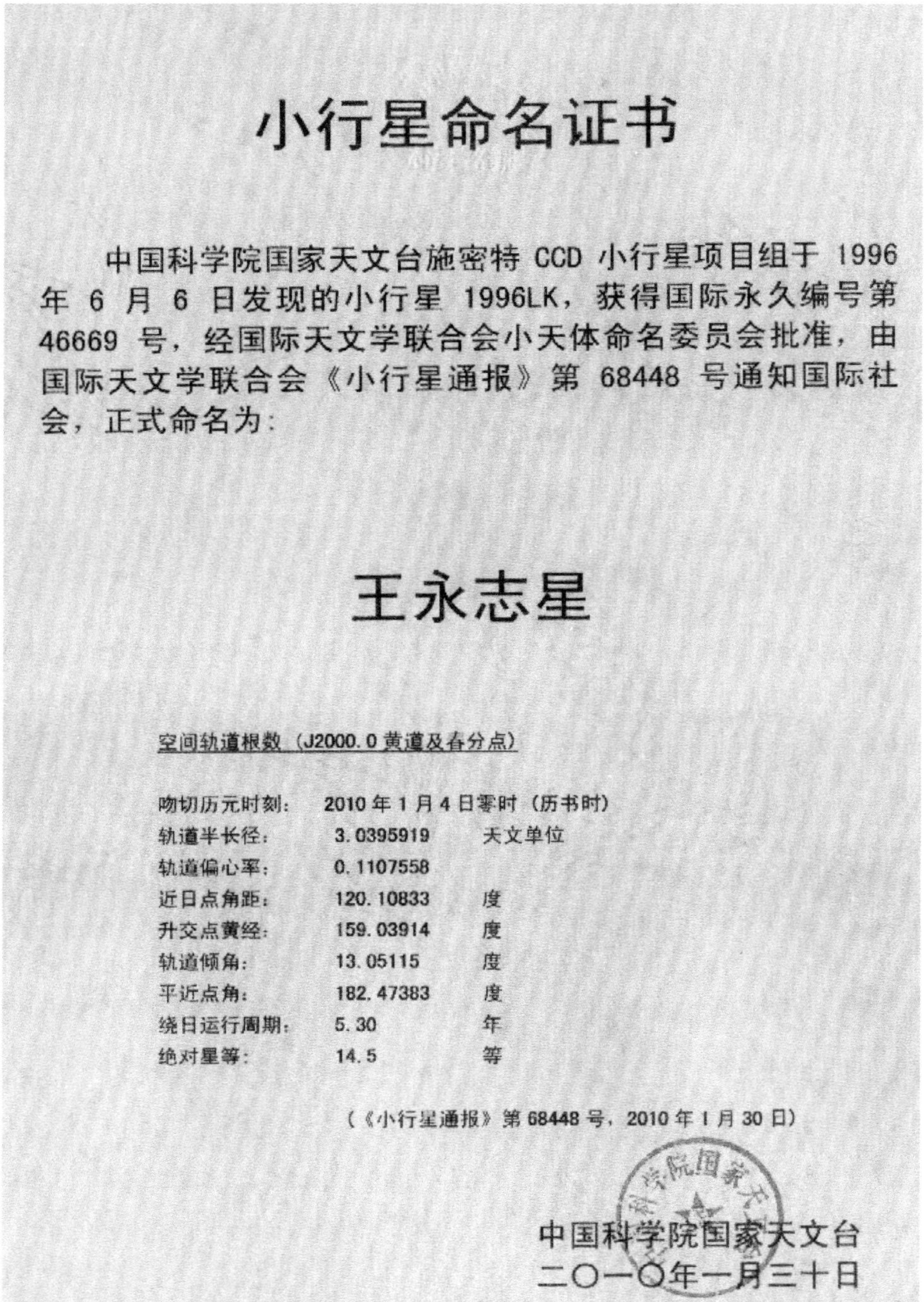

小行星命名证书

中国科学院国家天文台施密特 CCD 小行星项目组于 1996 年 6 月 6 日发现的小行星 1996LK，获得国际永久编号第 46669 号，经国际天文学联合会小天体命名委员会批准，由国际天文学联合会《小行星通报》第 68448 号通知国际社会，正式命名为：

王永志星

空间轨道根数（J2000.0 黄道及春分点）

吻切历元时刻：	2010 年 1 月 4 日零时（历书时）	
轨道半长径：	3.0395919	天文单位
轨道偏心率：	0.1107558	
近日点角距：	120.10833	度
升交点黄经：	159.03914	度
轨道倾角：	13.05115	度
平近点角：	182.47383	度
绕日运行周期：	5.30	年
绝对星等：	14.5	等

（《小行星通报》第 68448 号，2010 年 1 月 30 日）

中国科学院国家天文台
二〇一〇年一月三十日

小行星命名证书

2010年5月4日，国家科技部在北京举行小行星命名仪式。王永志与数学家吴文俊、高性能计算机专家金怡濂和气象学家叶笃正4位国家最高科学技术奖得主获得这项殊荣。在命名仪式上，王永志郑重地从全国政协副主席、科技部部长万钢和中科院副院长詹文龙手中分别接过小行星命名证书及纪念牌匾，上面镌刻着“王永志星”的运行轨道示意图。

“当我接过命名证书时，激动之情自不必说，更有一种压力，给予我这么高的荣誉，不敢当。”王永志谦和的口气中透着真诚。“这是中国人民和全世界人民对科技的尊重和厚爱。我想，这次命名不是给我个人的，而是对整个航天科技界的鼓励，这颗星属于航天战线的所有战友。”可以说，当这些创新硕果累累的科学家名刻天宇，人类勇于探索的精神殿堂愈加丰硕明净。

谈到这颗小行星的发现，北京天文馆馆长朱进博士非常兴奋。他说，1996年6月6日是个值得庆贺的日子，那时他在燕山山脉主峰南麓，位于河北省兴隆县的国家天文台兴隆观测站工作。迷人的晚霞消失后，苍茫的群山也渐渐隐藏在夜色中。随之，天空变得清亮起来，无数的星星开始从天幕上现身，他们也随着天文望远镜的圆顶渐次张开，开始了紧张有序的观测工作。他与观测助手马春梅、李雅平等北京—亚历桑那—台北—康涅迪克（BATC）大视场巡天科研团组的工作人员，操纵着60/90厘米施密特望远镜，对多个天区依次扫描。由于当晚气象条件非常好，所以观测任务主要是小行星搜寻工作（SCAP）。第二天，他们在数据处理结果中发现了多颗移动天体。这些天体都获得了相应的临时代号，观测数据被报送到设于美国哈佛史密松天文台的国际小行星中心。其中代号B02757的天体被证明是新发现的小行星，暂定编号为1996LK。此后，他们多次对这颗小行星进行追踪观测，并成功获得了运行轨道数据。1999年1月6日，国际小行星中心正式公布赋予1996LK永久正式编号46669，其提名权归属中国科学院国家天文台。

在小行星命名大会上

姓名存天宇，事迹启后人。茫茫太空中的第 46669 号小行星有了它的名字——“王永志星”。从此，这颗在宇宙苍穹间遨游的小行星，承载着王永志院士的学术成就和崇高精神，承载着中国人对无垠太空的探索梦想，与天地共存，与日月同辉。

永恒的航天情

自 1992 年我国实施载人航天工程以来，取得了一个个彪炳于史册的重大成就，作为这一宏伟工程的首任总设计师，王永志心中的感慨是难以言表的。曾经参与“两弹一星”和“载人航天”

两个伟大工程、为中国航天事业发展付出毕生精力的他，永远难忘中国航天筚路蓝缕、一路艰险、一路阳光、一路奉献的浩浩征程。

雄心比天高，壮志创伟业。他永远难以忘怀那艰苦奋斗的岁月，为执行试验任务，他常常跟随老一辈航天专家奋战在戈壁滩上。那时的发射场，冬天北风呼啸，刺骨的寒风穿透厚厚的棉衣，冻得浑身哆嗦；夏天炎热干燥，太阳把整个戈壁滩变成了火炉。但最困难最艰苦的年代，却是创业者热血沸腾的年代，是实验室灯光不泯的年代。王永志欣慰的是，好的作风一代一代地继承下来了，今天年轻优秀的航天人在面临各种诱惑的情况下，他们放弃了优越的条件和工作，坚定地走上了航天事业这个伟大的征程。

科技似火焰，熊熊燃天地。中国航天事业随着世界科技进步的步伐步入了现代化。王永志深情地回忆说："那个时候很困难，但国家全力以赴，尽了最大的努力。当时最好的雷达、最好的精密光学仪器、最好的遥测遥控装置、最早的计算机……都首先用在了航天事业上。航天事业的需求带动了这些学科的发展，所获得的科学成就反过来又推动中国航天的飞速猛进。今天，中国步入了世界航天大国的行列，这与广大科技人员的积极跟踪、矢志创新、大胆跨越是分不开的。"

岁月如金曲，激荡在心海。留苏回国，他便与航天事业为伍；而立之年，他拼搏在戈壁大漠；不惑之年，他在逆境中续写人生壮志；知命之年，他承担了研制第二代战略火箭的重任；花甲之年，他执掌起中国载人航天技术的帅旗。岁月流逝，物换星移，火箭升空的雄风，卫星遨游的奇迹，航天员上天、出舱活动、交会对接的壮举，即将在太空运行的中国天宫，以及月球漫步，火星探奇……一幕一幕地在他心灵的屏幕上播放着，永远是那样的激昂和催人奋进。

载人航天使我国的航天事业攀上了新的高峰，但王永志不是停留在原来的峰顶上，依然毫不停留地向着新的高峰攀去。

王永志说，从投身于中国航天的那一天起，紧张的工作旋律使他一生不敢懈怠，矢志进取。最累的时候是当中国运载火箭技术研究院院长，风险最大的是研制“长二捆”火箭，最幸运的是先后参与和参与主持6种新型号火箭的首次发射无一失利，责任压力最大的是搞载人航天，从1992年担任载人航天工程总设计师以来的14年间，专心致志地埋头于工程的研制工作。就像家燕筑巢一样，日积月累，每天都处在处理问题、解决问题的状态中，时刻不敢懈怠。担任高级顾问的这8年，每逢飞行试验任务的关键环节和工程重大决策的紧要关头，他不顾年事已高，像过去一样殚精竭虑，高屋建瓴，出谋划策，敢于担当，深受工程上下的尊重和爱戴。中国载人航天从无到有，不断取得新的重大突破，一个个愿望都实现了，他无怨无悔，人生过得非常充实，也很有价值。

他的思绪永远翱翔在万里云天

王永志形象地说，研制火箭，就像火箭本身的运动那样，是一个不断上升进取的事业，它的目标是太空，是茫茫宇宙，永远没有尽头！打造飞船，翱翔苍茫太空，尽览地球风光，仰视亘古星空，充满诱惑、充满挑战！今天这位中国载人航天的首任总设计师，虽已步入了耄耋之年，但他的心仍与全体航天人一道，张开梦想的翅膀，高亢激昂地继续在无边的宇宙中遨游。因为他深知，我国航天每次的成功，又会立即成为一个新的起点，更伟大的事业还在前头！

红叶满山，星汉璀璨。八十多岁的他，仍在不断地筹谋在浩瀚的太空中描绘那片属于中国自己的灿烂星空，那句“使命因艰巨而光荣，生命因奋斗而精彩”的航天名言在他的心海里永远永远地回荡……

附录 | 一 |

中国载人航天工程的进程

1992 年 1 月 8 日，中国载人飞船工程技术、经济可行性论证工作开始。

1992 年 9 月 21 日，中国载人航天工程正式启动。

1993 年 3 月，载人航天工程七大系统方案设计工作全面展开。

1994 年 9 月，经勘察，载人飞船主着陆场选在内蒙古阿木古郎地区。

1995 年 7 月，中国载人航天工程转入初样研制阶段。

1995 年 9 月，运载火箭系统逃逸主发动机模型试车成功。

1997 年 1—9 月，飞船系统与运载火箭系统进行船—箭联合振动试验。目的是测定船—箭联合体的振动特性，确定火箭稳定系统敏感元件的安装位置，为修正计算模型提供试验数据。

1997 年 6—7 月，载人飞船系统和测控通信系统进行天地对接试验。目的是检验测控通信设备天地间的各项功能、接口关系协调性、电磁兼容性和系统技术指标要求。

1997 年 7 月，载人飞船推进子系统全系统试车成功。

1997 年 10—11 月，载人飞船系统进行返回舱空投试验。目的是对返回舱模型空投试验的冲击数据进行初步医学评价；考核飞船开伞程序和伞系统的功能和性能。

1997 年 12 月，载人飞船系统和运载火箭系统进行返回舱与逃逸飞行器地面联合分离试验。

1998 年 1 月，中国载人航天工程总指挥、总师联席会议决定，1999 年年底前发射试验性无人飞船。

1998 年 3 月，从空军飞行员中选定的 14 名预备航天员开始训练。

1998 年 3—5 月，进行了第一次发射场合练。目的是检验发射场系统设施、设备与箭、船接口关系的正确性；检验运载火箭远距离测试发射和“三垂”模式及地面系统的安全性、可靠性；检验火箭及其地面测试发射设备与发射场系统设施、设备电气接口和信息关系的协调性及正确性。

1998 年 9—10 月，进行逃逸飞行器零高度逃逸飞行试验获得成功。目的是考核逃逸飞行器的性能，检验逃逸飞行器在待发段和起飞时故障情况下的适应能力。

1998 年 11 月，中央领导在北京航天城视察载人航天工程进展情况。

1999 年 3 月，中国载人航天工程转入正样和无人飞行试验阶段。

1999 年 9—10 月，进行第二次发射场合练。目的是进行神舟一号无人试验飞船的电气性能合练；检查考核参试系统的协调性、匹配性。

1999 年 11 月 20 日早 6 时 30 分，神舟一号无人试验飞船从酒泉卫星发射中心成功发射。

这是中国载人航天工程首次无人飞行试验，这次飞行试验是 CZ－2F 运载火箭的首次研制性飞行试验，目的是考核运载火箭的性能和可靠性，同时验证飞船关键技术和系统设计的正确性，以及包括发射、测控通信、回收等地面设施在内的整个工程大系统工作的协调性。飞船经过 21 小时的飞行，在完成预定的科学试验后，在内蒙古中部地区成功着陆，飞行试验圆满成功。

2001 年 1 月 10 日凌晨 1 时 0 分，神舟二号无人飞船从酒泉卫星发射中心成功发射。

这是中国载人航天工程第二次无人飞行试验，目的是对工程总体和各系统从发射到运行、返回、留轨的全过程进行全面考核，进一步检验总体技术方案和各系统技术方案的正确性和匹配性。飞船在轨飞行 7 天后返回，各系统参试设备工作正常，获取了大量与载人飞行有关的数据和有关科学实验数据。飞船轨道舱按计划留轨运行了约半年时间，验证了设备体制的正确性，获取了大量的有用信息。

2002年3月25日晚22时15分，神舟三号无人飞船从酒泉卫星发射中心成功发射。江泽民等中央领导亲临发射现场视察、指导。

这是中国载人航天工程第三次无人飞行试验，参试产品全部为正样状态，具备了航天员逃逸和应急救生功能，火箭增加控制系统冗余等与航天员安全性相关的各项措施和功能。此次试验全系统工作正常，完成了所有预定的试验内容；轨道舱留轨工作半年期间，具有国际水平的中分辨率成像光谱仪获取了大量地球资源空间遥感信息。2002年4月1日，飞船安全返回并完成所有预定试验内容，飞行试验圆满成功。

2002年5月，载人飞船系统进行飞船返回舱低海况综合漂浮试验。目的是试验和验证返回舱溅落到水面后，确保航天员安全的救援措施和程序的合理性与可行性。

2002年12月30日凌晨0时40分，神舟四号无人飞船从酒泉卫星发射中心成功发射。李鹏等中央领导亲临发射现场视察、指导。

这是中国载人航天工程第四次无人飞行试验，是实施首次载人航天飞行前的最后一次无人飞行试验，其参试产品与载人飞行时一致，在前3次无人飞行试验验证和考核的基础上，神舟四号飞船增加了在轨自主应急返回、人工控制等功能，并改善了舱内载人环境。2003年1月5日，飞船安全返回并完成所有预定试验内容，飞行试验圆满成功。

2003年10月15日上午9时0分，神舟五号载人飞船从酒泉卫星发射中心成功发射。胡锦涛等中央领导亲临发射场视察、指导，为杨利伟壮行。

这是中国载人航天工程首次载人飞行，经前4次无人飞行试验，充分考核了飞船整船的软件和硬件及机、电、热设计等，证明飞船具备了载人航天飞行的条件。首飞航天员杨利伟在太空飞行了

14 小时 23 分钟，环绕地球飞行了 14 圈，成功地着陆在预定地点。标志着中国已成为继苏联和美国之后，世界上第三个能够独立开展载人航天活动的国家，标志着中国载人航天工程取得了历史性的突破，圆了中华民族的千年飞天梦想！

2005 年 10 月 12 日上午 9 时 0 分，神舟六号载人飞船从酒泉卫星发射中心成功发射。温家宝等中央领导亲临发射现场视察、指导。

神舟六号飞船进行了多项技术改进和人性化设计，增强了飞船的可靠性和安全性。飞行中，航天员进入轨道舱开展日常活动和空间科学试验。神舟六号飞船载着费俊龙和聂海胜两名航天员按照“两人五天”的要求绕地球 77 圈，行程约 325 万千米，于 17 日凌晨 4 时 33 分准确落入预定区。实现了“成功发射、正常运行、安全返回和航天员健康出舱”的预定目标。它所完成的“两人五天”飞行及进入轨道舱生活和工作等一系列载人航天任务，为未来掌握太空行走和空间交会对接技术奠定了基础。神舟六号载人飞行成功揭开了我国载人航天工程第二步任务的序幕。

2008 年 9 月 25 日，神舟七号载人飞船发射成功。飞行任务的主要目的是实施中国航天员首次空间出舱活动，突破和掌握出舱活动相关技术，同时开展卫星伴飞、卫星数据中继等空间科学和技术试验。飞船运行期间，1 名航天员着中国的飞天舱外航天服出舱进行舱外活动，回收在舱外装载的试验样品装置。

2011 年 9 月 29 日，我国首个按空间实验室设的航天器天宫一号发射入轨。

2011 年 11 月 1 日，神舟八号腾空而起，目标是完成空间自动交会对接。11 月 3 日凌晨 1 时 36 分，神舟八号与此前发射的天宫一号目标飞行器进行了空间自动交会对接。组合体运行 12 天后，神舟八号飞船脱离天宫一号并再次与之进行交会对接试验，这标志着我国已经成功突破了空间交会对接及组合体运行等一系列关键技术。2011 年 11 月 16 日 18 时 30 分，神舟八号飞船与天宫一号目标飞行器成功分离，返回舱于 11 月 17 日 19 时许返回地面。

2012 年 6 月 16 日，神舟九号飞船带着景海鹏、刘旺、刘洋 3 名航天员升空，两天后首次把航天员送入天宫，并于 2012 年 6 月 29 日 10 时安全返回。本次任务的圆满完成，标志着我国已完全掌握了载人天地往返、航天员出舱活动以及空间交会对接三大载人航天基本技术，为下一步建造空间站、开展大规模的空间应用奠定了良好的基础。

2013 年 6 月 11 日 17 时 38 分，神舟十号飞船成功发射。航天员为聂海胜、张晓光、王亚平，飞行任务时间 15 天。这次飞行任务的主要目的：一是为天宫一号在轨运营提供人员和物资天地往返运输服务；二是考核组合体对航天员生活、工作和健康的保障能力，以及航天员执行飞行任务的能力；三是首次开展我国航天员太空授课活动；四是考核工程各系统执行飞行任务的功能、性能和系统间的协调性。2013 年 6 月 26 日 8 时 7 分，航天员顺利返回。中国载人航天工程第二步第一阶段完美收官。

附录 | 二 |

中国首次载人航天飞行实录

2003年10月15日

5时20分，航天员出征仪式在航天员公寓问天阁举行。中共中央总书记、国家主席、中央军委副主席胡锦涛等领导同志亲切会见了首飞梯队的3名航天员。这是中国首次载人航天飞行航天员梯队杨利伟、翟志刚、聂海胜3人公开亮相。执行首飞任务的是辽宁籍航天员杨利伟。

5时30分，身着银灰色太空服的我国首位航天员杨利伟向中国载人航天工程总指挥李继耐报告，请示出征。

6时15分，进入飞船返回舱的杨利伟坐到了用合成材料特制的座椅上。此时按计划离火箭升空还有2时45分。起飞前，杨利伟在舱内进行各项准备，完成100多个动作。地面指挥控制中心屏幕显示，杨利伟生理参数正常。

7时20分，神舟五号载人飞行总指挥部成员签署了发射令。

8时50分，胡锦涛、黄菊、吴官正等领导同志来到试验指挥楼平台，现场观看飞船发射。与此同时，吴邦国、温家宝、贾庆林、曾庆红、李长春、罗干等领导同志在北京航天指挥控制中心观看飞船发射实况。

9时整，CZ－2F火箭在震天憾地的轰鸣声中腾空而起，载着神舟五号飞船加速飞向太空。

9时2分，逃逸塔顺利分离。

9时2分20秒，完成任务的4个助推器与火箭分离。

9时2分40秒，一、二级火箭分离。

9时3分20秒，火箭飞出大气层，整流罩像花瓣样分离，一缕阳光射入返回舱，进入太空的杨利伟报告："神舟五号报告，整流罩分离。"指挥控制中心一片欢腾。

9时9分47秒左右，船箭分离，飞船进入预定轨道。从这一刻起，杨利伟成为了中国第一位遨游太空的访客。

9时31分许，停泊在南太平洋的"远望2号"测量船捕获飞船信息。神舟五号飞船的舱内图像清晰地显示在北京航天指挥控制中心的大屏幕上，杨利伟在与医学监督医生通话时显得相当沉稳，他说："我感觉良好！"

9时40分左右，杨利伟报告："太阳帆板打开。"标志飞船正常在轨运行。

9时42分，载人航天工程总指挥李继耐宣布："飞船已进入预定轨道，发射取得圆满成功。"指挥控制大厅内顿时一片欢腾。在热烈的掌声中，胡锦涛发表了重要讲话。他指出，实施载人航天工程，是以江泽民同志为核心的党的第三代中央领导集体做出的重大战略决策。十多年来，在党中央、中央军委的领导下，经过广大科技人员和解放军指战员的不懈奋斗，我国载人航天事业取得了举世瞩目的成就，谱写了中华民族自强不息的壮丽诗篇。

10时许，在神舟五号飞船进行环绕地球第一圈飞行时，地面指挥人员报告舱内环境正常后，杨利伟得到指令，打开面罩，拿着书和笔，当他松开手时，笔在太空失重环境下立即飘浮起来。

10时31分，神舟五号飞船进入喀什测控站检测区域，在接到地面指令后，杨利伟摘下手套，并解开系在膝盖下方的束缚带。在北京航天指挥控制中心的大屏幕上可以看到，杨利伟的动作非常轻松熟练。

10时40分左右，飞船开始绕地球飞行第二圈，通过飞船传回的图像可看到，杨利伟由卧姿改为坐姿，并通过圆形舷窗向外观测。

11时过后，杨利伟开始在太空中进餐。他一边看书，一边用捏挤包装袋的方式享用这顿不同寻常的午餐。据悉，杨利伟的食谱颇具中国特色，包括八宝饭、鱼香肉丝、宫保鸡丁和用中药及滋补品制成的饮料等。

12时左右，杨利伟开始他在外太空的第一次休息。画面显示，仰面躺卧的杨利伟表情沉静，在环绕地球飞行的飞船中，他的这次酣眠持续了约3个小时。

15时52分，北京航天指挥控制中心向杨利伟了解了飞船工作状况和他的身体状况。航天员向地面报告：航天服气密性良好，飞船工作正常。

15时54分，飞船进入第五圈，变轨程序启动，指挥控制大厅右侧大屏幕三维动画实时显示，飞船尾部喷出桔黄色的火焰，加速飞行。很快，飞船又进入平稳的飞行状态。整个过程中，航天员杨利伟始终神情镇定。南太平洋上的“远望2号”测量船向北京传来数据，表明变轨圆满成功。

17时26分，中共中央政治局委员、中央军委副主席、国务委员兼国防部长曹刚川在北京航天指挥控制中心与正在太空飞行的航天员杨利伟进行了实时通话。曹刚川说：“祖国和人民期待着你凯旋。”杨利伟浑厚的男中音清晰地回响在指挥大厅中：“请首长放心，我一定努力工作，把后续工作完成好，向祖国和人民交一份满意的答卷。”

18时40分许，神舟五号飞船运行到第七圈，杨利伟在太空中展示中国国旗和联合国国旗。他在距地面343千米的太空中说：“向世界各国人民问好，向在太空中工作的同行们问好，感谢全国人民的关怀。”

19时58分，神舟五号飞船运行到第八圈时，稍早之前来到北京航天指挥控制中心指挥大厅的杨利伟妻子张玉梅、儿子杨宁康与太空中的杨利伟通话。杨利伟对妻子说：“在太空感觉很好，太空的景色非常美。”他对儿子说：“好儿子，我看到咱们美丽的家了！”

21时31分，神舟五号飞船进入第九圈。

23时8分，神舟五号飞船进入第十圈飞行，航天员杨利伟开始休息。

2003年10月16日

4时19分，神舟五号飞船进入第十四圈飞行。

5时35分，北京航天指挥控制中心成功向正在太空运行的神舟五号飞船发送返回指令。按照程序，飞船将在建立返回姿态后，经过返回制动、轨道舱与返回舱分离、推进舱与返回舱分离等一系列太空控制动作，开始返回内蒙古主着陆场。

5时36分，神舟五号飞船轨道舱与返回舱成功分离。返回舱与推进舱轨道高度不断降低，向预定落点返回。飞船轨道舱将留轨工作半年，开展相关的科学实验。

5时38分，神舟五号载人飞船制动火箭点火，飞船返回舱飞行速度减缓，轨道高度进一步降低。返回舱向预定着陆场降落。

5时59分，在北京航天指挥控制中心的组织指挥下，神舟五号飞船返回舱与推进舱成功分离，成功进入返回轨道。飞船返回舱失去动力后，按照升力控制技术向预定着陆场降落。

稍后，布设在新疆和田的活动测量站报告，神舟五号飞船进入中国国境上空。

6时4分，神舟五号飞船再入大气层，飞船处于“黑障”阶段，舱外温度达1600开。

6时7分，白云鄂博雷达站、搜救直升机收到神舟五号飞船返回舱发出的无线电信号，机上的搜索人员目视到神舟五号返回舱。由5架直升机组成的空中搜救分队和14台专用车辆组成的地面搜救分队立即从不同的方向迅速向落点前进。

6时16分许，杨利伟报告身体状况良好。返回舱引导伞已打开，直升机和地面搜索人员看见巨大的降落伞挂着的返回舱缓缓下降。

稍后，杨利伟再次报告身体状况良好。主伞工作正常。

稍后，主着陆区直升机驾驶员目视到飞船降落伞，地面搜索人员看到了降落伞，返回舱主伞已脱落。5架直升机跟踪正常。

6时28分，地面搜索人员报告距神舟五号返回舱落点7.5千米。

稍后，温家宝总理与杨利伟通话，祝贺他顺利返航。

6时36分，地面搜索人员找到了神舟五号返回舱。

6时38分，搜索人员报告，杨利伟身体状况良好。

稍后，杨利伟向人群挥手，正在出舱。

6时51分，杨利伟在神舟五号舱口向大家招手，神态自若。

6时54分，李继耐在北京航天指挥控制中心宣布：神舟五号载人飞船16日6时23分在内蒙古主着陆场成功着陆，实际着陆点与理论着陆点相差4.8千米。返回舱完好无损。我们的航天英雄杨利伟自主出舱。我国首次载人航天飞行圆满成功。

稍后，温家宝总理代表党中央、国务院、中央军委祝贺载人飞行圆满成功。

稍后，在飞船着陆点，杨利伟坐在专用的椅子上向大家挥手，并与工作人员说话。

7时23分，杨利伟在距返回舱约10米的一辆医疗检查车上进行体检。

7时29分，中央军委主席江泽民给中国载人航天工程总指挥李继耐打电话，祝贺我国首次载人航天飞行获得圆满成功。

9时52分，杨利伟乘专机从内蒙古着陆场飞抵北京。中共中央政治局委员、中央军委副主席、国务委员兼国防部长曹刚川，中央军委委员、总装备部部长、载人航天工程总指挥李继耐，总装备部政委迟万春、总设计师王永志等到机场迎接。

附录 | 三 |

王永志简历

1932 年

11 月 17 日，出生在辽宁省昌图县八面城镇老房村一个贫农家庭。

1940 年

2 月，入学八面城镇南街小学（现八面城中心小学）。

1945 年

8 月，辍学在家务农。

1946 年

8 月，考入八路军在八面城创办的昌北中学，读初中。

1949 年

11 月 17 日，秘密加入中国共产党。按中央通知 1950 年 5 月 4 日党员身份公开。

12 月，初中毕业因学习成绩全年级第一名，被免考保送至刚刚成立的东北实验学校（现辽宁省实验中学）读高中。

1952 年

7 月，高中毕业，报考清华大学航空系飞机设计制造专业，被录取。

10 月，在清华大学航空系 101 班学习，院系调整后归入新成立的北京航空学院，但仍在清华校园学习。

1953 年

9 月，由学校推荐，经选拔进入北京外国语学院留苏预备部学习俄语，准备留学苏联。

1955 年

8 月，在苏联莫斯科航空学院飞行器系飞机设计专业学习。

1956 年

8 月，任莫斯科航空学院中国留学生党支部书记。

1957 年

任莫斯科航空学院邻近地区中国留学生党总支书记。

11 月 17 日，在莫斯科大学与部分中国留学生一起受到毛泽东主席的接见。

12 月，根据国家需要改学火箭导弹设计专业。

1958 年

任莫斯科航空学院中国留学生学生会主席。

1960 年

6 月，与莫航同届中国学生回国实习期间，因中苏关系破裂被告知不再返回苏联，提前在国内工作。

9 月 15 日，王永志与留苏毕业回国的王丹阳结婚。

9 月 19 日，接到高教部通知，国防专业重要科系留 1 人学习到正式毕业。婚后第 4 天，王永志匆匆踏上了返回莫科斯的行程。

1961 年

2 月，在苏联著名火箭专家米申教授的指导下，完成《洲际导弹设计》毕业论文，并获得优秀生毕业文凭和“工程师”称号。

3 月，毕业回国，被分配到国防部五院一分院总体设计部。

3—6 月，参加回国留学生政治学习。

7 月，到总体设计部总体设计室总体组报到，开始工作。

8 月，作为一分院 72 名重点培养的年轻人，被派到总体设计部结构设计室学习和实践两年，任工程组副组长。

1963 年

8 月，回总体设计室，任总体组组长。

1964 年

5—7 月，参加中近程火箭发射任务，提出“泄燃料增射程”的建议，被钱学森采纳。

10 月，任总体设计部一室副主任，分管中程火箭总体设计。

1965 年

任总体设计部九室副主任，负责中程火箭总体设计。

1966 年

10—11 月，任中程火箭发射场合练队队长，成功地完成合练任务。

11—12 月，参与组织中程火箭的首次发射，任务获得基本成功。

1968 年

11 月—1969 年 1 月，作为试验队队长参与主持了中程火箭 02 批定型验证全程飞行试验，两发均获圆满成功。

1969 年

9—10 月，作为试验队队长，再次组织中程火箭定型鉴定飞行试验。两发均获圆满成功。

12 月，洲际火箭加快研制步伐。被调入总体设计部十一室主持洲际火箭的总体设计与研制。随后被任命为代理主任。

1970 年

1—3 月，参与主持洲际火箭初步设计和制发各分系统设计依据和设计要求。

11—12 月，作为洲际火箭全箭试车工作组组长，在北京试验站组织了试车的各项准备工作，并于 12 月 30 日按时成功地完成了试车任务。

1971 年

4 月 23 日，接替生病的梁思礼，担任洲际火箭出厂测试工作组组长，主持测试工作，直至出厂。

6 月 25 日，参加向周恩来总理的汇报，并回答总理提出的问题。火箭批准出厂。作为试验队领导成员赴酒泉试验基地做发射准备，任技术阵地第二技术负责人、发射阵地技术负责人。

9 月 8 日，在钱学森率领下回京向周总理汇报洲际火箭的发射准备情况。发射得到批准。

9 月 10 日，洲际火箭首次发射获得基本成功。此后，在总结飞行情况的基础上，提出 10 项设计修改建议并被采纳；协调确定发射返回式卫星的“长征二号”和“长征二号丙”运载火箭技术状态。

1974 年

3 月，受“四人帮”帮派体系的政治迫害，被隔离审查 500 天。

1975 年

应型号研制任务急需，在王永志还被停职审查的情况下，夫妇俩开始《同步通信卫星的发射》一书的资料收集和编写工作。

1976 年

10 月，粉碎“四人帮”，中央工作队进驻研究院，被迅速平反并恢复领导工作。

1977 年

12 月，王永志、王丹阳夫妇合著的《同步通信卫星的发射》一书出版，内部发行。

1978 年

1 月，被七机部任命为一院总体设计部副主任。

1 月，被七机部正式任命为洲际火箭副总设计师。

3 月，“中程火箭总体设计”获全国科学大会奖，王永志为项目主要完成人之一。

12 月，被七机部任命为一院总体设计部主任。

1979 年

7 月，被七机部任命为第二代液体远程火箭总设计师（1983 年 11 月，又被国防科工委任命为该火箭第一总设计师）。

10 月—1993 年，任中国宇航学会理事、常务理事。

1980 年

11 月，被七机部任命为运载火箭技术研究院副院长兼总体设计部科技委主任。

1984 年

10 月，为发展国防科研事业作出贡献，成绩优异，记二等功一次。

1985 年

“第一代液体战略导弹及运载火箭”获国家科学技术进步奖特等奖。这是以钱学森等老一辈专家为主要完成人的综合项目。王永志获奖排名第 15，是 27 名获奖人中为数不多的几名中青年专家之一。

因及时有力地配合了研制任务，《同步通信卫星的发射》获国防科工委颁发的国防科学技术重要成果奖三等奖。

1986 年

4 月，参加国务院组织的《863 国家高技术发展计划》拟制工作，任其中一个组的组长。

5 月，任国防科工委下达的“2000 年中国战略火箭技术”课题论证组组长。

5 月，被国防科工委任命为固体远程火箭首任总设计师，主持制定了研制方案。

7 月，“液体远程火箭总体方案及末助推方案”获部级科技进步奖一等奖，排名第一。

7 月，“液体远程火箭质量控制与标准化管理”获部级科技进步奖一等奖，排名第三。

9 月，任固体地地小型火箭首任总设计师，1987 年 6 月改任总指挥。

12 月，被国务院任命为中国运载火箭技术研究院院长。

1987 年

2 月，研制固体地地小型火箭。

3 月，当选国际宇航科学院通讯院士。

4 月—1992 年 1 月，作为 863 国家高技术航天领域专家委员会 7 名成员之一，在首席科学家屠善澄领导下参加我国载人航天概念论证，拟制载人航天发展蓝图。

5 月，被国防科工委任命为“长征三号”和“长征三号甲”火箭研制总指挥。

5 月，晋升为研究员。

7 月，“液体远程火箭总体方案设计”获国家科学技术进步奖三等奖，王永志排名第一。

1988 年

被人事部授予“中青年有突出贡献专家”称号。

4 月，被国防科工委任命为固体远程火箭研制总指挥（首任）。

6 月，作为试验队队长组织固体地地火箭（初样产品）首次发射，取得圆满成功。

11 月，参加航空航天工业部大兴会议，代表研究院立下军令状：“一旦决定研制，我院保证在 1990 年 6 月 30 日以前把‘长征二号 E’捆绑火箭（简称‘长二捆’火箭）竖立在发射台上，择机发射。”

12 月，国务院批准研制“长二捆”火箭，国防科工委任命王永志为该型号研制总指挥。

1989 年

2 月，“2000 年的中国战略火箭技术”获部级科技进步奖二等奖，王永志排名第一。

10 月，固体地地火箭研制成功，经航空航天工业部批准，荣立一等功。

1990 年

被国务院学位委员会评选为博士生导师，火箭研究院被批准设立火箭设计专业博士点。

北京宇航学会成立，当选首届学会理事长，兼任中国宇航学会常务理事。

5—7 月，作为试验队队长参与主持了“长二捆”火箭的首次发射。于6月29日提前一天将火箭竖立在发射台上。7月16日发射，获得圆满成功。

1991年

5月，被国防科工委任命为航空航天工业部运载火箭系列总设计师、地地火箭系列总设计师和航空航天工业部科学技术委员会副主任。

7月，获政府特殊津贴。

1992年

1月，在中国载人飞船工程技术、经济可行性论证中，任论证组组长。

4月，被聘为国务院学位委员会第三届学科评议组成员。

6月，当选国际宇航科学院院士。

8月1日，参加向李鹏总理主持的中央专委汇报会议，专委对论证结果给予了充分肯定并决定上报党中央审批。

8月，当选俄罗斯宇航科学院外籍院士。

9月21日，参加向中央政治局常委汇报载人飞船工程技术、经济可行性论证结果。中央专委立项报告获得批准，中国载人航天工程正式启动。

9月27日，航空航天工业部重奖研制“长二捆”和发射“澳星”功臣。王永志获头等奖，排名第一。

11月，被中央专委任命为中国载人航天工程总设计师。

1993年

1月，开始全面规划部署飞船工程方案设计阶段的顶层设计工作。

4月，获得中国航天工业总公司颁发的航天奖。

1994年

2月，《863计划航天技术领域论证工作综合报告》获国防科技软科学科学进步奖二等奖，王永志排名第六。

4月，正式调到国防科工委工作。

5月，当选首批中国工程院院士。曾任中国工程院机械与运载工程学部主任、中国工程院主席团成员。

11月，“长征二号捆绑式运载火箭”获中国航天工业总公司科技进步奖一等奖，王永志排名第三。

1995年

参加向中央专委汇报飞船工程方案阶段完成情况并申请转入初样阶段，获得批准。

12月，固体地地火箭获中国航天工业总公司科技进步奖一等奖，王永志排名第一。

1996年

12月，《载人飞船工程技术经济可行性论证报告》获国防科技软科学科学进步奖二等奖，王永志排名第一。

1997年

12月，“固体地地火箭系统”获国家科学技术进步奖一等奖，王永志排名第一；“长征二号E捆绑式运载火箭”获国家科学技术进步奖一等奖，王永志排名第三。

1998年

1月，参与决策1999年发射试验性无人飞船。

3月，参与主持并完成了新型火箭与新建发射场的合练工作。“三垂一远”模式顺利通过考核。

9月，获何梁何利基金科学与技术进步奖。

10月，参与主持零高度逃逸救生试验，验证了火箭的逃逸救生功能。

11月，江泽民、李鹏、朱镕基等中央领导到北京航天城视察飞船工程进展情况，随同汇报。

1999年

6月，神舟一号专列进场，开始了中国航天史上第一艘（试验性）飞船的发射准备工作。

7月，获解放军四总部联合颁发的中国人民解放军专业技术重大贡献奖。

11月20日，作为总指挥部技术总负责人，参与主持了神舟一号试验飞船的发射，飞船在轨运行一天之后，按预定程序返回内蒙古主着陆场，试验成功。

12月，当两种新型号均首飞成功后，运箭火箭技术研究院为王永志颁发荣誉证书，表彰他在院工作期间为固体远程战略火箭和“长征二号F”运载火箭做出的重要贡献。

2000年

9月，晋升为解放军文职干部专业技术一级、文职特级。

12月，母校莫斯科航空学院学术委员会为表彰他在发展航天技术方面的重大贡献，决定授予他“荣誉博士”称号。

2001年

1月10日，作为总指挥部技术总负责人，参与主持发射神舟二号正样飞船。飞船按原定计划顺利绕地飞行5天后返回主着陆场，轨道舱首次留轨，成功地进行了空间科学试验。

4月，莫斯科航空学院为他举行了隆重的荣誉博士称号授予仪式，为他颁发“荣誉博士”证书。他是该校建校70年来第七个获得这一殊荣的人。该校航空航天系还给他颁发了为杰出毕业生而设立的最高奖项——金质奖章。他获得的是第五号奖章。

2002年

3月25日，作为总指挥部技术总负责人，参与主持神舟三号飞行任务。飞船5天后返回，任务圆满成功。

11月，作为当选代表参加了中国共产党第十六次代表大会。

会后赴酒泉卫星发射中心准备神舟四号的发射。随后又返回北京参加载人航天工程第二步实施方案讨论会。

11月30日，再次返回发射场。傍晚剧烈腹痛，诊断为急性胰腺炎。乘专机回北京救治。

12 月 30 日，带病在北京飞行控制中心指挥大厅参与主持神舟四号飞船的飞控与回收工作。飞行圆满成功。

2003 年

6 月，被人事部聘为全国博士后管理委员会第五届专家组成员。

10 月，“921 工程逃逸救生总体方案设计及试验验证”获军队科技进步奖二等奖，王永志排名第一。

10 月 15 日，作为总指挥部技术总负责人，参与主持神舟五号载人飞行任务。飞船入轨后，立即飞回北京参与主持飞船的飞行控制和着陆回收工作。经 21 小时 23 分钟的飞行，首飞航天员杨利伟于 16 日安全返回祖国大地，健康出舱，一举圆了中华民族千年飞天梦想。

10 月，随中国载人航天代表团访问香港、澳门，受到热烈欢迎。

11 月 7 日，参加由中共中央、国务院、中央军委在人民大会堂召开的载人航天工程表彰大会。下午，与中国载人航天事迹报告团的成员一起在人民大会堂做了首场“载人航天事迹”报告。

11 月，随报告团先后赴天津、上海、沈阳等地，受到人们，特别是到达沈阳时受到家乡人民的热烈欢迎。

2004 年

2 月，“中国载人航天工程（工程总体）”项目获国家科学技术进步奖特等奖，王永志排名第一。

2 月 20 日，国家主席胡锦涛在国家科学技术奖励大会上亲自为其颁发了 2003 年度国家最高科学技术奖。王永志代表全体获奖人做了大会发言。

3 月，获 2003 年度解放军总装备部创新贡献最高奖。

5月18日，清华大学航天航空学院成立，王永志受聘为首任院长和双聘教授，兼职至今。

2005年

1月13日，胡锦涛主席签发命令授予他“载人航天功勋科学家”荣誉称号。

2月25日，在全军优秀共产党员先进事迹报告会上发言。胡锦涛主席等中央军委领导亲临大会指导。

3月3日，总装备部召开“载人航天功勋科学家”命名大会。会上中央军委委员、总装备部部长陈炳德上将代表中央军委为他颁发了“解放军一级英模”奖章。

10月12—17日，作为总指挥部技术总负责人，参与主持神舟六号多人多天载人航天飞行任务，取得圆满成功，拉开了中国载人航天工程第二步任务的序幕。

2006年

5月2日，胡锦涛主席签署命令，批准王永志从921工程总设计师岗位上退下来。早在2004年9月15日，王永志就曾向总装备部李继耐部长正式提出辞去总设计师职务，但未获准。

5月8日，总装备部陈炳德部长、迟万春政委与王永志谈话，请他担任载人航天工程高级顾问。

2007年

1月29日，被指定为国家科技重大专项载人空间站工程实施方案编制专家组组长，带领专家组历时18个月完成了《载人空间站工程实施方案》。2008年9月通过评估委员会评估。2010年8月16日，温家宝总理主持召开中央专委会议，审议并原则同意实施方案，同年9月25日，中央政治局常委会审议并批准工程实施。

8月1日，参加全军英模代表大会及建军80周年庆祝活动。

2008年

1月25日，当选中国人民政治协商会议第十一届委员会委员。

6月28日，在酒泉卫星发射中心完成奥运火炬传递活动。

9月25—28日，作为总指挥部高级顾问，参与主持神舟七号出舱活动飞行任务，成功突破了出舱活动技术。

2009年

10月1日，作为国家最高科学技术奖获得者，在天安门城楼上参加国庆60周年观礼活动。

2010年

1月30日，国际天文学联合会发布小行星通报，将永久编号第46669号的小行星命名为“王永志星”。5月4日，国家科技部在京举行了小行星命名仪式。

12月，受聘担任军队高层次科技创新人才工程培养对象带教导师。

2011年

8月22日，中央党史研究室函告收集王永志口述历史材料，开展相关工作。

9月29日，作为总指挥部高级顾问，参与主持我国首个试验性空间实验室天宫一号的发射任务。

11月1—17日，作为总指挥部高级顾问，参与主持我国首次空间交会对接飞行任务。天宫一号与神舟八号飞船成功实现交会对接，使我国成为世界上第三个独立掌握交会对接技术的国家。

12月16日上午，参加在人民大会堂隆重举行的庆祝天宫一号与神舟八号交会对接任务圆满成功大会。

2012年

6月16—29日，作为总指挥部高级顾问，参与主持天宫一号与神舟九号交会对接飞行任务，我国航天员成功进驻太空，并用精确的操作完美地实施了手控交会对接。

7月26日，习近平主席在人民大会堂会见神舟十号载人飞行任务航天员和参研参试人员代表。

12 月，《中国载人航天科普丛书》获第二届中国科普作家协会优秀科普作品奖（图书类）优秀奖，王永志为总主编之一。

2013 年

6 月 11—26 日，作为总指挥部高级顾问，参与主持天宫一号与神舟十号交会对接飞行任务。完成了两次交会对接和绕飞试验，航天员进行了太空授课，任务圆满成功。

《中国载人航天科普丛书》先后获第四届中华优秀出版物提名奖、第三届中国出版政府奖图书奖。

2014 年

2—3 月，参加各种论证工作，协助工程两总确定了进一步优化的空间站建设方案。

5 月 9 日，参加国家重大专项领导小组会议暨第 54 次工程两总联席会议，审议通过了空间站进一步优化的设计方案，并决定上报中央专委审批。至此，22 年来，决定重大事项的工程两总联席会共 54 次、飞行任务共 11 次，王永志均全部参加。

9 月 15 日，在太空探索者协会（ASE）第 27 届年会闭幕式上，王永志作为举办国在载人航天领域做出重要贡献的科学家，被授予 ASE 水晶头盔奖。

后　记

感谢中国工程院领导的重视，感谢吴晓东处长和常军乾先生的鼓励和督促，感谢航空工业出版社的精心设计和编辑，王永志院士的传记再版工作得以预期付梓。

王永志是我国著名的航天技术专家，中国工程院院士，国际宇航科学院院士，中国载人航天工程首任总设计师，现任中国载人航天工程高级顾问。2003 年获国家最高科学技术奖，2005 年被中央军委授予“载人航天功勋科学家”荣誉称号。

飞天是中华民族长久的期盼与向往，凝结了 13 亿中国人无数的智慧和心血，2003 年 10 月 15 日，当中国第一位航天员杨利伟乘坐神舟五号飞船遨游太空，炎黄子孙千年的飞天梦终于圆了。飞天梦的实现，使我有机会第一次听说和认识了王永志院士。作为我国著名航天技术专家，王永志院士一直低调、默默无闻地工作着。从 20 世纪 60 年代初起，王永志院士为中国的航天事业殚精竭力，做出了卓越的贡献。特别是 1992 年 9 月 21 日中央决定实施载人航天工程以来，年届花甲的王永志院士受命担负起载人航天总设计师的重任，他与成千上万的航天人，在长期的艰难探索中，一步一步地把中国载人航天的天梯向上延伸，终于不辱使命，实现了中华民族千年的飞天梦想。

王永志院士的成长经历、创新精神和人格魅力感人至深。在目前已获国家最高科学技术奖的 20 多位科学技术专家中，王永志院士的人生经历较为曲折。王永志院士少时家境贫寒，他靠自己坚强的毅力和智慧，步入了科学技术的殿堂。在几个型号的火箭研制中，他从技术员到技术骨干再到技术领军人，善于、勇于创新，攻克了无数的技术堡垒，取得了一系列的成就。中国载人航天工程启动后，他作为技术领军人，积极做好顶层设计，发挥全体航天人的智慧，着眼于高起点自主创新，摆脱了中国载人航天起步晚的局面，实现了跨越式发展。他爱国敬业，善于博采众长，赢得了同事和同行的高度评价和赞誉。2006 年，王永志院士从总设计师岗位退下来后，担任了中国载人航天工程的高级顾问，为我国空间站建设的论证等工作竭尽心力，不断地演绎着自己人生的美丽。可以说，王永志院士与我国的航天事业同频共振，是我国航天事业发展的见证人，是我国载人航天事业的开拓者之一。

在 2004 年启动撰写王永志院士的传记工作时，这位被航天人称为“王大总师”的科学家再三推辞，但他是国家最高科学技术奖的获得者，是《国家最高科学技术奖获奖人丛书》的人物主角，故他想推也推不掉了。当然我也不知深浅，欣然接受了任务。动笔之后，才感到有一定的难度，最大的困难是自己的知识缺陷，其次是采访困难。

载人航天工程属于高科技领域，涉及工程学科范围很广。首先得阅读诸如世界航天和中国航天史、火箭原理、航天器的运行和太空环境以及天文等多方面的资料，给自己进行科普教育，扫清知识上的外围障碍。

采访也是一个重要难题。由于王永志院士工作的特殊性，介绍他的文章甚少，可供参考的资料也不多，必须加强采访和调研，否则将做无米之炊。但王永志院士在航天一线，工作繁忙，惜时如金，好不容易见缝插针找到几个半天的访谈时间。非常有限的采访互动和王永志院士的谦虚，是难以深入发掘他的精辟思想和感人事迹的。当然，很多专家听说要为王永志院士写传，慨然应允接受采访，并提供相关的材料，但也是因科研繁忙一拖再拖，部分专家是在我的催促“冒犯”下才挤出了不宽裕的时间接受了采访。虽然接受采访的人数有限，时间短，但采访中所蕴藏的乐趣和听到的感人事迹却令人难以忘怀，使我在繁忙中不知不觉地完成了初稿，并逐步修改完毕。历经 4 年，终于在 2008 年第一版付梓。6 年后，中国工程院决定出版发行中国工程院院士传记系列丛书，我有机会再次作为撰写人，对王永志院士近年来的重要工作，特别是在中国空间站的论证、神舟六号到神舟十号飞行任务中所作的重要贡献，进行了采访和补充，使本书进一步充实和完善，深感高兴。同时，对在完成第一版书稿到再版过程中，那些关心和支持的领导、同事和朋友们表示深深的谢意！

首先是感谢领导、专家和航天人的无私帮助。王永志院士的两任助手、中国载人航天工程办公室的周雁飞和李少宁在百忙之中搜集相关资料，讲述了王永志院士在实施载人航天工程中的感人故事以及有关方面的知识。在书稿完成后，他们进行认真审稿，提出了修改意见，并就其中的重要章节做了改动，指正了书中的一些错误。中国科学院院士谢光选先生、中国工程院院士张贵田先生、“长征二号 F”火箭第二任总指挥黄春平、“长征二号 F”火箭第二任总设计师刘竹生、飞船副总设计师郑松辉、飞船副总设计师潘腾、发射场原副总指挥邢春圃，曾在王永志院士身边工作过的中国运载火箭技术研究院卜雨亭和潘昭汉先生，以及“921 工程”总体室的年轻才俊们在繁忙的工作中欣然接受了采访。他们提供了大量的材料，向我讲解有关航天技术的问题，同时也对本书的出版寄予了厚望。

二是感谢很多同事、朋友们的大力支持。为深入了解王永志院士青少年时代的生活经历和科研生涯，笔者曾前往王永志院士的家乡辽宁省沈阳市、铁岭市和昌图县进行采访，得到了省科技厅的热情支持。在中国空空导弹研究院金先仲研究员和河南航空协会马明副秘书长等人的帮助下，我有机会奔赴数千里之外的戈壁酒泉卫星发射中心进行采访。期间，我们参观了当年最早的导弹发射架、中国第一颗卫星的发射场以及载人航天发射中心总装厂房、控制室和发射架，中国首飞航天员梯队入居的圆梦园寝室等，透过那些实物和现场景象，不由遥想王永志院士他们当年艰苦创业、矢志创新的情景，体会到当今科技进步带来的巨大变化。那些感人至深的故事，那些令人难忘的场景，无疑增强了我的写作信心，丰富了本书的内容。

作者与王永志

三是感谢王永志院士及家人对我采访和调研给予了很多方便条件，并提供了许多珍贵的照片。王永志院士与夫人王丹阳研究员抓紧时间通读了全稿，校正了其中的技术数据和情节，并提出许多至为关键的修改意见，使本书的科学性、严谨性得以保证。

倚天万里铸长箭，高歌千曲放神舟。中国载人航天工程从神舟五号任务首次实现载人飞行以来，又突破和掌握了多人多天飞行、太空出舱行走、空间交会对接等一系列重大关键技术，正向构建空间站的宏伟目标进发。作为中国载人航天工程的高级顾问，王永志院士紧绷的弦没有松弛，仍在不断地思考、奋斗着，与全体航天人正向着更高的目标攀登。在此谨祝福王永志院士和所有的航天人，再展宏图，实现更大的梦想！